Dave Roberts

AN IHREN FRÜCHTEN WERDET IHR SIE ERKENNEN

Toronto Segen – Vorboten einer Erweckung?

**Verlag Gottfried Bernard
Solingen**

Für Sharon, Ben und Joel, die ich liebe und die mich unterstützen.

Für George und Anna Roberts für alles, was sie in mein Leben investiert haben.

Für Ian Coffey, Francis Schaeffer, John Wimber und Marc Dupont, die alle in unterschiedlicher Weise meine geistliche Entwicklung mitgeprägt haben.

Soli Deo Gloria.

Titel der Originalausgabe: The "Toronto-Blessing" by Dave Roberts

© 1994 by Dave Roberts

© der deutschen Ausgabe 1995
Verlag Gottfried Bernard
Spitzwegstr. 8
42719 Solingen

Übersetzung: Werner Geischberger
Satz: CONVERTEX, Aachen
Grafik: image design, A. Fietz, Landsberg
Druck: Druckhaus Gummersbach

Alle Bibelzitate stammen aus der Elberfelder Bibel, es sei denn, sie sind anderweitig gekennzeichnet.

ISBN 3-925968-76-8

Inhalt

Vorwort	4
1 Gerüchte über eine Erweckung	6
2 Ein Hauch von Herrlichkeit	9
3 Segensgüsse	20
4 Ein Volk mit gebrochenem Herzen	42
5 Die „Toronto-Connection"	56
6 Rodney Howard-Browne	79
7 Der Finger Gottes	99
8 Geschüttelt und wachgerüttelt	113
9 Häufig gestellte Fragen	145
10 Weise Pastoren	153
11 Im Wasser waten	171
Quellenangaben	191

Vorwort

Ende Mai 1994 sowie den ganzen Sommer und die ersten Herbstwochen hindurch erlebten viele Gemeinden in Großbritannien und überall auf der Welt eine „Zeit der Erquickung". Manche Leute weinten, manche lachten und fielen zu Boden. Einige wurden geheilt, andere von einer rebellischen Herzenshaltung überführt und wieder andere schlossen Frieden mit Gott und mit anderen Menschen, die sie schlecht behandelt hatten.

Eine unbekannte kanadische Gemeinde, die Toronto Airport Vineyard, ein südafrikanischer Evangelist namens Rodney Howard-Browne und Claudio Freidzon, der Pastor einer argentinischen Pfingstgemeinde, hatten diese „Berührung Gottes" weiterverbreitet und für sie gebetet.

Man schätzt, daß Anfang Oktober bereits mindestens 2000 britische Gemeinden davon berührt worden waren, was sowohl in der christlichen als auch in der säkularen Presse eine hitzige Debatte ausgelöst hatte. Die wichtigsten britischen Zeitungen wie *The Observer*, *The Independent*, *Daily Mail*, *The Times* und *The Daily Telegraph* hatten umfangreiche Features über den „Toronto-Segen" veröffentlicht, wie er inzwischen bezeichnet wurde.

Obwohl den vorwiegend pfingstlerischen/charismatischen Gemeinden, die damit zu tun hatten, die Phänomene einer Erweckung nicht unbekannt waren, konnte man doch deren Intensität als außergewöhnlich bezeichnen. Seit der Zeit zwischen 1904 und 1908 hatte es der Leib Christi auf der britischen Insel nicht mehr so stark verspürt, daß der Geist Gottes wie ein Regen auf die Gemeinden und danach vielleicht sogar auf die ganze Nation fallen und sie tränken könnte.

Da ich in einer Familie groß wurde, die aus der „Faith Mission" („Glaubensmission") kam und deshalb auch Interesse an der Erweckung auf den Hebriden im Jahr 1949 gezeigt hatte, war mir Erweckung als Gesprächsstoff nicht fremd. Doch vielleicht erging es mir wie vielen anderen, daß sich mein Herz für die Möglichkeit, es könnte tatsächlich geschehen, nicht mehr erwärmen konnte. Ich hatte den Eindruck, ich sollte die aktuellen

Ereignisse eingehend untersuchen, um nicht von einer geistlichen Euphorie mitgerissen zu werden, die nur von kurzer Dauer und ohne viel Substanz sein würde. Während meiner Teenagerzeit im unabhängigen evangelikalen Flügel des Leibes Christi hatte ich mir die Geisteshaltung der Beröer angeeignet (vgl. Apg 17,11): Entsprach das, was geschah, der Gesinnung der Bibel, verherrlichte es Jesus und war es dem Reich Gottes förderlich? Wenn Sie weiterlesen, stellen Sie, wie ich hoffe, fest, daß es sich bei diesem Buch um einen „wohlwollenden, aber nachdenklichen" Bericht handelt. Es ist auf keinen Fall eine definitive oder abschließende Abhandlung über das Thema. Derzeit arbeiten andere Autoren an Büchern, die sich detailliert mit den theologischen, historischen und pastoralen Aspekten dieser „Zeit der Erquickung" befassen. Man könnte auch sagen, dies sei die „Generalkarte", während andere dabei sind, eine „topographische Karte" mit allen Feinheiten und erschöpfenden Analysen auszuarbeiten.

Dieses Buch will nachfragen, informieren und vielleicht auch inspirieren. Da Ereignisse, wie sie hier besprochen werden, unweigerlich Kontroversen hervorrufen, entstand dieses Buch aus dem Wunsch heraus, nicht bei den ersten, oberflächlichen Eindrücken stehenzubleiben, sondern vielmehr durch die Dinge, die zur Sprache kommen, das gesamte Thema zu erhellen anstatt anzuheizen.

Es dokumentiert erste Anfänge. Möge Gott uns in den kommenden Monaten mit mehr Ereignissen, Geschichten und Zeugnissen segnen als jemals in einem Buch dieser Art Platz finden könnten.

Dave Roberts
Oktober 1994

1
Gerüchte über eine Erweckung

„Der Heilige Geist ergreift Kensington" lautete die Schlagzeile des London-Teils des *The Independent* (21. Juni 1994). Es war nicht die erste und höchstwahrscheinlich auch nicht die letzte. Im Verlauf ihrer beiden Sonntagsveranstaltungen am 29. Mai erlebte Londons florierende Holy Trinity Brompton, eine charismatisch-evangelikale anglikanische Gemeinde, wellenförmig an- und abschwellendes „Heiliges Lachen" und Weinen sowie eine Vielzahl anderer Phänomene.

Gastsprecherin bei diesen Veranstaltungen war Elli Mumford, Mitglied des Leiterschaftsteams der South West London Vineyard, einer im Wachsen begriffenen Gemeinde, die sich in Putney trifft. Sie war erst vor kurzem von einem Besuch bei der Airport Vineyard Church in Toronto zurückgekehrt. In der Airport Church wurden seit dem 20. Januar bis auf Montag jeden Abend Gottesdienste gefeiert. Mehr als 30000 Menschen hatten die Gemeinde besucht, darunter mehr als 2000 Gemeindeleiter.

Elli hatte während ihres Besuchs eine grundlegende Veränderung erlebt. Als sie dorthin flog, fühlte sie sich „ausgebrannt" und sehnte sich danach, daß ihre Beziehung zu Jesus von neuer Erkenntnis und Frische erfüllt werde. Als sie dort Gebet und Ermutigung empfing, lernte sie Gott ganz neu kennen – die meiste Zeit vor Gott hingestreckt auf dem Boden liegend.

„Wir drehten uns nur noch um die Person Jesu... Unsere Leidenschaft für den Namen Jesu und seine herrliche Gegenwart inmitten seines Volks wuchs zusehends."

Später befaßte sich Elli mit der Kirchengeschichte, vor allem mit Jonathan Edwards, und kam zu der Überzeugung, daß das Lachen, das Schütteln und all die anderen Phänomene, die sie dort gesehen hatte, in der Bibel zu finden seien und oft auch in Zeiten der Erweckung bezeugt wurden.

Die Folge für sie persönlich war „eine größere Liebe zu Jesus als ich es je zuvor erlebt hatte; eine größere Begeisterung für das Reich Gottes, als ich es je für möglich gehalten hatte; das verstärkte Empfinden, daß es herrliche, herrliche Tage sind, die

wir erleben dürfen. Ich bin begeistert von der Bibel... Ich hatte schon seit Jahren keinen solchen Eifer mehr für meinen Dienst. Meine Freude über Jesus wird wiederhergestellt, und sein Lachen ist Medizin für die Seele."
Sie bat die Versammlung aufzustehen, während sie dafür betete, daß der Herr sie segnen und ihnen alles geben möge, was er hat.
Bald darauf fingen hunderte zu lachen und zu weinen an, empfingen Gebet und hatten Gemeinschaft mit Gott.
Die Holy Trinity Brompton (HTB) war nicht die erste Gemeinde in Großbritannien, die auf diese Weise berührt wurde, doch ihr Gemeindebrief, in dem die Ereignisse des 29. Mai im Detail geschildert wurden, sollte in *The Sunday Telegraph*, *Daily Mail*, *The Independent* und *The Times* eine wahre Lawine auslösen und somit für große Publicity sorgen. Mundpropaganda unter den Christen sowie die Zeitungsartikel lockten in den darauffolgenden Wochen hunderte Pastoren, Pfarrer und Leiter in die Gemeinde; schon bald brannte in hunderten von Gemeinden das intensivste geistliche Feuer, das sie je erlebt hatten.
Während dieser „himmlischen Tage" sprach ein Mitarbeiter der HTB einmal vom „Toronto-Segen", und schon bald stand dieser Begriff für das, was viele für eine „besondere Zeit der Erquickung aus der Hand des Herrn" hielten.
So wie Florrie Evans dazu beitrug, die Waliser Erweckung des Jahres 1904 in Gang zu bringen, indem sie in einem Jugendtreffen in New Quay aus tiefstem Herzen ihre Liebe zu Jesus bekundete, sollte Elli Mumfords schlichtes und tief empfundenes Zeugnis wie ein Funke auf dem trockenen Gras vieler Gemeinden wirken, die die Kassette ihres Vortrags über die Lautsprecheranlage laufen ließen und dann erstaunliche Dinge erlebten, als Pastoren von der Bühne taumelten und im Chorgestühl umkippten.
Doch die bedeutsamen Ereignisse in der HTB waren nicht die ersten. Zu den Kanälen, derer sich Gott bediente, gehörten Claudio Freidzon, Pastor einer argentinischen Pfingstgemeinde, und ein südafrikanischer Evangelist namens Rodney Howard-Browne.
Einige, die diese Szenen mitverfolgten, hatten jedoch mehr Fragen als Antworten. Da diese Erneuerung anscheinend an-

steckend wirkte, wunderte man sich, wo denn die Souveränität Gottes geblieben sei? Nicht einmal jene Charismatiker, die schon am meisten „Befreiung" erlebt hatten, taten sich immer leicht, das Lachen, Weinen, Schütteln, Zucken oder gar die Tierstimmen zu akzeptieren. Einige der einflußreichen Figuren in dieser Welle der Veränderung hatten Verbindungen zu jenen Teilen des Leibes Christi, die die „Glaubenslehre" oder die „Wohlstandslehre" vertraten, was sogar von ihren charismatischen/pfingstlerischen Brüdern mit großem Argwohn betrachtet wurde. Es hatte schon eine Zeitlang Prophetien über eine Erweckung gegeben. Woher sollten wir nun wissen, daß es nun wirklich so weit war?

Ich selbst stellte mir all diese Fragen und noch einige mehr. Sie werden feststellen, daß ich einige Stationen meiner eigenen Pilgerreise in Bezug auf diese aktuelle „Zeit der Erquickung" mit der Geschichte verwoben habe, die auf den folgenden Seiten erzählt wird.

Die Wurzeln der derzeitigen Geschehnisse reichen zurück an den Anfang der neunziger Jahre. Und genau dort beginnen wir in unserem Bestreben herauszufinden, ob dies nun die Erweckung ist, die wir uns unter Gebet und Sehnen herbeigewünscht haben.

2
Ein Hauch von Herrlichkeit

Frühjahr 1992
Der argentinische Pastor Claudio Freidzon besucht das Orlando Christian Centre und empfängt dort Gebet vom extravaganten Heilungsevangelisten Benny Hinn. Es wird prophezeit, daß er vollmächtig bei einer Erweckung in Argentinien gebraucht werden wird. Freidzon läßt auf einer anderen Benny Hinn Veranstaltung auch von Rodney Howard-Browne, einem jungen südafrikanischen Evangelisten, für sich beten.

Claudio Freidzon ist Pastor einer „Assemblies of God"-Pfingstgemeinde und war früher Professor der Theologie. Seine Gemeinde „König der Könige" wuchs innerhalb von vier Jahren auf 2000 Menschen an. Da er jedoch glaubte, daß seinem Dienst etwas fehle, reiste er 1992 nach Florida, um dort den Evangelisten Benny Hinn zu treffen. Hinn betete für ihn und prophezeite über ihm. Freidzons Gemeinde erlebte daraufhin ein sprunghaftes Wachstum auf 4000 Mitglieder, und er begann regelmäßige Einsätze, bei denen bis zu 65000 Menschen in ein Stadion kamen.

Menschen fingen an, „unter der Kraft des Geistes" umzufallen, und ein unkontrollierbares Lachen wurde das Markenzeichen der Veranstaltungen.

Allen, die sich nach Erneuerung und Gemeindewachstum sehnten, gab er den Rat: „Es gibt keine Methode. Wir müssen die Gegenwart Gottes suchen."

Wie viele andere, die in den Genuß einer Erweckung kommen, begann auch er, zusätzliche Treffen abzuhalten, weil die Leiter anderer Gemeinden, die ihn besuchten, in den normalen Veranstaltungen keinen Platz mehr fanden.

Das Magazin *Redemption* kommentierte wie folgt: „Ein Aushängeschild dieser Erweckung ist die Betonung von Anbetung und Lobpreis. Missionare berichten, daß sich die ‚Shekinah'-Herrlichkeit des Herrn auf die Veranstaltungen zu senken scheine."

Freidzon meint: „Die Salbung kommt durch Anbetung und Lobpreis. Gottes Gegenwart kommt herab, während wir in die Verehrung seiner Person völlig eintauchen."
Nicht alle, die Zeugen der starken Gefühlsmomente dieser Erneuerungsveranstaltungen werden, sind beeindruckt, sondern glauben vielmehr, daß sich einige Menschen schlicht und einfach ihren Emotionen hingeben.

Redemption reagiert auf diese Kritik an der argentinischen Erweckung mit dem Kommentar: „Der Schwerpunkt Heiligung, der Wunsch der Menschen, Gott zu preisen und anzubeten und das verstärkte Anliegen, andere zu erreichen – all das ist echt."

Nach seiner Rückkehr nach Argentinien erlebt Freidzon, wie seine „Assemblies of God"-Gemeinde rasch von 2000 auf 4000 Mitglieder anwächst, und hält daraufhin Veranstaltungen in Stadien ab, die bis zu 65000 Menschen anziehen, von denen viele in „heiliges Lachen" verfallen oder „trunken" werden. Im November 1993 betet er auf einer Pastorenkonferenz in Argentinien für einen Pastor aus Toronto namens John Arnott.

Mai 1992

Marc Dupont, Mitglied des Pastorenteams der Airport Vineyard Gemeinde in Toronto, bekommt eine umfangreiche prophetische Vision. In der Vision sieht er, wie Wasser auf einen außerordentlich großen Felsen niederstürzt. Es sind gewaltige Wassermassen. Seiner Auffassung nach will Gott ihm sagen, daß „Toronto ein Ort sein wird, an dem viel lebendiges Wasser mit großer Kraft fließen wird, auch wenn derzeit der Leib Christi und die Stadt selbst noch wie große Felsen sind, die voller Kälte und Härte der Liebe Gottes und dem Geist widerstehen". Er sieht auch, wie dieses Wasser über die Weiten Kanadas fließt und Erweckung bringt.

Im Juli 1993 wird Dupont während eines Besuchs in Vancouver von einem „Gefühl der Dringlichkeit" ergriffen. Er sieht voraus, daß „Kraft und Autorität auf den Leib Christi im Raum Toronto kommen werden. Die Stadt wird ein Wirken des Geistes Gottes erleben, das wie in der Anfangszeit der Gemeinde in Jerusalem mächtige Zeichen und Wunder mit sich bringen wird."

April 1993
Pastor Karl Strader von den „Assemblies of God" lädt Rodney Howard-Browne ein, in der Carpenter's Home Church in Lakeland, Bundesstaat Florida, mit 10000 Sitzplätzen, Erweckungsveranstaltungen abzuhalten. Die Gemeinde hatte schwere Zeiten hinter sich, und die Mitgliederzahl war auf 1900 geschrumpft.
Binnen weniger Wochen ist der Saal bei den Abendveranstaltungen voll, und die Nachricht von gewaltigen Menschenmengen und einer „heiligen Freude" macht in charismatischen Kreisen die Runde. Menschen aus aller Welt – auch aus Großbritannien – reisen dorthin, um die Veranstaltungen selbst mitzuerleben.

Juli 1993
Peter Lyne, ein anerkannter charismatischer Leiter der Acorn Church in Sidcup, Großbritannien, fährt auf eine Leiterschaftsfreizeit. Während einer Lobpreis- und Anbetungszeit richtet sich seine ganze Aufmerksamkeit auf die Geschichte Elisas aus 2. Könige 3. Der Prophet ermahnte den König, in einem Tal Grube an Grube zu graben. Denn „ihr werdet keinen Wind sehen und keinen Regen sehen, und doch wird sich dieses Tal mit Wasser füllen..." (2 Kön 3,17).
Angesichts dessen, daß für das Jahr 1994 große evangelistische Einsätze geplant waren, dachte Lyne: „Der Regen kommt. Eure Situation sieht vielleicht genauso trocken und leblos aus wie die Wüste Negev, wo Elisa prophezeite, doch oben auf seinem Berg bereitet Gott die tosenden Fluten vor, die alles verändern werden."

4. Oktober 1993
Marc Dupont, Stacey und Wes Campbell und andere Vineyard Leiter aus dem Raum Toronto treffen sich zu gemeinsamem Gebet und Gemeinschaft.
Jemand betet, es werde „eine frische Vision [geben], die einem Strom gleichen wird; er wird nicht nur von diesem Ort, dem Inneren dieser Provinz, strömen, sondern von Nation zu Nation zu Nation zu Nation gehen, und der Name Gottes wird verherrlicht werden. Es werden nicht die Zeichen und Wunder sein, sondern die Frucht, und die Frucht wird bleiben. Und der

Strom wird Gerechtigkeit und Reinheit bewirken. Und er wird Heiligung bewirken." Carol Arnott von der Airport Vineyard Gemeinde bekommt das ermutigende Wort: „Ich führe euch wieder zurück zu der Oase – eine Zeit der Erquickung, die aus der Gegenwart des Herrn kommt."
Die Versammelten erinnern sich daran, daß Marc Dupont prophezeit hatte, Gott würde John Arnott gebrauchen, „um gewaltigen Menschenmengen in Städten überall auf der Welt große Ausgießungen der Gegenwart Gottes zu bringen".

Ein gläubiges Herz glaubt, daß es geschehen wird, aber es muß einem dennoch unmöglich vorkommen: Wie sollte eine kanadische Gemeinde mit 350 Mitgliedern auf einmal in die erste Reihe eines weltweiten Wirkens des Geistes Gottes katapultiert werden? Es ist großer Glaube erforderlich, um dies zu glauben, denn rein natürlich gesprochen kommt einem das doch recht unwahrscheinlich vor.

November 1993
Englische Besucher von Rodney Howard-Browne Veranstaltungen erleben, wie ähnliche Phänomene in ihren Gemeinden auftauchen. In Penzance lachen die Menschen, einige bleiben jedoch tagelang stumm. Andere „fallen unter der Kraft des Geistes" im Supermarkt zu Boden. Immer wieder sickern Berichte nach Großbritannien durch, in denen von Gemeinden in den USA die Rede ist, deren Veranstaltungen wochenlang vom Lachen beherrscht werden.

Oktober/November 1993
John Arnott besucht eine argentinische Pastorenkonferenz, die von Ed Silvoso, Luis Palaus Schwager, organisiert wurde. Dort betet der argentinische „Assemblies of God"-Pastor Claudio Freidzon für ihn. In dieser Zeit erlebt der kanadische Pastor, der sich so nach Erweckung sehnt, einen echten Durchbruch.

Auf seiner Rückreise nach Kanada nimmt er am Leiterschaftstreffen des Bunds der Vineyard-Gemeinden teil und hört, daß Randy Clark, ein Pastor aus St. Louis, eine ganz neue Vollmacht für seinen Dienst empfangen habe, nachdem in einer Veranstaltung Rodney Howard-Browne für ihn gebetet hätte:

Für Clark war es nicht leicht gewesen, einen Ort aufzusuchen, wo er die Bereitschaft aufbringen könnte, Segen zu empfangen. Das Jahr 1993 war sehr schwer gewesen, und der „Burnout" stand ihm kurz bevor. Verzweifelt sehnte er sich nach einer Berührung Gottes. Dennoch weigerte er sich anfänglich, einer Veranstaltung in der Rhema Bible Church, einer Gemeinde der „Wort-des-Glaubens"-Richtung, beizuwohnen. Der Herr tadelte ihn für seine „selbstgefällige" Einstellung und er begann zu weinen. Nun war er ein völlig neuer Mensch, einer, der bereit war, in der Toronto Airport Vineyard Gemeinde den „Brandstifter" zu spielen.

Die Erneuerung kommt immer mehr in Gang. John Wimber, der internationale Leiter der Vineyard Gemeinden, verbringt viel Zeit in der Einsamkeit, während er sich durch die Chemotherapie gegen sein Krebsleiden kämpft. Er hat den Eindruck, Gott habe ihm über einen Zeitraum von etlichen Monaten zu siebenundzwanzig verschiedenen Gelegenheiten gesagt, er solle „zu den Nationen" gehen. Er berichtet seinen Leiterbrüdern in einem Leiterschafts-Rundbrief: „Siebzehnmal sprach er zu mir im selben Zusammenhang und sagte, es breche eine Zeit des Neuanfangs an. Der Herr sagt: ‚Ich werde nochmal von vorne beginnen. Ich werde meinen Geist in eurer Mitte ausgießen...'"

Wimber fühlt sich dieser Aufgabe rein körperlich nicht gewachsen. Wie Abraham und Sarah, die in die Jahre gekommen waren, ist auch er sich nicht sicher, ob er noch dazu beitragen könne, neues Leben zur Welt zu bringen. Als er Mitte Januar einmal in seinem Gemeindehaus in Anaheim sitzt, hört er sich sagen: „Nun, da ich alt bin, sollte ich noch diese Lust haben?"

Er bemerkt, daß dies „...genau dieselben Worte [gewesen seien], die Sarah lachend zu sich selbst sagte, als sie nebenbei die Ankündigung des Herrn mitgehört hatte, daß sie mit ihrem 90-jährigen Körper den Sohn ihres 100-jährigen Mannes gebären würde" (vgl. 1 Mose 18,10). Er hat den Eindruck, dies sei ein Wort des Lebens vom Herrn und ist zutiefst bewegt.

Dezember 1993
Argentinische Mitarbeiter von Claudio Freidzon besuchen eine Stadt an der Südküste der USA. Ein Pastor und seine Frau, die beide in ihrem dreißigjährigen Dienst in charismatisch-pfingst-

lerischen Kreisen noch nie „unter der Kraft des Geistes" zu Boden gegangen waren, verbringen die meiste Zeit des Abends im Liegen. Sie fühlen sich kaum imstande, nach Hause zu fahren.

5. Dezember 1993
John Wimber hat den Eindruck, der Heilige Geist weise ihn an, er solle „die Gaben des Geistes wecken, damit unsere Leute einen größeren Hunger nach dem Geber der Gaben, Jesus, bekommen". Die Vineyard Gemeinde in Anaheim verwendet die Veranstaltung am Sonntag abend zu diesem Zweck.

Dezember – Toronto
Ein Fremder besucht John Arnott im Gemeindebüro. Der Fremde sagt ihm, bisher sei er mit dem Fußvolk gelaufen, doch er werde mit den Reitern reiten.

Larry Randolph, ein Gastredner, teilt der Gemeinde mit, es werde eine große Salbung kommen, ja sie sei schon fast da.

John Arnott betrachtet diese Prophetien insofern als hilfreich, da sie „Katalysatoren meines eigenen Glaubens" sind. Etliche Prophetien aus jüngster Zeit haben diesen Grundtenor. Wie viele andere hält Arnott es so, daß Prophetien erst abgewogen und geprüft werden und man dann einfach abwarten müsse. Er und seine Frau Carol haben allen Grund, Mark Dupont ernst zu nehmen. Carol hatte Gott gebeten, größere Umwälzungen in ihrem Leben durch Mark zu bestätigen, als Zeichen dafür, daß er einer ist, der „Gottes Stimme echt hört". Es geschieht, und die Arnotts nehmen ihn ernst.

16. Januar 1994
John Wimber glaubt, Gott habe ihm das Wort „Pfingsten" gegeben. Stundenlang sucht er vor dem Herrn nach mehr Erkenntnis, doch nichts geschieht, bis er während einer Abendveranstaltung eine Vision bekommt, in der er „junge Leute in einer bestimmten Ausrichtung und Anordnung" sieht.

Später bittet er die jungen Leute nach vorne. „Sie kamen nach vorne, und der Herr kam und nahm sie auf wunderbare und kraftvolle Weise in Anspruch. Ab diesem Zeitpunkt begann in Anaheim die Kraft in erheblich größerem Ausmaß zu fließen."

Im Mai, als John dies den Vineyard-Leitern in aller Welt schreibt, fließt sie immer noch.

20. Januar 1994

Man beginnt eine Reihe von vier Abendveranstaltungen in der Toronto Airport Gemeinde. Sprecher ist Randy Clark von der St. Louis Vineyard Gemeinde. John Arnott kann es gar nicht fassen, wie eifrig die Leute reagieren; normalerweise kam immer nur eine Handvoll nach vorne, um Gebet zu empfangen, jetzt jedoch die ganze Gemeinde. Als das Wochenende vorüber ist, drängt er Clark, noch nicht abzureisen; schließlich läßt er sogar Clarks Frau einfliegen, damit auch sie dabeisein kann, wenn die Veranstaltungen in die dritte Woche gehen. Schon von Anfang an sind Lachen, Umfallen, „Trunkenheit" und andere physische Phänomene Kennzeichen dieser Erneuerung, doch schon bald wird deutlich, daß die Menschen, während sie am Boden liegen, tiefgreifende Erlebnisse haben – unter anderem auch Visionen –, die Veränderung nach innen und Begeisterung nach außen bewirken. Ein Mädchen sieht in einer Vision Mitglieder ihrer Familie im Himmel bei Gott und fühlt sich gedrängt, ins Krankenhaus zu gehen und für ihre chronisch kranke, halbblinde, praktisch im Koma liegende Freundin zu beten. Innerhalb von drei Stunden bekommt diese ihr Augenlicht zurück und erwacht aus ihrem Koma-ähnlichen Zustand. In den darauffolgenden Wochen finden etliche Familienmitglieder zur Christus.

Das ist erst der Anfang. In den Vereinigten Staaten verbreitet sich die Nachricht in Vineyard-Kreisen wie ein Lauffeuer. Die britische Vineyard-Bewegung ist mit sieben Gemeinden zwar recht klein, aber es gibt buchstäblich tausende Gemeinden, die mit ihnen sympathisieren und somit von Vineyard beeinflußt werden. Die kleine Schar britischer Christen, die nach Kanada fährt, wächst schnell auf zwanzig bis dreißig pro Woche an, und auf diese Weise werden die Samen für eine „Zeit der Erquikkung" auf den britischen Inseln gesät.

Frühjahr 1994

Terry Virgo, Leiter des „New Frontiers"-Gemeindebunds, an dessen Bibelwoche im Jahr 1994 mehr als 150 Gemeinden teilnahmen, kehrt nach einem Besuch in Südafrika in seine

Gemeinde in Columbia (USA) zurück und stellt fest, daß viele Gemeindemitglieder bei Veranstaltungen mit Rodney Howard-Browne in St. Louis „eine neue Begegnung mit Gott in der Kraft des Heiligen Geistes" gemacht hatten. In einem Artikel in *Frontline* spricht Terry davon, daß es „außergewöhnliche Dinge zu sehen gibt – Menschen werden mit dem Geist der Freude und der ‚Trunkenheit' erfüllt. Wir erleben auch, wie Menschen grundlegend verändert werden, wie Leute einen neuen Hunger nach Gott und einen neuen Eifer dafür bekommen, daß er verherrlicht wird. Ich habe noch nie erlebt, daß Menschen und die Atmosphäre einer ganzen Gemeinde so schnell verändert worden wären."

Dave Holden, ein anderer Leiter von „New Frontiers" aus der Sidcup Community Church (England), befindet sich gerade in Columbia, als die Erneuerung beginnt. Er selbst erlebt zwar keine bemerkenswerten körperlichen Manifestationen, wird jedoch nach seiner Rückkehr nach England zu einem mächtigen Werkzeug.

Im Mai kommt Terry Virgo nach England und trifft sich dort mit einer kleinen Gruppe von „New Frontiers"-Leitern. „Zwei Tage lang machten wir erstaunliche Erfahrungen in der Gegenwart Gottes, darunter auch eine Freisetzung von Prophetie, wie ich es noch nie zuvor erlebt hatte."

Danach folgt ein „unvergeßlicher Abend" in der 900 Mitglieder starken Gemeinde Church of Christ the King in Brighton – Terry Virgos Heimatgemeinde in Großbritannien.

„Im Anschluß daran trafen sich mehr als zweihundert vollzeitliche Älteste von „New Frontiers", um zwei Tage lang zu beten und zu fasten... Wiederum wurde der Geist Gottes in einem phänomenalen Ausmaß ausgegossen."

Terry Virgo erlebt eine gewaltige Erquickung und hat den Eindruck, Gott sage zu ihm: „Ich habe an vielen eurer Veranstaltungen teilgenommen, doch jetzt lade ich euch ein, an meinen teilzunehmen."

7. Mai 1994

Eine junge Frau aus der Queen's Road Baptistengemeinde in Wimbledon hat nach einem Sonntagabendgottesdienst „ein tiefes Empfinden der Herrlichkeit Gottes". Norman Moss, der

Pastor, findet sie im Gemeindesaal auf ihren Knien und hört, wie sie Gott um Vergebung bittet. Sie hat ein sehr anschauliches Bild, in dem sie die Versammlung in Buße vor Gott knien sieht. Die Gemeinde kommt noch einmal zurück, und viele fallen auf die Knie und fangen an, Gott um Vergebung zu bitten. Später fassen sich die Anwesenden bei der Hand, ziehen betend um den Gemeindesaal und nehmen gemeinsam das Abendmahl ein. Das Treffen dauert fast bis 23 Uhr.

Am darauffolgenden Sonntag versammelt sich die Gemeinde erneut nach dem Abendgottesdienst. Sie beten gemeinsam an, doch Anbetungsleiter Malcolm Kyte fällt zu Boden und bleibt eine Stunde und zwanzig Minuten lang liegen. Einige Leute lachen, schreien und schütteln sich. Pastor Norman Moss hatte Mitte Mai die Toronto Airport Gemeinde besucht.

Die Gemeinde in Wimbledon ist jedoch kein Einzelfall. Die Gemeinde Church of Christ the King in Brighton bekommt die prophetische Vorwarnung, daß Gott sie „stören" werde. John Hosier, der Pastor der Gemeinde, nimmt dieses Wort ernst und beruft ein außerordentliches Gebetstreffen ein. „Mehr als 400 Leute nahmen daran teil. Wir hatten alle den starken Eindruck, daß dies eine spezielle Begegnung mit Gott war."

Kurz darauf bekommt die Gemeinde Besuch von Terry Virgo, und einer ihrer eigenen Leiter, Alan Preston, kehrt von einem Besuch bei der Toronto Airport Gemeinde zurück. Immer wieder erlebt man Freude und den Verlust der eigenen körperlichen Kraft.

Ende Mai sagt John Hosier in einem Interview mit dem Magazin *Alpha*: „Wir wissen, daß in diesen Dingen immer Fleisch und Geist zu finden ist, und einige leicht beeinflußbare Leute werden wohl etwas erleben, doch wenig Veränderung erfahren. Dennoch hören wir viele Berichte über Begegnungen mit Gott, über vermehrtes Engagement im Gebet und bei der Bibellese und über Kühnheit beim Zeugnisgeben. Unsere Sonntagabendveranstaltung hat jetzt doppelt so viele Besucher wie früher."

Ist das schon die Erweckung? John Hosier ist noch vorsichtig: „Ich würde es eher so beschreiben, daß wir jetzt eine Zeit der Erquickung aus der Hand des Herrn erleben."

Der Baptistenpastor Guy Chevreau aus Toronto bezeichnet es als Erneuerung, nicht als Erweckung: „Das gilt dem Leib Christi und den verlorenen Söhnen."

Feuer der Erweckung
Viele, die der Heilige Geist in Großbritannien gebraucht hat, waren nie in Toronto und hatten auch nie Gebet von Rodney Howard-Browne empfangen. Gott berührte etliche Gemeinden, noch bevor sie Kontakt zu Außenstehenden bekommen hatten, und bereitete sie so auf die kommenden Ereignisse vor.

Die Erweckungsgeschichte legt nahe, daß Gott offensichtlich des öfteren Menschen gebraucht, um seinen Segen weiterzugeben. Die Erweckung auf den Hebriden im Jahre 1949 brach nicht zur selben Zeit überall auf den Inseln aus. Erweckung begann in den Kirchgemeinden, in denen leidenschaftlich gebetet wurde, und meist dort, wo Reverend Duncan Campbell sprach.

Das Feuer der Erweckung in Ulster (Nordirland) im Jahre 1859 wurde in Connor entzündet und breitete sich dann nach Ahoghill aus, als einige Leute aus Connor einen dorfbekannten Sünder aus Ahoghill zu Christus führten. Als die Erweckung Ulster völlig in Beschlag nahm, kamen Menschen aus ganz Großbritannien, Europa und Amerika, um das Wirken Gottes mitzuerleben.

1904 reiste Alexander Boddy, Vikar der All Souls Parish Church in Sunderland, nach Wales, um herauszufinden, was Gott dort tat. Später wurde er dann dazu gebraucht, eine Erweckung in Sunderland zu entfachen, die mithalf, die britische Pfingstbewegung ins Leben zu rufen. In der Zwischenzeit verteilte Frank Bartleman, der in der bevorstehenden Erweckung in der Azusa Street eine Rolle spielen sollte, in Los Angeles 5000 Flugblätter über „Die Erweckung in Wales". T. B. Barratt kam nicht in die Azusa Street, schrieb jedoch dorthin. Sie ermutigten ihn, Gott mehr als je zuvor zu suchen. Er wurde mit neuer Kraft erfüllt und sollte ein vollmächtiges Werkzeug der Erweckung in Sunderland im Jahr 1907 werden.

Als die Azusa Street dann im Jahr 1906 eine Erweckung erlebte, kamen Menschen aus Afrika, Indien, ja praktisch der ganzen Welt dorthin. Somit ist es nichts Neues, daß Menschen der Gegenwart Gottes „nachjagen".

Toronto ist nur ein kleiner Stein im Mosaik des Wirkens Gottes zwischen 1993 und 94. Es ist nicht und war nie notwendig, dorthin zu reisen, doch verzweifelte, hungrige christliche Leiter haben dort einen Zufluchtsort gefunden. Weil sie ihrer täglichen Pflichten entbunden waren, konnten viele von ihnen in Toronto stundenlang beten und in der Bibel lesen. Dank der Distanz zu ihrer Heimatgemeinde waren sie in der Lage, sich geistlich verletzbar zu machen. Einige beklagen vielleicht den allwöchentlichen Exodus nach Toronto. Man muß nicht nach Toronto gehen. Aber es hat den Anschein, als wäre das ein Teil des göttlichen Plans für viele gewesen.

24. Mai 1994
Elli Mumford trifft mit einigen Leitern der Holy Trinity Brompton Gemeinde und ihr nahestehender Gemeinschaften zusammen. Unter den Leitern befindet sich auch Nicky Gumbel. Als Mumford betet, fällt die Herrlichkeit des Herrn auf die Anwesenden herab, und Gumbel schafft es nicht mehr zum Mitarbeitertreffen in der HTB. Gegen 14 Uhr eilt er verspätet in den Versammlungsraum und wird aufgefordert, das Treffen mit einem Gebet abzuschließen. Das tut er dann auch, doch während er betet, fegt der Geist Gottes durch den Raum, und so zieht sich das Treffen bis 17 Uhr hin.

Nicky berät sich mit Sandy Millar, dem hochangesehenen Vikar der Holy Trinity Brompton, und man kommt überein, Elli am Sonntag, den 29. Mai, in der Gemeinde predigen zu lassen. Der Rest ist, so sagt man, Geschichte.

3
Segensgüsse

Als Herausgeber des Magazins *Alpha*, eine der führenden evangelikalen Monatszeitschriften Großbritanniens, trug ich mich schon seit Februar mit dem Gedanken, etwas über die argentinische Erweckung und Rodney Howard-Browne zu schreiben, hatte jedoch den Eindruck, daß der richtige Zeitpunkt dafür noch nicht gekommen wäre. Dann faßte ich etwas für den August ins Auge, doch Rachel Salter, unsere Designerin, drängte mich, es noch für die Juliausgabe fertigzustellen, obwohl wir nur noch ein paar Tage bis zur Drucklegung des Magazins hatten.

An jenem Abend erzählte mir mein Pastor Martyn Relf von der Prophetie David Obbards, eines Strict Baptist Pastors aus Kent. Die prophetische Vision, die in seiner Autobiographie *Ploughboy to Pastor* (privat vertrieben) im Detail geschildert wird, besagt, daß die Erweckung 1994 beginnen werde. Als Obbard eines Tages im Jahr 1954 Hesekiel 37 studierte, hielt er fest:

> „Ich dachte mir folgendes: So wie die Knochen zusammenrückten, würde das Interesse an den Grundlagenlehren über die Gnade wieder neu erweckt werden, die ganz gewiß das Gerüst der wahren Gemeinde sind; doch dies an sich würde noch keine Erweckung bewirken. So wie dann die Knochen mit Sehnen und Fleisch überzogen wurden, würde darauf eine neue Erweckung der wahren biblischen Ordnung und des erlebbaren geistlichen Lebens kommen, doch auch diese beiden Dinge sollten noch keine Erweckung einläuten. Danach würde ein gewaltiges Wirken des Heiligen Geistes kommen, der Odem Gottes, und die Gemeinde würde aus ihrem leblosen Zustand herausgerissen und zu einem sehr, sehr großen Heer werden.
>
> Als ich zu dieser Überzeugung gelangte, tauchte in meinen Gedanken die Vorstellung von Zwanzig-Jahres-Perioden auf: zwanzig Jahre, in denen die Knochen zusam-

menrücken, zwanzig Jahre, in denen weltweit bibeltreue Gemeinden mit wiedergeborenen Gläubigen gegründet werden; und irgendwann im Verlauf der nächsten zwanzig Jahre [d.h. ab 1994] eine gewaltige Ausgießung des Heiligen Geistes. Ich kann nicht begründen, weshalb ich ausgerechnet auf zwanzig Jahre kam; ich kann nur wiederholen, daß mir diese Vorstellung in jenem Augenblick nahegelegt wurde."

Als Obbard Anfang der neunziger Jahre darüber nachdachte, verwies er auf den Dienst von Martyn Lloyd-Jones als Beweis dafür, daß die Grundlagenlehren über die Gnade in den Vordergrund rückten. Zudem verwies er auf das Wachstum der charismatischen Bewegung als einen Aspekt der „Rückkehr zur neutestamentlichen Ordnung für das Gemeindeleben" und verlieh anschließend seiner Hoffnung für die Zeit zwischen 1994 und 2015 Ausdruck.

Vielleicht war das des Pudels Kern.

Wir bereiteten für unser Magazin einen vierseitigen Artikel vor, der die Wurzeln der gegenwärtigen Ereignisse sowie historische Präzedenzfälle aufzeigen und die Gedanken des Erweckungsautors Jonathan Edwards beinhalten sollte.

Im Leitartikel war von den Anfängen einer Erweckung die Rede. Das Magazin (die Juliausgabe) erschien am 17. Juni. An jenem Wochenende machten in der christlichen und säkularen Presse ähnliche Gerüchte über eine Erweckung die Runde.

Die *Church of England Newspaper* vom 17. Juni 1994 berichtete atemlos: „In Londoner Gemeinden bricht Erweckung aus." Mit sorgfältig gewählten Worten hieß es weiter: „Es heißt, Gottesdienstbesucher spürten die Charismata oder Gaben des Heiligen Geistes – Zungenrede, prophetische Begabungen und körperliche Empfindungen –, die den Jüngern am ersten Pfingsten gegeben wurden, heute intensiver als je zuvor."

Man sagt, ein Gottesdienst in der Holy Trinity Brompton Gemeinde habe im Chaos geendet, da Dutzende Teilnehmer spontan zu lachen oder zu weinen begonnen, zitternd auf ihren Stühlen gesessen oder sich geschüttelt hätten oder flach auf den Boden gefallen wären.

Die Zeitung versicherte ihren Lesern: „Der Klerus ist sich sehr wohl darüber im klaren, daß solche unüblichen Begebenheiten abschrecken und Spaltung bewirken können, und bemüht sich, zweifelnden Kirchgängern wieder Sicherheit zu geben." Sandy Millar, Vikar der HTB, bemerkte: „Die Ungläubigen finden das meistens in Ordnung. Sie sind der Auffassung, wenn es einen Gott gäbe, dann wirke er wahrscheinlich auch auf ungewöhnliche Art und Weise."

Die Zeitungsreporter des Landes waren vermutlich eher verwirrt. Andrew Brown vom *The Independent* – kein Freund der pfingstlerischen Begeisterung à la Morris Cerullo oder Reinhard Bonnke – gefiel die „überzeugende, gut vorgetragene und praxisorientierte" Predigt, die er am St. Paul's Onslow Square gehört hatte, sowie die „hysterielose Art und Weise, in der sich alles abspielte" (*The Independent*, 21. Juni 1994).

Eher amüsant fand Brown, wie normal die Kinder das alles fanden. Nach der Sonntagsschule „liefen sie in den Seitengängen des Gemeindehauses herum und würdigten die Ereignisse offensichtlich keines Blickes... Schließlich war das eine anglikanische Gemeinde im Herzen von South Kensington... Auch wenn die Leute umfielen, sich schüttelten oder wie Betrunkene lachten, war das kein Grund, sie anzustarren." Er stellte zudem fest, daß die Gemeinde trotz dieser internen, persönlichen Begeisterung gerade eben 4000 Pfund für ein Ruanda-Hilfsprojekt gespendet hätte.

Ruth Gledhill, die für *The Times* (18. Juni 1994) schreibt, nahm das nicht so seelenruhig hin: „Eine religiöse Modeerscheinung mit Massenohnmachten und hysterischem Gelächter, die in Kanada begann, ist nun bei uns angekommen..." Schon dieser erste Absatz verriet den Grundtenor eines Features, das im Wettbewerb um die neutralste Berichterstattung nicht zu den Gewinnern zählte.

The Sunday Telegraph legte etwas mehr Begeisterung an den Tag und hatte einen Bericht über die Toronto Airport Vineyard Gemeinde in Auftrag gegeben, der am Sonntag, den 19. Juni, mit der Schlagzeile „Gläubige liegen dem Geist Gottes zu Füßen" erschien. Die Autoren Fred Langan und Paul Goodman hatten sich gut informiert und meinten, einige Christen hätten die Angst, diese „Zeit der Erquickung" könnte „zur puren Emotionshascherei und einer Gier nach Nervenkitzel verkommen" und würde damit „nur ein weiterer Gesichtspunkt der Suche des modernen Menschen nach Erfüllung" sein. Clive Calver, Direktor der Evangelical Alliance, verlieh seiner Überzeugung Ausdruck, eine innere Veränderung könne „mit einem neuen sozialen Engagement, wie der Armen- und Obdachlosenfürsorge, einhergehen. Wenn dies geschieht, dann sind das wirklich gute Nachrichten."

Ein weiterer Berichterstatter des *Telegraph* besuchte die Holy Trinity Brompton Gemeinde, um mitzuerleben, wie „die Gläubigen kichernd auf dem Weg des Gerechten wandeln". Als das Gebet begann, zog er sich hastig in die hinteren Reihen zurück, gab sich jedoch schließlich einen Ruck und ließ für sich beten. „Sie beteten. Ich tat Buße." Wie benommen verließ er den Gottesdienst; sein Skeptizismus war offenbar gewaltig angeknackst, wenngleich noch nicht ganz demontiert.

Was würde die *Daily Mail* (20. Juni 1994) angesichts ihres Hangs, auf den Evangelikalen herumzuhacken, aus dem Ganzen machen? Tony Holpin vermerkte die üblichen Phänomene, berichtete jedoch, die „Mitglieder der Versammlung [gäben] sich alle Mühe... zu unterstreichen, daß sie weder Fanatiker seien noch zu Hysterie neigten. Sie sagten vielmehr, sie würden von einem wohligen Gefühl der Liebe und des Friedens eingehüllt".

Am 24. Juni versicherte HTB Mitarbeiter Mark Elsdon-Dew der *Church Times*: „Bitte betonen Sie, daß dies nicht so bizarr oder empörend ist, daß vernünftige Menschen nichts damit zu tun haben wollten. Wir versuchen, unseren gesunden Menschenverstand einzusetzen und Ordnung zu wahren, doch wenn dies wirklich von Gott ist, wäre es entsetzlich, nicht alles zu nehmen, was er uns anbietet."

Daß sich die Medien so dieses Themas annahmen, bewirkte zweierlei: Einerseits wurde die christliche Gerüchteküche gewaltig angeheizt, was zur Folge hatte, daß viele Pastoren die Holy Trinity Brompton besuchten; andererseits kamen nun die „Miesmacher" aus ihren Verstecken. „Das kann doch nicht echt sein", argumentierten sie. „Bei einer Erweckung tun die Leute Buße und weinen – aber sie lachen nicht!" Schon bald tauchten die unterschiedlichen Meinungen in Leserbriefen und Gemeinderundbriefen auf, die sich auf diese Zeitungsberichte stützten.

Man sprach von „Geistern der Verblendung" und „geistlichem Irrsinn".

Dies war eine traurige Entwicklung. Die wichtigsten Presseorgane kannten die Zusammenhänge gar nicht und taten auch nicht viel mehr als über die körperlichen Phänomene und die Reaktionen der Geistlichen zu berichten. Was dahintersteckte, ging viel mehr in die Tiefe und war viel bedeutsamer und mehr als ein Heilmittel für all jene, die sich Sorgen wegen der Oberflächlichkeit der Erlebnisse machten. Wer mitten in der Erneuerung stand, war sich der Gefahren und Fallstricke sehr wohl bewußt, hatte jedoch die Überzeugung, daß Gott gute Frucht hervorbringen würde.

St. George's in Ashtead wurde von der Erneuerung ergriffen, nachdem die Versammlung die Kassette eines Vortrags von Elli Mumford in der Holy Trinity Brompton gehört hatte. Pfarrer Chris Hughes schrieb am 25. Juni: „Mitglieder der Gemeinde in Ashtead berichten von einer lange nicht gekannten Freude an ihrem christlichen Glauben, einer neuen Liebe zu Gott, einem verstärkten Empfinden, daß ihr Leben einen Sinn hat, einer größeren Entschlossenheit, Jesus Christus nachzufolgen, Heilungen von langwierigen Problemen und von mehr Frieden."

Die 200 Mitglieder starke Baptistengemeinde in Little Bookham, Surrey, erlebte Erweckung und Erneuerung, als die Gemeinde Wegweisung für die Zukunft und eine Evangelisationsstrategie suchte. Ende Mai wurden eine Woche lang tägliche Gebetstreffen anberaumt. Pastor Ian McFarlane spürte etliche Tage lang sehr stark die Last des Heiligen Geistes und bemerkte, daß er selbst tatsächlich zu zittern begann. Schließlich brachte er ein prophetisches Wort zu Papier, das seiner Meinung nach vom Herrn war.

Er nahm sich vor, der Gemeinde davon in einem außerordentlichen Treffen nach dem Gottesdienst zu erzählen. Er hatte eine Kassette von einem Vortrag von Elli Mumford in der Holy Trinity Brompton bekommen, die er der Gruppe vorspielte, die sich nach dem Gottesdienst traf. Ian schildert die weiteren Ereignisse: „Ich bat die Versammlung, aufzustehen und auf den Herrn zu warten. Nach wenigen Sekunden taumelte ich von der Bühne. Ich konnte mich nicht bewegen, bekam jedoch mit, was in meiner Umgebung geschah. Nach einiger Zeit konnte ich

wieder aufstehen und stellte fest, daß überall Menschen füreinander beteten und einander dienten."
Ian bemerkte, daß sich von heute auf morgen Auswirkungen zeigten. „Die Leute können es kaum mehr erwarten, den Herrn anzubeten. Sie sind viel offener, was ihren Glauben betrifft, und engagieren sich mit neuer Begeisterung in der Freundschafts- und Gemeinschaftsevangelisation, wie sie in unserer Gemeinde praktiziert wird."
Die Berichterstattung in der Lokalzeitung bot Gemeindemitgliedern Gelegenheit, Zeugnis zu geben wie z.b. Frau McFarlane bei ihren regelmäßigen Besuchen beim Friseur.
Phil Rees von der South Street Baptist Gemeinde in Greenwich hatte so etwas in dreißig Jahren Gemeindeleben noch nie erlebt. Seine Gemeinde im Süden von London gehört dem „Ichthys"-Gemeindebund an. „Ichthys"-Leiter Roger Mitchell hatte in Argentinien dieselbe Konferenz wie John Arnott besucht, und einige der „Ichthys"-Gemeinden erlebten schon seit Dezember 1993 eine „Zeit der Erquickung".
Phil reflektierte, was geschehen war: „Der Herr nimmt das Heft in die Hand – man kann es kaum glauben. Es gibt Tränen der Buße, und Spannungen entladen sich. Die Heiligung nimmt zu, und man ist Gott ganz nahe. Die letzten sieben Wochen waren der Höhepunkt in meinem bisherigen Leben als Christ."
Gerald Coates, Leiter des „Pioneer"-Gemeindebunds, kehrte zu seiner Gemeinde in Cobham zurück, nachdem er an einer Konferenz in Schweden teilgenommen hatte, auf der ähnliche Dinge geschehen waren. Er achtete sorgsam darauf, die Phänomene nicht zu erwähnen oder jemandem beim Gebet die Hände aufzulegen. Er berichtet von einem Mann, mit dem er betete:

„Der Mann hatte sich selbst absolut fest im Griff. Er kam zu mir und sagte, er wolle keinen Versuchungen mehr ausgesetzt sein. In den fünfzehn Jahren, die ich ihn nun schon kenne, ist er noch nie unter der Kraft des Geistes zusammengebrochen. Innerhalb von dreißig Sekunden ging er zu Boden. Er wurde überführt und weinte. Später erzählte er mir, ein Gefühl der Ehrfurcht vor Gott hätte ihn übermannt. Er konnte sich nicht bewegen, obwohl er mitbekam, wie die Veranstaltung weiterging.

Die Leute hier spüren die Gegenwart Gottes in ihrer Mitte. Sie wollen Sünden loswerden, die sie bislang toleriert hatten. Jemand erzählte mir von seinen Gefühlen; er sagte, er habe einerseits ein starkes Empfinden der Gottesfurcht und verspüre andererseits die Freude des Herrn, wie er sie noch nie zuvor erlebt habe.

Wir erleben auch, wie Menschen zu Jesus kommen, wie zum Beispiel die fünfundzwanzig, die sich vor kurzem bei einer Veranstaltung bekehrten, die Steve Clifford leitete."

Auch Dave Holden, Pastor der Sidcup Community Church, kann bezeugen, wie Menschen sich verändern. „Wenn wir für sie beten, lachen oder weinen sie. In den darauffolgenden Tagen erzählen sie dann, sie spürten die Gegenwart Gottes, ihre Ehen liefen nun ganz anders und ihre moralischen Wertvorstellungen hätten sich geändert. Ein frischer Wind weht durch das Leben dieser Menschen. Mittlerweile hat sich die Teilnehmerzahl unserer Gebetstreffen vervierfacht."

Manch einer hat das Lachen der Menschen in den Veranstaltungen nicht als lustig empfunden, aber es gab schon wirklich humorvolle Szenen.

Bei einer Veranstaltung in Sidcup hatte man den Krankenwagen gerufen, weil jemand gesundheitliche Probleme bekommen hatte. Die Sanitäter betraten den Gemeindesaal und sahen, wie Dutzende von Leuten auf dem Boden lagen und verschiedenartige geistliche Erfahrungen machten. „Welcher ist unserer?", fragten sie etwas verwirrt.

Während einer anderen Veranstaltung in Sidcup wurde für einen Zeugen Jehovas gebetet, der augenblicklich zu Boden sank. Als er „ruhte", betonten die Betenden in ihren Gebeten sehr stark die Dreieinigkeit Gottes. Er erhob sich, und sie unterhielten sich mit ihm über den Glauben. Er meinte, er wäre auf der Suche gewesen, hätte bei den Zeugen Jehovas jedoch keine Erfüllung gefunden. Sie legten ihm das Evangelium dar, und er gab sein Leben Jesus. Sie beteten wiederum für ihn, diesmal für die Erfüllung mit dem Heiligen Geist. Er redete in Zungen und fiel erneut um. Als er wieder aufstand, verließ er augenblicklich den Saal. Er war zwei Stunden lang dort gewesen. Als man ihn fragte, warum er es nun auf einmal so eilig hätte, erwiderte er, daß seine Freundin draußen im Auto auf ihn warte. Offensichtlich hatte er nicht lange bleiben wollen. Der südafrikanische Evangelist Rodney Howard-Browne erzählte von einer Frau, die bei den Carpenter's Home Church Treffen immer in der ersten Reihe saß und einmal von der Polizei aufgehalten wurde. Sie hatte Howard-Browne im Radio gehört und dabei einen Lachanfall bekommen. Ein Polizist, dem ihr unruhiger Fahrstil aufgefallen war, hielt sie an. Mit einigen Schwierigkeiten kurbelte sie das Fenster herunter. Der Polizist war davon überzeugt, daß sie betrunken war, und versuchte, ihr aus dem Wagen zu helfen. Doch in dem Augenblick, als er sie berührte, fing er zu lachen an und war einige Minuten lang unfähig, irgendetwas zu tun. Als er seine Selbstbeherrschung wiedergefunden hatte, war Rodney (auf der Kassette) beim Bekehrungsaufruf angelangt. Der Polizist, ein abgefallener Pfingstler, fing zu weinen an. Die Frau führte ihn erst zum Herrn zurück und half ihm dann in den Streifenwagen.

Eine andere Geschichte handelt von einer Frau, die sich in einer ähnlichen Situation befand, und gebeten wurde, ins Röhrchen zu pusten. Als sie zu pusten begann, brach der Polizist vor Lachen nieder. Bei Claudio Freidzons Veranstaltungen in Argentinien sorgt ein besonderer Taxi-Service dafür, daß geschwächte Gläubige sicher nach Hause kommen. Die Holy Trinity Brompton nimmt immer ein Taxiunternehmen in Anspruch, dessen Mitarbeiter wissen, daß die Gemeindemitglieder „nicht, wie man annehmen würde, betrunken sind" und somit im Taxi auch keine Scherereien machen.

Es sind noch andere Berichte im Umlauf, die einem etwas fern der Wahrheit erscheinen könnten, wie z.B. die berühmt-berüchtigten „Engelgeschichten". Dabei ist von jungen Leuten die Rede, die entweder mit dem Auto unterwegs sind und einen Anhalter mitnehmen oder mit jemandem in ein Gespräch verwickelt werden, der ihnen sagt, Christus werde bald zurückkommen und die derzeitigen Ereignisse seien die Vorbereitung darauf. Der „Engel" verschwindet oft vom Rücksitz, während das Auto mit 100 km/h dahinbraust. Eine Abwandlung dieser Geschichte, auf die auch im Gemeindebrief der Holy Trinity

Brompton angespielt wird, erzählt man sich in einer Gemeinde im Londoner Südwesten.

Das ist der Stoff aus dem die Legenden einer Stadt gemacht sind – nicht unwahrscheinlich, wenn man ein christliches Weltbild hat, jedoch nur in volkstümlichen Erzählungen hinreichend dokumentiert. Da solche Geschichten schon seit mehr als fünfzehn Jahren in englischen evangelikalen Kreisen die Runde machen, darf man sie nicht ganz für bare Münze nehmen. Kann Ihre Quelle die Namen der Personen nennen, die dabeiwaren? Solange Sie so etwas nicht von einer namentlich genannten Person hören, die ein Zeugnis verfaßt und unterschrieben hat und auf zwei Leute verweisen kann, die für ihre Integrität bürgen, sollten Sie all jene, die derartige Geschichten weitererzählen, in aller Sanftmut darauf hinweisen, daß es sich hierbei um ein Märchen handeln könnte.

Aber man erzählt sich auch zahllose, zutiefst bewegende Geschichten aus dem ganzen Land, für die es etliche Zeugen gibt.

Leiter wie Gerald Coates (Pioneer People) und Bryn Jones (Covenant Ministries) waren Anfang Juni nach Birmingham gefahren, um an einer Predigtreihe von Rodney Howard-Browne teilzunehmen. Sie äußerten sich einhellig positiv über Rodney als Person, doch nicht alle fanden die Veranstaltungen leicht verdaulich. Browne war der einzige, der betete, und bei einigen Leuten hatte das ungewöhnliche Auswirkungen. Bryn Jones empfing Gebet während der Veranstaltung am Freitag vormittag.

Gerald und Bryn waren in der Frühzeit der „New Church" Bewegung der siebziger Jahre Verbündete gewesen, hatten jedoch schon seit einiger Zeit einander mit Argwohn betrachtet. Doch vor kurzem hatten sie Frieden geschlossen, und Gerald besuchte damals ein Leitertreffen von Covenant Ministries.

Buße, Zuteilung von Kraft, Lachen und Freude waren unter einigen Christen der Covenant-Gruppe schon vorhanden gewesen, doch jetzt verbreiteten sie sich explosionsartig im gesamten Gemeindebund. Die Sommerausgabe der *Covenant News* war randvoll mit freudigen Erzählungen.

Peter Grearley, langjähriger Ältester der Gemeinde in Cardiff, berichtete:

„Die Leute fallen um, lachen unkontrollierbar, kugeln wie betrunken am Boden herum, weinen und schluchzen. Bei einigen Treffen waren wir außerstande, einen Schlußpunkt zu setzen, weil die Leute Gottes Gegenwart nicht verlassen und ihn immer weiter preisen wollten.

Als wir letzten Sonntag anbeteten, wurde Agnes Morris augenblicklich von einem zwanzigjährigen Rückenleiden geheilt. Sie war nicht in der Lage gewesen, sich richtig zu bücken, und ist jetzt ein lebendiges Zeugnis für die Heilungskraft Gottes."

In der King's Church in Loughborough hörte Rena Tsikli, eine Frau mit griechischen Vorfahren, jemanden hinter sich in Zungen reden, als sie selbst gerade betete. Der Mann konnte kein Griechisch, doch was er sagte, hieß übersetzt „Nimm' es auf dich". Sie ging nach vorne, um einen Schluck Wasser zu nehmen (ein symbolischer Glaubensschritt all jener, die etwas von Gott empfangen wollten). „Als ich trank, brachte mich der Geist zum Weinen. Meine Hände kribbelten, und es schüttelte mich. Ich konnte mich nicht mehr auf den Beinen halten und fiel hin." Sie weinte noch eine Zeitlang weiter.

Der Pastor, Gareth Duffty, erzählte noch eine erstaunliche Geschichte: „Unsere achtjährige Tochter Abigail berichtete vier ihrer Klassenkameradinnen, was in der Sonntagmorgenveranstaltung geschehen war. Daraufhin wollten jene Jesus selbst kennenlernen; also betete Abigail mit ihnen und legte ihnen die Hände auf, damit sie den Heiligen Geist empfangen würden; die Mädchen fielen unter der Kraft Gottes zu Boden. Sie sagten, ihre Knie wären weich geworden. Nachdem die Kinder zu Hause ihre Erlebnisse geschildert hatten, kamen ihre Eltern zu meiner Frau Sandra und wollten mehr wissen."

Doch die King's Church war nicht die einzige Gemeinde in Loughborough, die von Gott berührt wurde. Roy Monks, Pastor der Elim Pentecostal Pfingstgemeinde, sagte gegenüber dem Magazin *Direction*, ein Freund hätte ihm Mitte Juni erzählt, was überall im Land los wäre. Roys Kommentar dazu: „Ich bete nur, daß Gott uns nicht übersieht." Er ging in den normalen 9-Uhr-15-Gottesdienst. Doch im 11-Uhr-15-Gottesdienst konnte man plötzlich eine Veränderung feststellen. Es herrschte große Ehrfurcht und jedermann spürte die Gegenwart Gottes. Nach einiger Zeit bat Roy all jene nach vorne, die Gebet haben wollten, und augenblicklich fielen einige unter der Kraft Gottes zu Boden. Die Leute fielen manchmal direkt reihenweise um, ohne daß ihnen irgendjemand zu nahe gekommen wäre. Viele Menschen weinten, viele erforschten ihr Herz. Gottes Gegenwart war offensichtlich. Roy sagte: „Ich hatte den Eindruck, daß ich den Gottesdienst nicht einfach zur normalen Zeit beenden konnte, und so dauerte er eben bis ungefähr 14 Uhr." In der Abendveranstaltung sprach Gordon Neale über den „Fluß Gottes"; wiederum bat man die Anwesenden zum Gebet nach vorne und wiederum geschahen ähnliche Dinge.

In den darauffolgenden Wochen schien alles normal zu verlaufen. Die Gottesdienste waren gut, aber es ereignete sich nichts Außergewöhnliches. Dann traf sich Roy mit drei anderen Leitern aus der Gegend zum gemeinsamen Gebet und Gespräch. Im Verlauf der Gebetszeit fiel einer der Leiter, ein Baptist, unter der Kraft Gottes zu Boden. Roy hatte den Eindruck, er solle über ihm weissagen; der Leiter sagte zur Bestätigung, er hätte dieselbe Prophetie früher schon einmal bekommen. Roy spürte gleich darauf, daß er auch über David Hadden prophezeien sollte, und auch David bestätigte, daß ihm schon einmal zwei Leute dasselbe gesagt hatten wie Roy. Die offensichtliche Exaktheit und Bestätigung der Prophetien überwältigte Roy derart, daß er zu weinen begann.

Der baptistische Leiter schilderte, wie gegen Ende des nächsten Sonntagsgottesdienstes eine eher unauffällige Dame aus der Gemeinde auf ihn zugekommen wäre mit den Worten, sie hätte den Eindruck, Gott wollte, daß sie noch eine Weile im Gebet blieben. Er hielt das für richtig und ermutigte die Gemeinde dazu. Binnen weniger Minuten lag fast die ganze Versammlung am Boden und wurde von einem gewaltigen Lachen übermannt.

Bei einem Treffen der Gemeinden von Loughborough einen oder zwei Tage später ereigneten sich ähnliche Dinge und dann noch einmal in den einzelnen Gemeindegottesdiensten am darauffolgenden Sonntag. „Das Erstaunliche ist", sagte Roy, „daß Leute, bei denen man es nie für möglich halten würde, solche Erfahrungen machen. Das sind nicht nur die begeisterungsfähigen Charaktere, sondern vielmehr Geschäftsleute, Universitätsprofessoren und dergleichen, die zum Großteil ehrwürdige und normalerweise recht ruhige Menschen sind."

Das Magazin *Direction* hielt auch fest, daß vor kurzem während einer Veranstaltung in Bridgend ein gewaltiges Gewitter losgebrochen wäre. Der Regen trommelte mit ohrenbetäubendem Lärm auf das Dach. Genau zur selben Zeit spürte die ganze Versammlung, wie der „Regen Gottes" auf sie niederprasselte, und die Menschen machten ähnliche Erfahrungen wie die eben beschriebenen.

Dorian Hammond, Leiter der Highdown Church in Worthing, erlebte, wie seine Begegnung mit Gott augenblicklich Früchte trug. Er kam mit elf jungen Männern zusammen, die allesamt okkult belastet waren. „Vier von ihnen haben sich schon bekehrt, wurden befreit und mit dem Geist erfüllt."

Doch damit hörte diese Welle des Geistes noch lange nicht auf.

Der Heilsarmee ist die „Berührung Gottes" nicht fremd. In einigen ihrer älteren Gemeinden standen in den hinteren Räumen Pritschen, auf die man jene Gemeindemitglieder legte, die „hingestreckt" worden waren.

Als der Sommer zu Ende ging, ermutigte Oberst Pender, Leiter der Heilsarmee Großbritannien, seine Korps im ganzen Land, sich an das Prinzip des Gamaliel zu halten (vgl. Apg 5,34-39): Wenn es nicht von Gott wäre, würde es von selbst vergehen; wenn es sich jedoch um ein Wirken Gottes handelte, wäre es töricht, sich ihm zu widersetzen! Bei einer Leiterschaftskonferenz in Swanwick fielen die Teilnehmer während der Anbetung zu Boden. Weder hatte man für sie gebetet, noch war von der Bühne herab ein Hinweis gekommen. Viele bezeugten, während dieser Zeit geheilt oder wiederhergestellt worden zu sein. Ein Teilnehmer wurde nach der Konferenz an seinem Arbeitsplatz gefragt, was denn in den vergangenen Tagen mit ihm geschehen wäre, weil sich sein Gesichtsausdruck so radikal verändert hätte. Phil Wall, Evangelist der Heilsarmee, ließ keinen Zweifel an den Früchten: „Die Leidenschaft für Christus und die Verlorenen nimmt zu. Einige unserer konservativsten Leiter wurden berührt."

Im Juli, als Norman Robertson auf der Bibelwoche in Hillsborough vor mehr als 800 Erwachsenen über „die Salbung" sprach, schwappte die Welle nach Nordirland über. Eine weitere Welle setzte sich in Bewegung, als zwölf Leiter, die mit der Christian Fellowship Church in Verbindung stehen, von einem Besuch bei der Toronto Airport Gemeinde zurückkehrten. Pastor Paul Reid hatte es gewaltig „erwischt", und sein Team tat sich nicht immer leicht, die „Trunkenheit" ihres sonst so beherrschten Pastors in den Griff zu bekommen.

Er zieht folgendes Resümee über die Auswirkungen seines Besuchs in Toronto:

> „Ich habe den Eindruck, daß Gott in meinem Leben und im Leben der anderen sehr viel tat; nicht zuletzt hat er unsere Selbstbeherrschung durchbrochen. Der Herr sagte: ‚Ich will meine Gemeinde wiederhaben', was einerseits meinem Stolz schwer zusetzte, mich andererseits jedoch seine Liebe und die innige Gemeinschaft mit ihm als meinem himmlischen Vater ganz neu erleben ließ.
>
> Wir kamen an einem Samstag zurück, und unsere nächsten Gottesdienste waren am Sonntag um 9.30 und 11.30 Uhr. Gleich nach dem ersten Lied fiel ich um und etliche andere mit mir. Und dann ging's los: Die Leute fielen um, lachten, schrien, schüttelten sich, weinten, kreischten und prophezeiten – ohne, daß irgendjemand ein Wort gesagt hatte. Es war ein souveränes Wirken des Heiligen Geistes, begeisternd, manchmal jedoch erschreckend. Ich versuchte, aufzustehen und ans Mikrophon zu gehen, aber es schüttelte mich derart, daß man mich von der Kanzel wieder hinunterführen mußte; daraufhin lag ich dann vier Stunden lang am Boden, während sich überall um mich herum der Himmel öffnete. Mittlerweile haben wir drei Veranstaltungen am Sonntag und eine am Donnerstag abend. Selbst wenn wir uns jeden Tag träfen, würden die Leute wohl genauso kommen. Im Lauf der Woche kommen ungefähr 2000 Erwachsene, darunter viele Besucher aus anderen Gemeinden.
>
> Was mich so begeistert, ist die Tatsache, daß einige Gemeinden der wichtigsten Konfessionen sozusagen auf den Zug des Wirkens Gottes aufgesprungen sind. Und es ist

phantastisch, sich mit Presbyterianern, irischen Anglikanern (Church of Ireland), Methodisten und Katholiken zu treffen, in deren Leben und Gemeinden Gott ganz neu wirkt. Ich glaube, daß ein Signal in der natürlichen Welt, nämlich der von der IRA ausgerufene Waffenstillstand, das widerspiegelt, was in der geistlichen Welt abläuft. Ich glaube, daß Gott derzeit in Irland wirkt, und meiner Meinung nach kann niemand bestreiten, daß Gott sich ganz neu zeigt. Die Treffen gehen weiter, das Feuer fällt nach wie vor, und wir glauben, daß sich die jetzigen Geschehnisse noch intensivieren werden.

Ich bin begeistert, denn diese Dinge geschehen auch, wenn die Leute keinerlei Vorwissen mitbringen. Letzten Samstag abend nahm ich an einem kleinen Treffen auf dem Land im County Antrim teil, weil man mich schon vor sechs Monaten dazu eingeladen hatte. Nachdem ich einige Minuten über die Liebe Gottes gesprochen hatte, bat ich all jene, die ganz neu von der Liebe Gottes berührt werden wollten, aufzustehen. Ungefähr achtzehn Leute kamen nach vorne, stellten sich nebeneinander auf, und ich begann zu beten. Ohne von diesen Dingen gehört zu haben, fielen sie um, schüttelten sich, schrien, weinten und Gott wirkte an ihnen auf souveräne Art und Weise. Ich bin davon überzeugt, daß es sich hierbei um das Wirken Gottes handelt."

Die Gemeinschaft der katholischen Charismatiker in Nordirland war nicht die einzige katholische Gruppierung, die im Sommer 1994 berührt wurde.

Die Gruppe „Cor Lumen Christi" beraumte für Freitag, den 8. Juli, in Guildford eine Versammlung katholischer Charismatiker an. Dreihundertfünfzig Menschen kamen, zum Teil sogar aus Westminster und Portsmouth. Nach einigen Erklärungen und Zeugnissen luden sie „den Heiligen Geist ein, über die ganze Versammlung zu kommen. In den darauffolgenden zweieinhalb Stunden goß Gott seinen Geist aus, und viele Menschen ruhten im Geist, schüttelten sich, weinten und lachten, während Gott segnete, erfrischte und heilte."

Trotz all der Leidenschaft und Begeisterung gab es einige, die sich zwar nicht zu einem negativen Urteil hinreißen ließen, aber dennoch ein wenig skeptisch blieben. Ken Costa, Gemeindevorsteher der Holy Trinity Brompton, war einer von ihnen. „Ich hatte davon gehört, daß einigen Mitarbeitern der Holy Trinity Brompton auf einmal ein wenig schwindlig geworden wäre. Ich dachte mir: ‚Nun, das legt sich wieder. Wenn sie kichernd herumliegen wollen, dann sollen sie eben kichernd herumliegen.' Ich fühlte mich mehr als Beobachter. Ich war der Auffassung, das sei lediglich eine leichte Form von Hysterie, die wieder abklingen würde."

Dennoch leitete er eine Veranstaltung in St. Paul's Onslow Square, wo er vom Lachen übermannt wurde, obwohl er sich nach Kräften dagegen wehrte. Er wußte nicht so recht, was er damit anfangen sollte.

Dann hatte er Gelegenheit, die Toronto Airport Vineyard Gemeinde zu besuchen. Vor den Teilnehmern eines Seminars der Bibelwoche „Focus '94" berichtete er:

„Ich sah mir die Anbetung an – sie war durchschnittlich. Ich sah, wie Menschen kreischten, brüllten und umfielen und dachte: ‚Na ja, da haben wir's. Die Leute sind einfach ein wenig überdreht oder schwindlig – das gibt sich wieder.'

Am nächsten Morgen saß ich unbeteiligt in der Veranstaltung, und meine Gedanken waren weit weg, als ich mich plötzlich zu schütteln begann; alles an mir schüttelte sich und noch dazu hoppelte ich auf und nieder wie ein Gummiball. Ich sagte: ‚Gott, was tust du da?' Aber er machte weiter – das ging zwei oder drei Veranstaltungen lang so.

Ich erwähne das wirklich nur, um euch zu vermitteln, daß meine Einstellung eigentlich sehr skeptisch gewesen war. Doch mit einem Mal wurde ich, um mit C. S. Lewis' Worten zu sprechen, „von Freude überrascht".

Warum ließ Gott dieses Schütteln zu? Ich glaube, er benutzt es, um die Aufmerksamkeit auf sich ziehen.

Ich vermute, daß es in meinem Fall prophetisch darauf hinweist, daß Gott mich erschüttert – mein Leben, meine Selbstkontrolle, meine persönlichen Interessen, meinen festen Willen, mein Leben nach dem Verstand auszurichten."

Auch R. T. Kendall, Priester der Westminster Chapel und ein hochangesehener Bibellehrer, spürte, wie der Heilige Geist ihn Demut lehrte. In seinem Gespräch mit Wallace Boulton von der Zeitschrift *Renewal* sprach er recht offen über seine Erfahrungen:

„Ich mußte in aller Öffentlichkeit von meinem hohen Roß steigen. Wenn Sie mich – gleich nachdem ich das erste Mal davon gehört hatte – an einen Lügendetektor angeschlossen und gefragt hätten, ob ich der Meinung wäre, dies alles wäre von Gott, dann hätte ich nein gesagt. Zwei Wochen später änderte ich meine Meinung.

Ich erlebte mit, wie einer meiner besten Freunde, der für das Ganze überhaupt nicht offen gewesen war, auf sein Angesicht fiel und zehn oder fünfzehn Minuten so liegenblieb, nachdem man in meiner Sakristei für ihn gebetet hatte.

Der Mann, der für meinen Freund betete, war gekommen, um für mich zu beten, was er auch getan hatte. Mein Freund sagte, er wollte auch für sich beten lassen, ging jedoch nicht davon aus, daß daraufhin etwas geschehen würde. Er hatte an jenem Vormittag das erste Mal etwas von Toronto gehört und zwar von mir.

Er fiel flach auf den Boden, nicht ich. Das beeindruckte mich."

R. T. lud infolgedessen Sandy Millar, den Vikar der Holy Trinity Brompton, ein. Er sagte gegenüber *Renewal*:

„Etliche Leute hatten für mich gebetet. Sandy Millar war der erste, dann kamen Roger Forster und Ken Costa und zwei oder drei andere Mitarbeiter der Holy Trinity Brompton Gemeinde.

Nichts geschah. Als sie für mich beteten, kam auch meine Frau dazu. Nach ungefähr zwei Minuten lag sie am Boden. Ich hatte sie noch nie so strahlen gesehen.

Sie weinte, sie lachte – und sagte später zu mir, wenn das dieses ‚Ruhen im Geist' wäre, könnte sie nun verstehen, warum sich die Leute so darum rissen.

Am Abend jenes Tages, an dem Sandy Millar und seine Mitarbeiter unsere Gemeinde besucht hatten, wollten wir gerade nach Hause gehen, als einer von ihnen fragte, ob er nicht für mich beten könnte. Ich sagte: ‚Sicher, aber ich muß dazusagen, daß man schon oft für mich gebetet hat.' Ich wollte nicht, daß er sich großartige Hoffnung machen würde.

Nach kurzer Zeit spürte ich große Ruhe und Entspannung in meinem Kopf. Ich kann es nur so beschreiben, daß ich mir vorkam wie vor einigen Jahren, als ich wegen einer Operation Natriumpentathol bekam. Ich war jedoch nicht bewußtlos. Ich spürte, wie ich nach vorne fiel."

Spürte er Gott? „Auch nicht mehr, als ich ihn schon den ganzen Tag über gespürt hatte. Es war ein großartiger Tag für mich gewesen." Welche Bedeutung hatte diese Erfahrung für ihn? „Für mich war es demütigend. Ich glaube, Gott wollte, daß ich mich einmal zum Narren machte, um mich zu lehren. Schließlich lag ich da auf dem Boden vor all den Diakonen und meiner Frau. Das war an jenem Abend nur wenigen anderen widerfahren, und mir war das peinlich. Ich glaube, daß Gott genau das mit mir vorgehabt hatte."

Viele erwarteten, daß sich die Entwicklung den Sommer über verlangsamen würde. Schließlich waren die Leute in den Ferien. Doch viele fuhren in ihren Ferien in irgendein christliches Zeltlager. Mit siebentausend Teilnehmern wurde es auf der New Wine Bibelwoche recht eng. Am letzten Abend sah Barry Kissell, Mitglied des Leiterschaftsteams von St. Andrew's Chorleywood, wie die „Herrlichkeit des Herrn" während der Veranstaltung von den hinteren Reihen nach vorne schwappte. Seine Gemeinde hatte eine Woche zuvor schon das „Soul Survivor"-Camp abgehalten, an dem 4000 junge Menschen teilgenommen hatten. Am ersten Abend, während des vierten Lieds, fielen einige Leute plötzlich um, weinten, lachten und baten um Gebet. Im weiteren Verlauf des Wochenends ging man dazu über, die Predigten an den Anfang der Veranstaltungen zu setzen, bevor das geistliche Feuer losbrach.

Am Sonntagabend mühte sich der Prediger, zum Gebrüll einiger lachender und brüllender junger Leute zu sprechen. (Ich persönlich stand am Seitengang und widerstand der Versuchung, einem dieser jungen „Löwen" mit meiner brüderlichen Hand den Mund zuzuhalten.) Während der New Wine Woche machten auch etliche Kinder tiefgreifende Erfahrungen. Captain Alan Price von der Church Army trug die Verantwortung für die mehr als 1000 Kinder.

David Gardner, Pastor der Burwell Baptistengemeinde in Cambridgeshire, der zum Kreis der Bibellehrer gehörte, berichtete gegenüber der *Baptist Times*, was sich im weiteren Verlauf der Woche ereignete:

> „In der ersten Abendveranstaltung der Woche ging es um die Bedeutung des Kreuzes, und die Kinder bekamen Gelegenheit, ihr Leben in einem Gebet Jesus als ihrem Heiland und Freund zu geben.
>
> Im weiteren Verlauf der Woche wurde über den Heiligen Geist gelehrt und Gelegenheit geboten, auf das Wort Gottes zu reagieren. Dabei ging man sehr einfühlsam vor, und als die Kinder auf den Herrn warteten, traten recht ungewöhnliche Phänomene auf. Einige Kinder fingen zu weinen an. (Später berichteten sie dann, sie wären dabei weder traurig noch ängstlich, sondern sehr glücklich gewesen.) Andere schüttelten sich, wieder andere fingen zu lachen an. Ich weiß, daß Lachen und Kichern ansteckend wirken, bin jedoch der Auffassung, daß viel davon von Gott war.
>
> Einige Kinder fielen zu Boden und ruhten im Geist; wieder andere hörten die Stimme Jesu und hatten Bilder oder Visionen.

Ein neunjähriger Junge in meiner Gruppe ging jeden Abend zu Boden und hatte eine Reihe von Bildern, die ich kurz beschreiben möchte.

Das erste Mal sah er viele Engel und hörte eine Stimme, die ihm zusicherte, diese Engel wären da, um ihn auf seinem Lebensweg zu beschützen. Beim zweiten Mal sah er überall Engel und darüber eine viel größere Person, die das Kommando über sie hatte. Es wurde ihm gesagt, diese größere Person wäre Jesus.

Beim vierten Mal berichtete er, er hätte keine Stimmen gehört und keine Bilder gehabt, sondern nur in Zungen geredet. Beim fünften Mal sah er Satan in einem Käfig, der immer kleiner wurde, als Christen um ihn herummarschierten und dem Herrn Loblieder sangen. Als Satan nur mehr so groß wie eine Ameise war, trat jemand auf ihn, und er verschwand.

All diese Bilder stammen von einem ganz normalen neunjährigen Knaben, der genauso lustig und spitzbübisch war wie alle anderen seiner Altersgruppe. Meiner Meinung nach hätte er sich das unmöglich selbst ausdenken können, und ich glaube auch nicht, daß es vom Teufel war. Alles in allem war das eine sehr bemerkenswerte Woche."

Dave Holden, ein Leiter des Gemeindebunds „New Frontiers", wies darauf hin, daß sich während der Bibelwoche in Stoneleigh die Reaktion der Menschen und das Gebet an jenem Abend drastisch intensiviert hätten, an dem der amerikanische Pastor C. J. Mahaney über das Kreuz predigte. Er sagte: „Wir sehen uns einer Synthese aus Wort und Geist verpflichtet. Terry Virgo hielt ein Seminar, bei dem es ganz konkret um die biblischen Hintergründe der derzeitigen Ereignisse ging, und wir wollten, daß die Menschen all das, was um sie her geschah, besser verstünden." Er erwähnte, daß sehr viele der mehr als 13000 Teilnehmer ihr Leben Jesus Christus gegeben hätten.

Neu an der Bibelwoche in Stoneleigh war auch, daß sich die Leiter bemühten, anzuerkennen, daß es manchmal richtig ist, eine Veranstaltung fortzusetzen, auch wenn einige Teilnehmer von Gott berührt werden. Einhundertfünfzig junge Menschen wurden nach draußen geführt, damit die übrigen 850 die Predigt hören konnten. In einer „New Frontiers"-Gemeinde stellte man einen Raum zur Verfügung, wohin sich all jene, die im ruhigen Teil der Veranstaltung von Gott „berührt" wurden, zurückziehen konnten; dort bot man auch Gebet an.

Die Getreuen in Stoneleigh sangen von „Tagen des Himmels", doch in der Welt gab es auch Stimmen, die weniger überzeugt klangen. Die *Daily Mail* griff die „Toronto" Story wieder auf, nachdem das ehemalige Nacktmodell Samantha Fox auf dem christlichen Kunstfestival „Greenbelt" aufgetreten war. Nachdem sie am Alpha-Kurs der Holy Trinity Brompton teilgenommen hatte, bekannte sie sich zu ihrem Glauben an Jesus. Dieser Kurs, an dem massenhaft Nichtchristen teilnehmen, bietet in fünfzehn Abenden eine Hinführung zum christlichen Glauben. Die Zeitungen bemerkten auch, daß viele Menschen Schlange stünden, um in den Gemeindesaal zu kommen, und all das im August, einem Monat, in dem die HTB traditionsgemäß schwach besucht wäre.

Geoffrey Levy von der *Daily Mail* war über die Manifestation von Tierstimmen überhaupt nicht begeistert (mehr darüber in einem späteren Kapitel). Er betonte: „Daß sich so viele anglikanische Gemeinden für dieses Phänomen und den formlosen, charismatischen Stil der Anbetung interessieren, ruft in einigen traditionellen Kreisen die Besorgnis hervor, die Church of England (Anglikaner) könnte durch eine ‚Unterwanderung' mit dem Toronto-Segen Schaden erleiden, so wie die Labour-Partei in Großbritannien interne kommunistische Strömungen bekämpfen mußte.

Die Church of England läßt offiziell verlautbaren, sie sei nicht besorgt. ‚Wir haben keinerlei Angst davor, daß jemand anderer das Heft in die Hand nimmt', sagte ein offizieller Sprecher hochtrabend. ‚Wenn die Ereignisse nicht von Gruppendynamik oder Massenhysterie herrühren, sind sie ein eindringliches Zeichen für Erweckung. Warum sollten wir uns davor fürchten, daß der Heilige Geist das Heft in die Hand nimmt? Das wäre doch großartig.'"

Levy ließ eine Psychologin erklären, was dies alles zu bedeuten hätte. „...Dr. Dorothy Rowe führt die Massenphänomene auf den Druck zurück, der unter Gleichaltrigen bzw. -gesinnten innerhalb einer Gruppe entsteht. ‚Man fängt an, und die anderen fühlen sich verpflichtet, mitzumachen, denn sonst könnte es ja so aussehen, als spräche Gott nicht mit ihnen.'

Das Schütteln führt sie auf die physiologische Kraft der Begeisterung zurück, die einen massiven Adrenalinausstoß bewirke, und das schallende Lachen auf dessen ‚soziale Ansteckungskraft in einer Situation, in der man glücklich sein sollte, weil man Gott gefunden hat'."

Tags darauf zog Paul Johnson, ein angesehener konservativer Politiker und eingefleischter Anglikaner, der gerne mit Evangelikalen ins Gericht geht, in der *Mail on Saturday* (3. September 1994) alle Register. Er beschrieb den „Toronto-Segen" als „charismatische, religiöse Hysterie" und jegliches überzogen religiöses Verhalten als „beunruhigend, peinlich und abstoßend". Die Erweckungsbewegung, so warnte er, könnte sich in ein „vernichtendes Frankensteinmonster" verwandeln. Er hatte den Eindruck, die Großkirchen hätte ihre Sache nicht gut genug gemacht und die Charismatiker füllten das Vakuum. Die Erweckungen der Vergangenheit waren natürlich längst in Vergessenheit geraten, oder?

Dennoch machte er sich Sorgen. Einige seiner Freunde waren zutiefst beunruhigt und behaupteten, Erweckungsbewegungen trügen dazu bei, jene unabhängige Geisteshaltung zu entfachen, die die Amerikaner dazu veranlaßte, sich von Großbritannien abzuspalten, oder den Norden der USA wegen der Frage der Sklaverei gegen den Süden Krieg zu führen. Waren nicht auch Leute aus der Erweckungsbewegung federführend, was die Prohibition betraf? Und half nicht die Prohibition dem organisierten Verbrechen, sich in den Vereinigten Staaten einzunisten?

Was wir seiner Meinung nach bräuchten, wäre die Religion eines Augustinus', eines Franziskus' und eines Thomas Morus', jenes „ruhige, vernünftige, schöne und aufbauende System des jüdisch-christlichen Glaubens". Dies würde in Verbindung mit dem Religionsunterricht an den Schulen die Nation retten – so scheint es zumindest.

Doch die Geschichte gibt Johnson kaum recht. Viele Menschen vertreten die Auffassung, daß die methodistische Erweckungsbewegung im 18. Jahrhundert mithalf, Großbritannien vor jenem atheistischen, politischen Radikalismus nach dem

Vorbild Frankreichs zu bewahren. Mährische Quäker und Methodisten halfen Wilberforce, den Sklavenhandel abzuschaffen. Shaftesbury reformierte die Fabriken und das Rechtssystem. Die Heilsarmee, leidenschaftliche Verfechter einer Erweckung, wurde zu einer der größten Einrichtungen des Landes, die freiwillig soziale, karitative Dienste zur Verfügung stellt.

Gleichgültig, welche Bedenken die großen säkularen Medien auch haben mögen – all jene, die seit einigen Monaten geistliches Leben im Stil einer Erweckungsbewegung praktizieren, haben keinerlei Zweifel über seine Vorzüge.

Ende 1993 nahm ein Ältester der King's Church in Penzance an einer Veranstaltung mit Rodney Howard-Browne teil; seit jener Zeit erlebt die Gemeinde die Phänomene des Lachens und Weinens und ist somit auch in der Lage einzuschätzen, welche Früchte die derzeitige Erneuerung mittelfristig hervorbringt.

„Wir haben miterlebt, wie sich Leute, die wir jahrelang in der Seelsorge hatten, praktisch über Nacht änderten", sagte Gemeindeleiter Ron Stringer. „Die linke Hand der biblischen Seelsorge wird durch die rechte Hand der Kraft Gottes ergänzt. Menschen, die Angst hatten oder nach selbstauferlegten Verboten lebten, haben sich verändert. Sie sind heute anders als noch vor acht Monaten."

Das ist eindeutig mehr als ein geistliches Strohfeuer.

4
Ein Volk mit gebrochenem Herzen

Einige Beobachter blieben von den Phänomenen, die sich in buchstäblich hunderten von Gemeinden ausbreiteten, sichtlich unbeeindruckt.

Die *Evangelical Times* (September 1994), ein Bollwerk der reformierten, calvinistischen Evangelikalen, gab einige Geschichten aus der säkularen Presse wieder. (Was ja viele Kritiker tun, weil ihnen anscheinend der Mut oder die Lauterkeit fehlt, eine Veranstaltung zu besuchen und sich selbst ein Bild zu machen.)

In einem Artikel sinniert der Autor Geoff Thomas:

„Wir müssen uns die Frage stellen, was von einigen Veranstaltungen, wie sie derzeit abgehalten werde, übrigbliebe, wenn ein Mann Gottes den ständig wiederholten Liedern, dem Hin- und Herwiegen der Hände, den Bekehrungsaufrufen, der Handauflegung, dem Umfallen, dem Ruhen im Geist, der Zungenrede und dem spontanen Prophezeien Einhalt gebieten würde. Bleibt ein Kern übrig, nachdem man diese Hülle entfernt hat? Der Kern ist das mächtige Werk Gottes in vielen Menschen, die Überführung, Erleuchtung, Erneuerung und Unterweisung durch das Wort, das im Heiligen Geist, der vom Himmel herabgesandt wurde, gepredigt wird. Darauf harren wir nach wie vor und dafür beten wir. Und bis zu dieser Zeit macht es uns wenig aus, wenn man uns als... ‚Erweckungsgegner' bezeichnet...

Wir sind der Überzeugung, daß es noch nie eine Zeit gegeben hat, die so viel Beiwerk einer religiösen Erweckung, jedoch so wenig Gehalt einer echten Erweckung gehabt hätte..."

Hat er recht? Wie ernst nehmen jene, die in der „Erneuerung" stehen, die Themen Sünde und Buße? Eines der Hauptanliegen von Clifford Hill, dem Herausgeber von *Prophecy Today*, war ja die Tatsache, daß er wiederholt prophezeit hatte, Erweckung würde immer von Buße begleitet werden:

„Deshalb sagen wir auch durch unseren Dienst immer wieder, daß Gott seinen Heiligen Geist nicht über ein unheiliges Volk ausgießen wird, das auf den Wegen der Welt geht. Nur wenn wir voller Demut das Angesicht Gottes suchen, unsere Sünden bekennen und ihn für all jene Bereiche um Vergebung bitten, in denen wir für den Zustand unserer Welt mitverantwortlich sind, wird es einen Durchbruch geben..."

Im weiteren analysiert er Phänomene, die er mit einiger Besorgnis beobachtet, und wägt positive und negative Berichte, die ihm zu Ohren gekommen sind, gegeneinander ab.

Wie sollten all jene, die an den aktuellen Ereignissen teilnehmen, auf Thomas' schwerwiegenden Negativismus und Hills bohrende Fragen reagieren? Befindet sich der charismatisch/pfingstlerische Flügel des weltweiten Leibes Christi auf einem geistlichen „Gänsehaut-Trip" oder haben die aktuellen Entwicklungen wirklich Tiefgang? Reflektieren wir hierzu die Erfahrungen betroffener Gemeinden sowie die Aussagen wichtiger geistlicher Leiter und betrachten wir die geistliche Pilgerreise einer Gemeinde, des Sunderland Christian Centre.

Ein Geist der Buße
Von Anfang an findet man in den Zeugnissen vieler Gemeinden und Einzelpersonen den Unterton der Buße. Bei den Queen's Road Baptists, einer der ersten britischen Gemeinden, die berührt wurden, führt man die Erneuerung darauf zurück, daß man persönliche und kollektive Buße vollzogen habe und das Sonntagabendtreffen vom 7. Mai sehr stark vom Bewußtsein des göttlichen Gerichts geprägt gewesen sei.

Gemeindeleiter Gerald Coates aus Cobham bemerkte im Spätsommer, das Markante an der Erneuerung seiner „Pioneer People" Gemeinde sei eher das Weinen als das Lachen gewesen. Er hatte dem *Daily Telegraph* gegenüber geäußert, er wäre mit Telefonanrufen und Berichten regelrecht überschwemmt worden, in denen es stets darum ging, daß Einzelpersonen Buße getan und uralten Groll bereinigt hatten. Er stellte auch fest, daß oft von Sündenüberführung und der Furcht Gottes innerhalb seiner Gemeinde die Rede gewesen wäre.

In der Oktoberausgabe des Magazins *Alpha* schrieb Coates: „Heilige Freude ist nur dann heilig, wenn sie mit einem heiligen Lebensstil einhergeht. Damit meine ich keinen starren Perfektionismus... Gott hat dafür Sorge getragen, daß wir umkehren (Buße tun), bekennen, Vergebung erlangen und den Kuß der göttlichen Gegenwart empfangen können.

Heiligung steht im engen Zusammenhang mit Demut, mit dem Bewußtsein, im Dienste Gottes zu stehen, und mit dem Anliegen, daß sein Wille und nicht unserer getan wird. Heiligung bedeutet auch, daß wir – so wie es die Schrift lehrt – unsere Sünden und Fehler vor Gott und voreinander bekennen. Weil wir für Gott abgesondert sind, ist es uns wichtig, die alltäglichen Aufgaben des Lebens zu erledigen, im Dienst und in den Beziehungen ‚noch eine Meile' mitzugehen und, was am wichtigsten ist, es zuzugeben, wenn wir falsch liegen.

...Wenn Gott durch seinen Geist wirkt, entsteht ungeachtet der fröhlichen und ausgelassenen Manifestationen eine Nüchternheit, die einen Großteil unserer restlichen Aktivitäten begleitet."

Für Colin Dye, den ersten Pastor von Kensington Temple (KT), der größten Gemeinde Großbritanniens, war Buße der Kernpunkt seiner neuen Begegnung mit Gott. Frances Hunter, eine Amerikanerin, hatte am Karfreitag für ihn gebetet. Er war umgefallen, lag vor der ganzen Versammlung lachend auf der Bühne und konnte nicht mehr aufstehen, obwohl er es fünfmal versucht hatte. Sein Kommentar: „Eine neue Salbung kam auf mich; seither weht ein frischer Wind in meinem geistlichen Leben; ich bekomme neue Einsichtigen in die Heilige Schrift und lebe auf einem neuen Niveau der Heilung und Salbung."

Die 5000 Mitglieder von KT sprangen nicht gleich kopfüber in den Strom der Erneuerung, der schon damals gegen die Tore etlicher anderer Londoner Gemeinden schwappte. Die Phänomene, die mit „dem Segen" einhergehen, waren in KT nicht unbekannt, doch Colin hatte den starken Eindruck, daß er noch warten sollte. Den Lesern von *City News* sagte er: „Ich wußte, daß wir Zeit einkalkulieren müßten, wenn der Herr in KT wirken würde." Es war ihm ein großes Anliegen, daß die ganze Gemeinde etwas von Gott empfangen würde, woraufhin er alle Veranstaltungen für den September neu ansetzte. Er bezeugt auch, daß Gott an ihm handelte. Am Sonntag, den 4. September, erzählte er der Gemeinde, Gott hätte ihn durch eine Zeit der Buße geführt und ihm aufgezeigt, daß er spezielle Punkte in seinem eigenen Leben anpacken müßte.

Auch Terry Virgo von „New Frontiers" bekräftigte die zentrale Rolle der Buße. *Frontline* gegenüber sagte er: „Viele gehen weinend den Weg der Buße zu Gott, um ihren Wandel mit ihm zu erneuern; sie achten nun viel sorgfältiger auf ihren Lebensstil, um den Heiligen Geist nicht zu betrüben."

So bekannte zum Beispiel ein Christ aus Norfolk einem Gemeindemitglied, die innere Einstellung, die hinter seinem ungezügelten Fahrstil steckte, müßte erneuert werden, weil sie auf eine tiefsitzende Rebellion schließen ließe.

David Campbell, Pastor einer Elim-Gemeinde, berichtete dem Magazin *Direction* von einem Bußabend, den er während seines Besuchs der Toronto Airport Vineyard Gemeinde miterlebt hatte:

> „An einem Abend sprach jemand aus der Stadt über Sündenbekenntnis. Alle Männer wurden ermutigt, sich jemandem anzuvertrauen, und in der Atmosphäre der Ehrlichkeit und Offenheit, die daraufhin entstand, bekannten viele von ihnen alle möglichen Sünden wie Ehebruch, Homosexualität und eine Vorliebe für Pornographie. Im Anschluß daran folgte eine Zeit der tiefen Reinigung, und ungefähr die Hälfte der Anwesenden lagen schließlich am Boden, einige von ihnen gar zwei oder drei Stunden lang."

Bischof David Pytches von St. Andrew's Chorleywood sagte auf einer Veranstaltung von Focus '94, Buße wäre wichtig, doch nur Herzen, die Christus liebten oder eins mit ihm wären, würden sie erleben:

„Jesus sagt in Matthäus 7,19-20: ‚Jeder Baum, der nicht gute Frucht bringt, wird abgehauen und ins Feuer geworfen. Deshalb, an ihren Früchten werdet ihr sie erkennen.' Es heißt nicht ‚an ihren Phänomenen', sondern ‚an ihren Früchten' werdet ihr sie erkennen.

Johannes der Täufer wandte sich an die Pharisäer mit den Worten: ‚Bringt nun der Buße würdige Frucht' (vgl. Mt 3,8). Dieses Element der Buße ist sehr wichtig. Buße hat nicht immer nur damit zu tun, daß man sich von Ehebruch oder Mord oder anderen entsetzlichen Sünden abwendet. Buße heißt, Dinge ins Lot bringen, die richtige Beziehung zu Gott wiederherstellen. Sie ist eine Änderung der Herzenshaltung und der Gesinnung, und in St. Andrew's sehen wir eine Menge davon.

Wenn diese Erquickung in die Welt hinausgeht und wir erleben dürfen, wie viele weltliche Menschen zu Christus kommen, dann werden wir meiner Meinung nach noch viel mehr Buße erleben. Manche Leute sagen, daß wir Erweckung erleben würden, wenn jeder anfinge, Buße zu tun. Ich denke, wir sollten Buße erleben, wenn bei den Leuten die Erweckung beginnt.

Wir sollten uns nicht ernsthaft nach der Manifestation eigenartiger und bisweilen amüsanter Phänomene ausstrecken. Auch sollten wir uns nicht verkrampfen, ob und welche Früchte wir hervorbringen. Der Ast schaut auch nicht zur Astspitze hin, um herauszufinden, welche Knospen dort sprießen. Der Ast sollte sich vielmehr auf seine Einheit mit Christus konzentrieren – dort vereinigt sich das ‚in Jesus bleiben' mit der Salbung. Das Entscheidende ist, daß Sie und ich ‚in Jesus bleiben'."

Der Verlust dieser Beziehung zu Christus kann uns auch unser Einfühlungsvermögen rauben. Brendon Munro, ein North London Pentecostal Pastor, berichtet von seinen Erlebnissen im Frühjahr und Sommer 1994 und bezeugt, wie tief Gott sein Herz und seine Herzenshaltungen erforscht hätte:

„Doch mein persönlicher Wandel mit Jesus wurde auf wunderbare Weise neu belebt. Mir kommt es vor, als hätte ich meine erste Liebe wiedergefunden, und die Leidenschaft, Jesus mehr und mehr zu kennen, brennt tief in meinem Herzen. In den vergangenen Monaten habe ich unzählige Tränen vergossen, als der Heilige Geist mich sanft in die Buße leitete. Ich weinte darüber, daß ich ihn in der Vergangenheit nicht mehr so intensiv gesucht und meine erste Liebe verloren hatte; und ich weinte oft vor Freude, als seine Liebe in Wellen ganz neu über mein Leben hereinbrach. Ich erkannte auf einmal die Ironie der Situation, daß ich, Pastor einer Pfingstgemeinde, ein anglikanisches Gebetstreffen besuchte, um eine neue Berührung des Heiligen Geistes zu empfangen! Das führte mir die Notwendigkeit vor Augen, über geistlichen Stolz Buße zu tun. Bei einem anderen Treffen mit anglikanischen Leitern, zu dem ich ganz herzlich eingeladen worden war, staunte ich nur so über die Kraft des Lobpreises und der Anbetung. Im Anschluß an diese überreich gesegnete Anbetungszeit sangen wir im Geist und bekamen herrliche prophetische Worte. Ich tat Buße über eine elitäre Grundhaltung – Was bilde ich mir eigentlich ein, wenn ich sage, wir Pfingstler hätten der Weisheit letzten Schluß?

Dann erkannte ich, wie oft ich Beobachter spielte und dieses oder jenes Wirken Gottes analysierte und kritisierte, jedoch nie selbst daran teilnahm. Sicherlich geschehen immer einige ‚unpassende' Dinge, wenn Gott kraftvoll wirkt; die Menschen sind unterschiedlich und reagieren unterschiedlich, und – ja, es stimmt – manchmal schleicht sich auch das Fleisch ein bißchen mit ein. Aber ich hatte es den ‚kleinen Füchsen' gestattet, den ‚Weinberg zu verderben' (vgl. Hld 2,15), und verpaßte dadurch oft das eigentliche Wirken Gottes. Das war also ein weiterer Bereich, in dem Buße angesagt war. Ich hatte das Gefühl, als machte der Herr ‚Frühjahrsputz' in meinem Innersten, und das war sehr angenehm."

Keri Jones schrieb in *Restoration Truth* (Sommer 1994) klar und deutlich darüber, daß Gott als Auswirkung dieser frischen Ausgießung einen heiligen Lebenswandel bei uns sehen möchte:

„Der Herr betont erneut, daß wir seinem Wort gehorchen müssen. Durch den Gehorsam stellen wir fest, daß seine Wege wohlgefällig und seine Pfade friedvoll sind. Es ist nicht schwer, unter der Leitung des Heiligen Geistes auf den Wegen des Herrn zu wandeln. Seine Gebote sind nicht beschwerlich. Laßt uns Tag und Nacht über sein Wort nachsinnen und auf diese Weise erfolgreich sein.

Bewahrt euch eine Grundhaltung der Buße. In diesen Zeiten der Erquickung kommt die Buße als Grundlage des christlichen Lebens und Erfahrungsschatzes wieder zu neuen Ehren. Falsche Haltungen und Denkmuster sowie Verletzungen und Mängel im Herzen werden durch eine schnelle Operation des Geistes entfernt.

Buße steht nicht nur am Anfang unseres Wegs mit Jesus. Ihre Notwendigkeit wird im Laufe unseres Wandels mit dem Herrn immer wieder offenbar. Heute erweist sich die Buße für viele als Tor zu einem Heilungsprozeß, der das Leben derart verändert, daß man nie wieder wehmütig zurückblickt."

Die Geschichte des Sunderland Christian Centre
Gott wirkt in verschiedenerlei Weise an Gemeinden und Einzelpersonen. Die Geschichte des Sunderland Christian Center ist vielleicht typisch für viele, obwohl sie meiner Meinung nach zahlreiche einzigartige Aspekte enthält.

Es handelt sich hier um eine „Assemblies of God"-Pfingstgemeinde, die vor neun Jahren vom Bethshan Tabernacle aus Newcastle in Sunderland gegründet wurde. Die Gemeinde wuchs schnell, und die Mitglieder hielten es für notwendig, mitten im Stadtgebiet ein neues Gemeindehaus zu bauen. Einige von ihnen verkauften ihre Häuser, kauften sich stattdessen günstigere und brachten aus diesen Gewinnen eine Summe auf, die die Bank dazu bringen sollte, ihnen den Rest als Darlehen zu gewähren.

Das Gemeindehaus bietet 800 Menschen Platz und ist zum Schutz vor Vandalen von einem fast dreieinhalb Meter hohen Zaun umgeben; nach etlichen Zwischenfällen ließ man Fensterscheiben einsetzen, denen Steine und Kugeln nichts anhaben können.

Unter der Leitung von Ken und Lois Gott wuchs die Gemeinde im Jahr 1994 auf 400 Mitglieder an. Ken war um die dreißig, als er nach einer erfolgreichen Karriere als Spezialist für Fingerabdrücke in den vollzeitlichen Dienst ging. Lois ist die Tochter von Herbert Harrison, der achtunddreißig Jahre lang Pastor der Bethshan Church in Newcastle gewesen war. Er war schon dabei gewesen, als der Dienst des Pfingstpioniers Smith Wigglesworth seinen Höhepunkt erreicht hatte.

Ken und Lois waren sich dessen bewußt, daß Sunderland in Bezug auf den Heiligen Geist ein besonderes Erbe hatte. Die britische Pfingstbewegung führt ihre Wurzeln unter anderem auch auf die Erweckung in Sunderland im Jahr 1907 zurück, bei der T. B. Barratt und Alexander Boddy Leitfiguren waren.

Die Gemeinde konnte zuversichtlich nach vorne schauen. Ken spürte, daß er ein gutes Team um sich versammelt hatte, und im Oktober sollte eine neue Gemeinde gegründet werden. Im Juli rief ihn Wes Richards, ein Pastor aus Slough, an. Wes fragte ihn, ob er schon davon gehört hätte, was in der Holy Trinity Brompton (HTB) los wäre, und schlug ihm vor, ein Leitertreffen in der HTB am nächsten Tag zu besuchen.

Mit seinen neununddreißig Jahren pfingstlerischer Tradition saß Ken nun da und hörte zu, wie Bischof David Pytches den Leitern riet, wie sie mit dieser neuen Ausgießung des Geistes umgehen sollten. Eine ganze Reihe Pfingstler im hinteren Teil des Raums hatte den neuen „Segen" noch nicht erlebt. Sie saßen da, beobachteten alles leicht verwirrt, spürten jedoch, daß Gott da war. Einer von ihnen sagte: „Wir müssen nach vorne gehen, uns als Pfingstler demütigen und den anglikanischen Bischof bitten, für uns zu beten."

Pytches sprach ein „ruhiges, un-pfingstlerisches Gebet" und sagte: „Heiliger Geist, diese Männer brauchen dich, sie sehnen sich nach dir. Komm' jetzt und segne sie." Augenblicklich waren „wir fünf auf dem Boden und lachten schallend. Das war das erste Mal, daß mir so etwas passiert ist; es ging ungefähr neunzig Minuten lang so weiter."

Pytches betete auch für jeden einzeln. Als sie nach Hause gingen, waren sie andere Menschen. Ken reflektiert sein Erlebnis: „Es kam mir vor, als wäre der Druck jenes banalen, routinemäßigen, alltäglichen Trotts, in dem wir gefangen waren, von uns gewichen."

Am darauffolgenden Sonntag versammelten sich hundert Menschen im ersten Stock des Gemeindehauses, und viele wurden von „heiliger Freude" ergriffen, nachdem Ken das Wort gebracht hatte. „An jenem Abend lachten Leute, die das wirklich brauchten."

Man fing an, Gott regelmäßig in Treffen am Sonntagabend zu suchen. Dann regte Herbert Harrison an, daß Ken und Lois nach Toronto fliegen sollten. Ken hatte auch schon diesen Eindruck gehabt, zögerte jedoch angesichts der Hypothekenrückzahlung und anderer Verpflichtungen, die allgemeinen Finanzen der Gemeinde dafür zu verwenden.

Herbert gab seine Überzeugung, daß Ken und Lois dorthin fliegen sollten, an die Gemeinde weiter und hatte den Eindruck, daß sie seine Sicht teilen konnten. Die Gemeinde spendete schon durchschnittlich 3000 Pfund oder mehr pro Woche, doch an jenem Vormittag, als ein zweites Opfer eingehoben wurde, kamen weitere 3500 Pfund zusammen, so daß Ken und Lois und der Jugendleiter der Gemeinde nach Toronto fliegen und sie in ihrer Abwesenheit noch andere finanziell segnen konnten.

An ihrem ersten Abend in Toronto (6. August) empfing das Ehepaar Gebet. Sie und John Arnott hatten einen gemeinsamen Freund, weshalb John sie gleich kennenlernen wollte, falls er im Sonntagsgottesdienst keine Gelegenheit mehr dazu haben würde. Bevor er zu einer Versammlung fuhr, betete er noch für sie in einem Gang des Gemeindehauses... Lois wurde vom Lachen überwältigt. Ken sah in einer Vision Feuer der Erweckung überall im Norden Englands.

Am nächsten Tag erzählte Ken im Vormittagsgottesdienst: „So wie Alexander Boddy nach Wales reiste, um die Erweckung zu erleben und nach Sunderland mitzunehmen, bin ich in Toronto, um die Erweckung und Erquickung zu schmecken und sie mit nach Hause zu nehmen."

John Arnott und ein anderer Vineyard-Leiter beteten noch einmal für Ken und Lois, woraufhin beide umfielen. Lois gab anschließend Zeugnis, sie hätte an jenem Vormittag umfangreiche innere Heilung erfahren. Am Nachmittag bekamen sie eine wichtige Prophetie über das Einholen der Ernte. Ein Teil der Prophetie stimmte mit einem Traum überein, den Lois acht Jahre zuvor gehabt hatte. An jenem Nachmittag flossen viele Tränen. Nach ihrer Rückkehr nach Sunderland hielt Ken eine Predigt. Er und Lois hatten im Flugzeug abgemacht, daß sie nicht über die körperlichen Phänomene sprechen würden, um jede Möglichkeit auszuschalten, der Gemeinde irgendetwas zu „suggerieren". „Ich wollte keine Imitation, ich wollte ein echtes Wirken Gottes."

Während dieser ersten Predigt nach seiner Rückkehr mühte Ken sich redlich, aufrecht stehenzubleiben; doch als er dann für Leute betete, sah er viele derselben Phänomene, die er in Kanada miterlebt hatte. „Ich wußte, daß das nur von Gott sein konnte."

In der darauffolgenden Woche traf sich die Gemeinde jeden Abend, wozu immer mehr als 150 Leute zusammenkamen. Ken ging davon aus, daß das etwa zwei Wochen so laufen würde, bis seine eigene Gemeinde „gesättigt" wäre. Sie machten diese Treffen zwar nicht publik, aber schon bald kamen Besucher und auf einmal waren 400, an manchen Abenden sogar bis zu 600 Leute beisammen. Die Gäste kamen aus einem Umkreis von mehr als hundert Kilometern.

Bis Ende Oktober traf sich die Gemeinde allabendlich mit Ausnahme von Montag. Im November reduzierte man die Treffen auf vier Abende pro Woche und eine monatliche Versammlung. Sie hatten „keine bekannten Redner; die Leute kommen wegen Jesus".

„Angesichts des Segens Gottes, der uns quasi zu einem ‚Erfrischungszentrum' macht, ist es uns wichtig, an unserer Vision vom Gemeindeleben vor Ort festzuhalten", meint Ken. „Nach den ersten zwölf intensiven Wochen mußten wir ein wenig kürzer treten, damit das normale Gemeindeleben weitergehen konnte."

Sie beschlossen auch, den Besuchern deutlich zu machen, daß ab sofort an den Donnerstagabend-Veranstaltungen der Schwerpunkt auf Bibellehre liegen würde.

Die Treffen nahmen den September über ihren Lauf; einmal hielt man unter Tags eine besondere Frauenkonferenz ab, woraufhin am Abend scharenweise Gäste kamen. Carol Carnacki, eine ehemalige Drogenabhängige und Okkultistin, war eine der Referentinnen gewesen. Ken berichtet: „Fast schien es, als spräche Gott zu meinem Herzen: ‚Wie viele Carol Carnackis gibt es da draußen?' ‚Hunderte', meinte ich. Doch der Herr schien zu sagen: ‚Tausende. Ich erquicke euch; genießt es, aber es steckt auch eine Absicht dahinter.' Ich bat die Anwesenden, sich in diesem Punkt mit mir eins zu machen: Wenn Gott uns den Auftrag gibt, gehen wir in die Welt hinaus, weil wir es akzeptieren, daß Gott den Leib Christi erquickt, damit er hinausgehen kann. Wir müssen mit Liebe und Barmherzigkeit, nicht nur mit evangelistischen Programmen, die auf hohe Bekehrungszahlen aus sind, in die Welt hinausgehen."

Als ich mich im September mit Ken unterhielt, zeichnete er mir ein grobes Bild dessen, was Gott getan hatte. Lois, seine Frau und Mitarbeiterin, erzählte mir ergreifende Geschichten, wie Gott einzelne Christen berührt hatte.

Schon bald nachdem Ken von der Holy Trinity Brompton zurückgekehrt war, hatten sie ein Leitertreffen. „Wir saßen zusammen, und einer nach dem anderen ging ans Mikrophon. Eine Frau sagte: ‚Ich weiß, welchen Eindruck ihr von mir habt; ihr meint, bei mir sei alles in Ordnung. Doch das ist nur eine Fassade, um meine Unsicherheit zu kaschieren. Ich weiß, daß ich vielbeschäftigt wirke, doch das soll nur die Tatsache verschleiern, daß ich noch nie in meinem Leben als Christ den Eindruck hatte, wirklich siegreich zu sein. Gott hat mir gezeigt, was in meinem Herzen ist, und ich bekenne es vor euch.'

Dann stand einer der Leiter auf. ‚Ich brauche ein Gebetsleben. Gott hat mich überführt, daß ich eigentlich gar nicht bete. Bitte vergebt mir.'"

Am vorangegangenen Sonntagvormittag hatte Gott gewirkt, nachdem die Versammelten daran erinnert worden waren, daß Gott seinen Heiligen Geist nicht ausgieße, damit die Gemeinde für ihre Kraft bekannt würde, sondern damit die Leute einander liebten. Ungefähr 95 Prozent der Anwesenden kamen nach vorne; viele baten den Herrn unter Tränen, aus ihnen Menschen zu machen, die eine gottgefällige Gesinnung haben und ein

Herz, das sich nicht nach Kraft allein sehnt und nicht selbst entscheidet, wen es bevorzugt.

An jenem Vormittag hatte Ken einen Predigttermin in einer anderen Gemeinde. Lois staunte darüber, wie sich das Treffen weiterentwickelte. „Ein Mann schrie plötzlich auf: ‚Jesus, hab' Gnade mit mir.' Ein paar begannen laut zu wehklagen und zu weinen; einige fingen zu lachen an; etliche fielen um, obwohl niemand sie berührt hatte." Lois fühlte sich nicht ganz wohl in ihrer Haut. So etwas hatte sie noch nie erlebt. Zu Hause vertraute sie einer Freundin an: „Ich hab' das nicht mehr im Griff."

„Du kannst Gott nicht in den Griff bekommen", korrigierte sie ihre Freundin. „Laß Gott Gott sein."

Lois erzählt weiter: „Gott hat uns weiterhin berührt und dabei immer an unseren Herzen gearbeitet. So wie die Schlacke nach oben steigt, wenn Gold geläutert wird, erleben wir bei den Leuten innerliche Veränderung."

Ein Mann aus einer Brüdergemeinde stand im hinteren Bereich des Saals und betrachtete das Ganze argwöhnisch. Als die Versammlung „Wie groß du bist" sang, spürte er, wie Gott zu ihm sagte: „Ich werde dir zeigen, wie groß ich bin." Er fiel zu Boden und konnte nicht mehr aufstehen. Er hatte noch nie zuvor in seinem Leben eine Vision gehabt, doch jetzt sah er vor seinem inneren Auge, wie sich Nebel auf die ganze Versammlung senkte und sich eine überdimensionale Gestalt unter der Saaldecke bückte. Gott sagte ihm, er mache sich Sorgen über den Stolz seines Herzens und seinen geistlichen Hochmut. Der Mann schleppte sich weinend nach vorne. Er bekannte, daß er seine Gemeinde kontrolliert hätte, und gelobte, sie wieder an Gott zurückzugeben. Es kamen noch etliche andere geistliche Leiter nach vorne und bekannten ähnliche Dinge.

An einem anderen Tag predigte ein Arzt über den „geistlichen Blick". Er sagte, viele sähen gut mit dem „Auge des Verstandes", doch das „Auge des Herzens" hätte „schlaffe" Lidmuskeln. Vielleicht, so fuhr er fort, mache Gott tatsächlich etwas, das wir nicht ganz begreifen, um das „Auge des Verstandes" zuzuhalten und uns auf diese Weise dazu zu bringen, mit dem „Auge des Herzens" zu sehen, und ihm so seine volle Sehkraft zurückzugeben.

Ein Pastor, der die Gemeinde besuchte und bereits bekannt hatte, wie dringend er eine neue Berührung Gottes bräuchte, kämpfte sich weinend und nur mehr halbwegs aufrecht nach vorne zur Kanzel. Vor 550 Menschen sagte er: „Dieses Herz fehlt mir – ich brauche es." Etliche andere Pastoren kamen nach vorne und baten Gott, ihnen ein neues Herz für ihn zu schenken.

Ken und Lois bekamen einen Anruf von einem anderen Gemeindeleiter, dessen Jugendgruppe an Veranstaltungen des Sunderland Christian Centre teilgenommen hatte. Die Einstellung und das Verhalten der jungen Leute hätte ihm eine Zeitlang große Sorgen gemacht. Er selbst hätte noch nicht ganz genau gewußt, was er von dieser „Zeit der Erquickung" halten sollte, doch die jungen Leute wären wie ausgewechselt gewesen – mit Feuereifer hätten sie sich in die Anbetung gestürzt und wären nicht mehr schmollend in der hinteren Reihe gesessen. Die Veränderung wäre so dramatisch gewesen, daß sie ein Ältestentreffen einberufen mußten, um zu erörtern, wie die Gemeinde darauf positiv reagieren könnte. Die Gemeinde hätte begonnen, drei zusätzliche Treffen pro Woche abzuhalten.

Ein anderer Pastor einer Pfingstgemeinde, der die aktuellen Ereignisse argwöhnisch verfolgte, nahm mitten unter der Woche am Pastorentreffen teil. Er fiel um und spürte, wie Gott zu ihm sagte: „Du liebst deine Gemeinde nicht; ich will, daß du sie wirklich liebst und dich für sie hingibst." Er ging in seine Gemeinde zurück, und als er am darauffolgenden Sonntag das Abendmahl austeilte, fielen er und einige andere unter der Kraft Gottes zu Boden. Das alles hatte zur Folge, daß an jenem Vormittag einige Beziehungen bereinigt wurden.

Suzette Hattingh, eine Freundin der Gotts, die mit Reinhard Bonnke zusammenarbeitet und in der Fürbitte seinen Einsätzen den Weg bereitet, hatte die Airport Vineyard Gemeinde und das Sunderland Christian Centre besucht. „In Toronto packte Gott mich bei meinem Stolz; in Sunderland brach er mir das Herz. Die Menschen erleben, wie ihre Herzen verändert werden. Am letzten Abend nahm ich die Gegenwart Gottes viel bewußter wahr als all die Manifestationen, die sich im Saal zeigten. Ich habe festgestellt, daß die Anbetung und die Ausrichtung auf Jesus hier sehr stark sind."

Eine Familie erfuhr einen grundlegenden Wandel. Der Mann war depressiv und hatte Selbstmordgedanken; die Frau war drauf und dran, ihn zu verlassen, weil er sie und die Kinder ins Elend gestürzt hatte. Er wurde von Gott berührt und war etliche Tage lang körperlich geschwächt. „Er erkannte, daß aufgrund der Angst, von seiner Familie abgelehnt zu werden, er sie seinerseits ablehnte und wie wild um sich schlug. Gott arbeitete an ihm. Die ganze Familie sagt, er sei nicht mehr wiederzuerkennen und habe eine ganz neue Freude gefunden. Weil ihn viele kennen, fällt das auch vielen auf."

Eine Frau, die von ihrer Familie zwar immer geliebt worden war, aber nie viel Zuwendung empfangen hatte, sah, während sie im Geist ruhte, ein Schild mit der Aufschrift „Zutritt verboten" vor sich. Sie fragte Gott, was das zu bedeuten hätte und hatte den Eindruck, als sagte er zu ihr: „Das ist der Zutritt zu deinem Herzen."

All diese Erkenntnisse und Geschichten sind vielleicht nur ein Vorgeschmack. John Wimber schrieb in einem Rundbrief für Leiter: „Ich wurde gefragt, was denn meiner Meinung nach der nächste Schritt wäre. Ich sagte, wir müßten früher oder später einer uneingeschränkten, von massiver und tiefempfundener Zerschlagenheit begleiteten Buße Raum geben. Dies würde Veränderung im Leben von Menschen bewirken und die Frucht der wahren Buße hervorbringen."

5
Die „Toronto-Connection"

„British Airways Flug Nummer 092 startete am Donnerstagabend vom Flughafen Toronto, gerade als der Heilige Geist auf einem kleinen Gebäude landete, das kaum hundert Meter vom Ende der Rollbahn entfernt liegt."
Indem der *Sunday Telegraph* in seiner Ausgabe vom 19. Juni 1994 die Toronto Airport Vineyard Gemeinde als einen Ort in der charismatisch-evangelikalen Welt beschrieb, den man „gesehen haben sollte", vermittelte er seinen mehreren Millionen Lesern, daß weltweit vom Leib Christi ein neues Feuer der Evangelisation ausgegangen war.

Dieses neue geistliche Feuer war von einem südafrikanischen Evangelisten, einem argentinischen Pastor und eben dieser kleinen Gemeinde entfacht worden. Für viele, die schon vor ihrem Besuch in Toronto von Gott berührt worden waren, war die Toronto Vineyard Gemeinde nicht der Ort, an dem sie die Kraft des Geistes neu entdeckten, sondern wo sie es lernten, wie man sich Gott an die Fersen heftet und anderen hilft, dasselbe zu tun.

Bis Ende September hatten ungefähr 90000 Menschen die Gottesdienste der Gemeinde besucht, darunter vielleicht 40000 Besucher aus den USA, Ägypten, England, Kambodscha, Deutschland, der Schweiz, Irland und dutzender anderer Länder, die zum ersten Mal dorthin gekommen waren, um sich „anstecken" zu lassen.

Rein menschlich gesprochen, war es nicht unbedingt naheliegend, daß ausgerechnet in der Airport Vineyard Gemeinde Erneuerung oder Erweckung beginnen sollten. Nur 350 Menschen aus dem riesigen Einzugsgebiet des Großraums Toronto mit seinen fünf Millionen Einwohnern besuchten diese Gemeinde, die sich am Rand eines Gebäudekomplexes mit Supermarkt und Büros traf. Pastor John Arnott und seine Frau Carol waren ein glücklich verheiratetes Paar, doch beide hatten eine gescheiterte Ehe hinter sich.

Andere Gemeinden aus der Gegend standen ihrem Dienst feindselig gegenüber; ein Pastor aus Ontario veröffentlichte sogar eine Schrift mit dem Titel „Wie Sie die ‚Vineyard' von Ihrem ‚vineyard' (Weinberg) fernhalten können". (Während eines Pastorentreffens in der Gemeinde von Toronto tat er später darüber Buße.)

Die Gemeinde hatte Verbindungen zu einem überaus bekannten Heilungs- und Befreiungsdienst, den viele charismatisch-pfingstlerische Christen Großbritanniens für extrem halten. Der Pastor war auch ein langjähriger Freund von Benny Hinn, jenem profilierten Sprecher und Heilungsevangelisten, der mit der „Wort-des-Glaubens"-Bewegung assoziiert gewesen war, bis er in einem Interview mit dem Magazin *Charisma* einige ihrer zentralen Lehren öffentlich widerrief. Diese Art von Lehre wurde in charismatischen und evangelikalen Kreisen mit äußerst scharfem Blick unter die Lupe genommen. Anfangs lag das daran, daß sie Gesundheit und Wohlstand sehr betonte; später jedoch daran, daß von einigen die Philosophie, der Glaube sei eine Macht, die Lehre, Jesus sei in der Hölle „geistlich" gestorben, und die Lehre von den „kleinen Göttern" vertreten und verbreitet wurden (letztere behauptet, wir könnten so wie Gott Realitäten schaffen, wenn unsere Worte mit dem Gesetz Gottes übereinstimmten).

Die Toronto Airport Vineyard Gemeinde vertrat definitiv keine „Wort-des-Glaubens"-Lehren, wenngleich ihre Leiterschaft einigen der kontroversesten Persönlichkeiten der weltweiten charismatischen Bewegung wohlgesonnen war.

Wäre es nach mir oder nach Ihnen gegangen, so hätten wir uns nicht notwendigerweise diese Gemeinde als „Erfrischungszentrum" für das Volk Gottes und als Auslöser einer potentiellen Erweckung ausgesucht. Und warum sollte Gottes Wahl, so wie es derzeit aussieht, ausgerechnet eine kanadische Gemeinde treffen? Marc Dupont, Pastor der Airport Vineyard Gemeinde, glaubt die Antwort zu kennen: „Den Vereinten Nationen zufolge ist Toronto die Stadt auf der Welt mit der größten ethnischen Vielfalt. Sie ist ein großartiger Ort, um Neues zur Welt zu bringen, weil sie über das Potential verfügt, das Neue in die Welt auszusenden."

Im Mittelpunkt der Geschichte, wie die Toronto Airport Vineyard zu der Gemeinde wurde, die den „Toronto-Segen" (wie er von den Medien bezeichnet wurde) entfachte, steht die persönliche Odyssee von John und Carol Arnott.

Nach ihrer Hochzeit im Jahre 1979 gingen sie 1980 auf Geschäftsreise nach Indonesien. Sie hatten die Gelegenheit, dort zu predigen und zu berichten und erlebten eine erstaunliche Reaktion darauf. Der Gedanke, sie könnten mehr sein als lediglich christliche Geschäftsleute und vielleicht sogar Pionierarbeit leisten, bekam neue Nahrung, und im Jahr 1981 halfen sie bei der Gründung einer Gemeinde in Stratford (Ontario).

1986 schloß sich diese neue Gemeinde der wachsenden Vineyard-Bewegung an, und John wurde schon bald pastoraler Koordinator für das südliche Ontario. Die Gemeinde wuchs, und die Arnotts fühlten sich zu einer neuen Herausforderung berufen.

1988 gründeten sie die Toronto Airport Vineyard und zogen schließlich im Jahr 1992 dorthin. Ende 1993 zählte die Gemeinde 350 Mitglieder.

Die Arnotts bringen allen geistlichen Diensten und Gemeindemodellen, die auf schnelle Bekehrungen erpicht sind, jedoch keine Nacharbeit leisten, großes Mißtrauen entgegen, und das spiegelte sich auch in ihrer Gemeinde wider. Johns Worten zufolge arbeiteten sie daran, daß Menschen nach ihrer Bekehrung auch „klebenbleiben". Sie legten die Schwerpunkte auf Buße, Befreiung und innere Heilung und begannen, ein Team aus siebzig Leuten auszubilden, die die Menschen auf dem oftmals langen Weg des Wiederaufbaus ihres kaputten Lebens begleiten sollen.

John war noch nicht ganz glücklich darüber: „Weil diese Art von Dienst langwierig und zeitintensiv ist, kommt einem die Kraft des Teufels am Ende womöglich groß, die Kraft Gottes hingegen klein vor." Er erlebte einen Durchbruch, als er an einer Veranstaltung mit Benny Hinn teilnahm, bei der jemand von seiner Taubheit geheilt wurde und etliche andere gesundheitlich wiederhergestellt wurden. Arnott wurde wieder ganz neu daran erinnert, daß er einen großen Gott anbetet, der die Macht Satans im Leben eines Menschen mit Leichtigkeit brechen konnte.

Anbetrachts seines eigenen geistlichen Erbes war John der Überzeugung, daß man dieses Ungleichgewicht nicht einfach so hinnehmen müßte. Er glaubte, daß eine kraftvolle Begegnung mit dem Heiligen Geist den Durchbruch schaffen könnte. „Ich wußte, daß man Salbung braucht, um Menschen wirklich in Freiheit zu führen. Das hatten wir ja bei Kathryn Kuhlman gesehen, und deshalb war es für uns ausgeschlossen, uns mit eher traditionellen Formen des geistlichen Dienstes zufriedenzugeben."
Wer die Vineyard-Bewegung kennt, weiß auch, daß sich die Vorstellung vom „Power Encounter" nicht mit ihren geistlichen Grundsätzen beißt. Doch wie seine Vineyard Kollegen hatte sich auch John pastoralen Prinzipien verschrieben, mit denen man die Priesterschaft aller Gläubigen ernst nehmen wollte. Er kannte einzelne „vollmächtige Männer", wollte jedoch selbst dazu beitragen, ein geistlich vollmächtiges Volk aufzubauen. In seiner Zeit allein vor Gott bekam er den Eindruck, er sollte Zeit mit Leuten verbringen, die von Gott offenbar zum vollmächtigen Umgang mit Geistesgaben gesalbt waren.

Gott sagte auch: „Ich will deine Vormittage." Die Arnotts beschlossen, ihren Tagesablauf umzustellen, und reservierten 1992 und 93 achtzehn Monate lang jeden Vormittag für persönliches Gebet, Anbetung und Bibellese.

Sie nährten ihr geistliches Feuer, doch John war nicht immer bereit, etwas von Gott zu empfangen. Er verbrachte Zeit mit Benny Hinn, und empfing im Juni 1993 Gebet von Rodney Howard-Browne. John erinnert sich: „Zweihundertundachtundvierzig Menschen fielen um, doch ich blieb stehen. In solchen Situationen schaltet mein Verstand immer auf Analyse und Selbstkontrolle um."

Im November 1993 nahmen John und Carol an einer Konferenz in Argentinien teil. Diese Konferenz wurde von führenden Persönlichkeiten der christlichen Szene Argentiniens wie Ed Silvoso, Hector Jimenez und Omar Cabbarra veranstaltet und größtenteils von nordamerikanischen Pastoren besucht. Die Pastoren wurden ermutigt, das Angesicht Gottes, nicht nur sein Wirken zu suchen; einige von ihnen sollten dennoch neu mit Kraft ausgestattet werden.

Hier lernte John Claudio Freidzon kennen und empfing Gebet von ihm. Wie Arnott hatte auch Freidzon eine geistliche Pilgerreise hinter sich. Es war sein Bestreben gewesen, eine innigere Beziehung mit Gott zu bekommen, und er hatte von Benny Hinn und Rodney Howard-Browne auch eine „Zuteilung" geistlicher Salbung erhalten.

Arnott war aufgewühlt und kämpfte nach wie vor gegen seinen geistlichen Formalismus; Freidzon fragte ihn, ob er mit dieser neuen Kraft ausgestattet werden wollte und wenn ja, sollte er sie einfach „nehmen". Arnott spürte, wie der Herr ihn drängte: „Nimm' sie um Himmels willen an!" Er tat es und empfing seinen Worten zufolge eine markante Heilung und Wiederherstellung, nachdem er vor Gott kapituliert hatte.

Danach reiste er nach Palm Springs zu einem landesweiten Treffen der Vineyard Gemeinden. Vineyard-Leiter John Wimber teilte den Anwesenden mit, er sei der Überzeugung, Gott hätte ihn wiederholt darauf hingewiesen, daß es Zeit für einen Neuanfang wäre und daß er den Leib Christi wachrütteln wollte.

In dieser Atmosphäre gespannter Erwartung begegnete John auch Happy Leman, einem anderen Vineyard-Leiter, der ihm von der kraftvollen Erneuerung und Erquickung berichtete, die Randy Clark, Pastor der St. Louis Vineyard Gemeinde, nach seiner Teilnahme an einer Rodney Howard-Browne-Veranstaltung erlebt hätte. John setzte sich mit ihm in Verbindung und bat ihn, vier Tage lang in den Gemeinden des südlichen Ontario zu predigen. Arnott hatte zwar leidenschaftlich geglaubt und gehofft, daß Gott in der Kraft der Erweckung wirksam werden würde, doch die Veranstaltungen, die am 20. Januar in der Airport Vineyard Gemeinde begannen, erstaunten ihn sehr. „Anstatt daß wir, wie sonst immer, einigen wenigen Leuten dienten, hatte es den Anschein, als wäre die gesamte Versammlung berührt worden."

Arnott gibt zu, daß er die Befürchtung hatte, der Segen würde sich nach Clarks Abreise wieder auf ein normales Maß einpendeln. Deshalb überredete er ihn, noch eine Woche zu bleiben; später ließ er für eine weitere Woche auch noch Clarks Frau aus St. Louis einfliegen. Clark sollte die Gemeinde bis Mitte März immer wieder besuchen und später nochmal im August.

John hatte sich nach einer Zeit gesehnt, in der sich die Gemeinde jeden Tag treffen würde; er hatte auch über den Dienst von Billy Sunday und die „Azusa-Street-Erweckung" im Jahre 1906 gelesen, die mit ein entscheidender Auslöser der weltweiten Pfingstbewegung war – und jetzt geschahen diese Dinge auf einmal vor seinen Augen.

John und Carol Arnotts Vision war durch etliche Prophetien bestätigt worden. Airport-Pastor Marc Dupont hatte einen gewaltigen Segen im südlichen Ontario vorausgesehen. Ein Fremder war ins Gemeindehaus gekommen und hatte über John prophezeit.

Bei Drucklegung dieses Buchs (Ende 1994) trifft sich die Gemeinde nach wie vor jeden Abend. Den Sommer über waren immer mehr Menschen gekommen. Mitte Oktober sollte eine *Catch the Fire*-Konferenz mehr als 2000 Menschen anlocken. Mehr als 3000 Gemeindeleiter waren schon zu Besuch gekommen. Man schätzt, daß 2500 Personen ihr Leben Christus neu geweiht und sich mindestens 300 bekehrt hatten.

Was geschah, zog immer weitere Kreise. Im Frühjahr flogen Norman Moss von der Queen's Road Baptist Church in Wimbledon, Alan Preston von der Church of Christ the King in Brighton, Elli Mumford von der South West London Vineyard und Bischof David Pytches von St. Andrew's Chorleywood nach Toronto. Alle vier wurden zu Schlüsselfiguren, die den Hunger nach einer Zeit der Erquickung in Großbritannien weckten und deren Freisetzung vorantrieben. Mitte Juni gab es schon Berichte in den großen säkularen Medien.

Was geschah nun mit den Leuten, die Gebet empfingen und daraufhin zu Boden fielen? Erhielten sie lediglich einen emotionellen und somit letztendlich nur oberflächlichen charismatischen „Segensschub"?

Anfang August reiste ich nach Toronto, um mir selbst ein Bild zu machen. Anfänglich reagierte ich mit großem Argwohn auf all die Berichte über den Einfluß von Rodney Howard-Browne und das Lachen unter Claudio Freidzons Anhängerschaft. Ich persönlich war ein Gegner jeder charismatischen Obsession, die zwar zur Jagd auf die „immerwährende Begeisterung" blies, aber nicht dazu beitrug, die Liebe zu Jesus zu vertiefen und echte geistliche Reife zu fördern.

Über Rodney Howard-Browne und verschiedene Argentinier waren bereits im November/Dezember 1993 Menschen in Großbritannien berührt worden. Ich wurde neugierig, als es hieß, eine Vineyard-Gemeinde und der „New-Frontiers"-Gemeindebund erlebten eine Berührung durch den Heiligen Geist. Sowohl John Wimber als auch Terry Virgo – die jeweiligen Leiter dieser Gruppierungen – standen in dem Ruf, für einen fundierten, wohlüberlegten Glauben einzutreten. Evangelikale Bibellehrer wie John White und Wayne Grudem, Charles Kraft und Jack Deere fühlten sich zur Vineyard-Bewegung hingezogen, weil diese einen eher gemäßigten Standpunkt vertrat. Wimber war die Antithese zu einem wilden, amerikanischen Pfingstler. Als Terry Virgo 1990 in Sheffield vor 1000 charismatischen Leitern sprach, forderte er eine „Rückkehr zur Lehre der Apostel" (vgl. Apg 2,42), anstatt jedem „Wind der Lehre" nachzulaufen, der das charismatische Schiff erreichte.

Als ich vor meinem Abflug nach Toronto mit Marc Dupont, einem der Pastoren der Airport Vineyard Gemeinde, sprach, erzählte er mir, Gott hätte ihm ungefähr zehn Tage zuvor gesagt, er würde in London eine wichtige Begegnung mit einem Journalisten haben. Dann hatte er ein prophetisches Wort für mich. Anscheinend war ihm bekannt, wie ich mit meinem Dienst öffentlich in Erscheinung trat, meinte jedoch vor unserem gemeinsamen Gebet, ich sollte nicht über meinen persönlichen Dienst sprechen, damit das, was Gott mir, seinem Eindruck nach, vielleicht sagen wollte, nicht durch meine eigenen Aussagen gefärbt würde.

Seine Worte ermutigten und alarmierten mich, sagte er doch eine Veränderung voraus. Wie immer lautete mein Motto auch in Bezug auf seine Prophetie: „Abwarten".

In den Tagen vor meiner Reise nach Toronto nahm ich zudem an zwei großen Veranstaltungen teil. Bei einer erlebte ich, wie Leute weinten, lachten und viele auf ihrem Angesicht vor Gott lagen. Der nächste Abend glich eher einer Achterbahnfahrt und war stark emotionell aufgeladen. Die Veranstaltung wurde von einem „brüllenden Löwen" erheblich gestört. Als Gast konnte ich wenig dagegen unternehmen. Ich neigte jedoch augenblicklich dazu, zu der betreffenden Person hinzugehen und ihr kurz und bündig Bescheid zu sagen; schließlich unterbrach sie eine äußerst wichtige Predigt!

Nach meiner Ankunft in Toronto, richtete ich mich knapp hundert Meter von der Gemeinde entfernt im White Knight Motel ein. Es war schlicht, aber zweckmäßig.

Am nächsten Morgen ging ich zur Gemeinde hinüber, um mich vorab zu informieren. Die Mitarbeiter waren freundlich, entspannt, leger gekleidet und alles andere als religiös. Ihre Unterhaltungen waren gespickt mit Geschichten vom Wirken Gottes im Leben einzelner Menschen; aber sie wußten auch von selbsternannten Propheten und anderen amüsanten Begebenheiten aus den vorangegangenen sechs Monaten zu berichten.

Als ich auf meinem Weg zur Kantine durch den großen Saal ging, spürte ich klar und deutlich, daß ich mich an einem ganz besonderen Ort befand. Der quadratische Saal ist in einem entspannenden Grün gehalten und verfügt über ungefähr 500 bequem gepolsterte Stühle. Gewaltige Ventilatoren an der Decke kühlen den Raum, bevor die Besucher zu den Veranstaltungen hereinströmen. Ich hatte dieses „Gefühl" schon des öfteren gehabt, manchmal an Orten, wo das geistliche Feuer fast erloschen, im Lauf der Jahre jedoch viel Segen geflossen war.

Gegen 19 Uhr war der Saal voll. Ich war etwas nervös, als das Treffen begann. Eine große Gruppe aus Kentucky war unter den Gästen. Immer wieder johlten sie, und einer von ihnen schrie ständig „Großer Gott!", wenn auf der Bühne diese Worte fielen. Einige zitterten, zuckten oder schüttelten sich bereits im Verlauf der Veranstaltung. Wir näherten uns dem „Segnungsteil", und wie viele vor mir stand auch ich an die Rückwand gelehnt und beobachtete die Szene. Einige schlugen wild mit den Armen um sich, andere gingen auf dem Fleck, wieder andere lagen am Boden und schüttelten sich. Während Pastor John Arnott herumging, und für einzelne betete, kam mir das Wort „Lehrling" in den Sinn. Mich packte leichtes Entsetzen! Ich war hin- und hergerissen, als ich all dies sah. Wie kam ich nur auf den Gedanken, ein Lehrling des Pastors sein zu wollen?

Am nächsten Tag nahm ich am Pastorentreffen teil, in dem John Arnott sehr offen und ehrlich über seine geistliche Odyssee sprach. Guy Chevreau, ein ortsansässiger Pastor, der über die jüngsten Ereignisse genau Buch führte, sprach über Jonathan Edwards' Analyse der Erweckungsphänomene.

Am Abend saß ich im „Overflow-Room"*. In mir tobte, wenn auch nicht allzu heftig, ein innerer Kampf. Während des Anbetungs- und Zeugnisteils hatte ich einige ermutigende Dinge mitgeschrieben, an die Gott mich erinnert hatte. Als ich meine Blicke im Saal herumschweifen ließ, war mir zudem ein Mädchen aufgefallen, deren ganze Erscheinung für mich „Sanftmut" symbolisierte. Der Satz „Stell' dir vor, was eine sanftmütige Generation bewirken könnte" ging mir durch den Kopf. Meine Gedanken waren nun weit weg; ich war ins Schwärmen geraten, da mir etliche Punkte einfielen, aus denen man sehr gut eine Predigt machen könnte.

Doch in solchen Situationen leuchtet in mir immer ein Warnlicht auf. Ich hatte diese Erfahrung schon hier und da gemacht, oftmals in Veranstaltungen, was meistens darauf hinausläuft, daß ich irgendeine prophetische oder inspirierende Einsicht weitergebe. Das war hier unangebracht und überhaupt – war ich nicht hier, um zu beobachten und vielleicht von Gott berührt zu werden?

Ich nahm all meinen Mut zusammen, bat um Gebet und verdrängte mein tiefes Erstaunen über einige zuckende Heilige. Eine Frau hatte in ihrem Zeugnis erwähnt, ihr Ehemann, ein Pastor, wäre noch nie umgefallen. Der kam mir gerade recht. Ich bat ihn, für mich zu beten. Da stand ich nun, bange und beklommen; „Alarmstufe rot" gellte es in mir. Nichts geschah.

Als ich wieder in meinem Hotelzimmer war, sagte ich zum Herrn, er müßte sich vermutlich von hinten an mich heranschleichen, weil ich immer sehr leicht zu Eis erstarre, wenn ich nach vorne gehe, um Gebet zu empfangen.

Im weiteren Verlauf der Woche wurde mehrmals für mich gebetet, und ich fiel zweimal um. Es hat mich nicht regelrecht „umgehauen", wie es bei manchen der Fall ist, aber ich spürte, wie ich das Gleichgewicht verlor und beschloß, meinen Wider-

---

* Ein zweiter Saal, in dem sich alle Gäste einfinden, die im großen Saal keinen Platz mehr bekommen. (Anm.d.Übers.)

stand aufzugeben. Kein einziges Mal wurde ich von einem Beter geschubst.

Ich traf mich noch einmal mit Marc Dupont zum Essen, und in einem kleinen Büro der Gemeinde betete er für mich. Ich war mir dessen bewußt, daß irgendetwas geschah, und ging mit weichen Knien in mein Hotelzimmer zurück. Den ganzen Nachmittag über spürte ich, wie eine Wärme meinen Körper in Wellen durchströmte; ich fühlte mich gedrängt, einige Punkte, die für mich von ganz besonderem Interesse und oft Thema meiner eigenen inneren geistlichen Konversationen sind, niederzuschreiben. Ich dachte immer, sie spiegelten lediglich meine persönlichen Vorlieben wider, gelangte jedoch immer mehr zu der Erkenntnis, daß auch andere über die Dinge predigten und schrieben, über die ich nachdachte. Vielleicht hatte der Heilige Geist für mich doch mehr in petto, als ich gedacht hatte.

Daraufhin interviewte ich John Arnott, und er nahm mich für den Rest der Woche unter seine Fittiche. Er ermutigte mich, ihn in den Veranstaltungen zu begleiten, damit ich verstehen würde, daß die Begegnungen, die die Gottesdienstteilnehmer mit Gott haben, oft unterschiedlicher Natur sind. Fünf Tage lang war ich sein „Lehrling", fing Leute auf und betete für einige. Auch für mich wurde gebetet, und ich erlebte konkrete Ermutigung durch die Worte, die über mir gebetet wurden.

Ich war immer noch ein wenig verwirrt und stellte auf einmal fest, daß neben mir die Leute aus Kentucky aktiv waren, deren Verhalten mich am ersten Abend noch so beunruhigt hatte. Sie waren eigentlich ganz normal, nur ihre Art, sich geistlich auszudrücken, war ein wenig unkonventionell.

Doch der Höhepunkt der Woche lag noch vor mir. Am Samstag abend beteten wir für Ken Gott, einen englischen Pastor. Ich bat Gott, ihn zu gebrauchen, um „überall im Norden Englands das Feuer Gottes zu legen". Ken ist Pastor des Sunderland Christian Centre mit 400 Mitgliedern. Augenblicklich bekam er eine Vision und sah Feuer im nördlichen Landesteil ausbrechen; er schrie, so laut er konnte: „Ich kann es sehen! Ich kann es sehen!" Ich ging einen Schritt zurück. So eine Reaktion hatte es noch nie auf meine Gebete gegeben!

Am nächsten Tag, als John und Carol Arnott noch einmal für ihn beteten, fiel Ken in einen tranceähnlichen Zustand und fing an, mit den Armen herumzuschlagen. John fragte ihn, was los wäre, und Ken signalisierte, daß er versuchte, sich durch eine Hecke zu kämpfen. Diese Hecke versinnbildlichte hinderliche Traditionen und Erwartungen. Ich setzte mich, sinnierte darüber nach, wie all dies in mein theologisches Weltbild paßte, und fragte mich, was Ken wohl tun würde, wenn er erst einmal durch die Hecke sehen könnte. Mir kam das Wort „Ernte" in den Sinn, und ich sah vor meinem inneren Auge Ken in einem goldgelben Weizenfeld stehen und Garben wegtragen. Als ich ihm dies mitteilte, fing seine Frau Lois zu weinen an.

Acht Jahre zuvor hatten Lois und ihre Mutter denselben Traum über ihr Baby gehabt, das bald zur Welt kommen sollte. Der Traum schilderte tragische Begleitumstände der Geburt. Leider traf all das ein, und sie verlor ihr Kind. Lois hatte auch geträumt, daß sie, offenbar wieder schwanger, das Krankenhaus verläßt und vor einem Weizenfeld steht. Hinter ihrem Mann sah sie jemanden, der ihr den Sinn des Ganzen erklärte, den sie jedoch nicht richtig hören und sehen konnte.

Im Lauf der Jahre hatte sie zahlreiche prophetische Worte bekommen, doch kein einziges Mal ging es um ein Weizenfeld. In den Monaten vor ihrem Torontobesuch hatte sie das Wort bekommen, daß „die Zeit der Geburt kurz bevorsteht".

An jenem Vormittag, als für sie in der Gemeinde gebetet wurde und Gott sie berührte und ihr vermittelte, wie es sein würde, im Himmel herumzutanzen, wich die Angst vor Krankenhäusern und vor dem Tod von ihr. Auch der noch latent vorhandene Restschmerz über den Verlust ihres Kindes löste sich. Als sich dieses letzte Stück in ihr Traum-Puzzle einfügte, wurde deshalb ein wahrer Sturzbach von Tränen freigesetzt.

John Arnott schaute mich an. „Jetzt bist du schockiert, oder?" Ich war schockiert. Es ist eine Sache, ein „Bild" weiterzugeben; aber es ist etwas ganz anderes, wenn man auf einmal feststellt, daß dieses Bild in eine erstaunliche Abfolge von Ereignissen hineinpaßt.

Als ich die Toronto Airport Vineyard Gemeinde verließ, war ich ein anderer Mensch. Ich hatte nicht Stunden im Liegen zugebracht. Aber es waren einige Dinge geschehen, die mir meine Selbstzweifel, ob ich wirklich die Stimme Gottes hören könnte, auf einen Schlag wegnahmen. Marc Dupont hatte in

unserem Gespräch einige Wochen zuvor ein Wort für mich gehabt, in dem es darum ging, daß ich die Stimme Gottes auf ganz natürliche Weise hörte und dann oft meinte, ich wäre es selbst und nicht er – das hatte sich bestätigt.
Ein paarmal war ich auch den Tränen nahe, vor allem, wenn wir für Menschen aus anderen Nationen beteten.

Rein verstandesmäßig hatte ich mir gut vorstellen können, daß wir womöglich kurz vor einer Erneuerung und Erweckung stehen. Doch gefühlsmäßig und in jenem Winkel meiner Gedanken, wo gesunde Skepsis und zynischer Zweifel ein merkwürdiges Gespann bilden, hatte ich nach wie vor meine Bedenken. Mit meinem Besuch in Toronto änderte sich dies allmählich. Die Menschen dort mit ihrem dienstbaren Herzen, die überhaupt nicht überdreht oder oberflächlich waren und sich vor allem Exzentrischen und Aufgebauschten hüteten, die Vielfalt des Dienstes, die Anbetung, in der Christus erhoben wurde, die Leidenschaft für Jesus und eine Predigt über das Kreuz, die mich zutiefst bewegte – all das hat mich entwaffnet.

Ich war einer von tausenden. Guy Chevreau, ein Pastor aus Toronto und Autor von *Der Toronto Segen* (der Innenansicht der Ereignisse in der Airport Vineyard), tauchte am 1. Februar in der Gemeinde auf und hegte den Verdacht, was dort geschah, wäre nun wirklich „außerordentlich exzentrisch". Er kam „für alle Fälle", wie er sagte, und meinte, er wäre „zu verzweifelt, um kritisch" zu sein. Die Situation in seiner eigenen Gemeinde fand er alles andere als einfach. Nach der ersten Veranstaltung war seine Frau „trunken im Geist" – achtundvierzig Stunden lang. Bei ihrem zweiten Besuch fing Guy zu weinen an, während er am Boden lag. „Ich spürte, wie Gefühllosigkeit, Groll und Bitterkeit aus meinem Leben verschwanden und bekam eine kraftvolle neue Hingabe an den Dienst für Christus."

Diese neue, innere Gewißheit, ein Ziel zu haben, war für Guy von entscheidender Bedeutung. Die äußerlichen Phänomene beschreibt er als „Glocken und Pfeifen" und meint, wenn das alles gewesen wäre, ohne dieses neue Empfinden, ein Ziel und einen Auftrag zu haben, dann „möchte ich Bedenken anmelden".

Einige erleben kaum oder gar keine äußerlichen Phänomene, andere wiederum gewaltige Wunder.

Marc Dupont aus dem Pastorenteam der Airport Gemeinde hatte eine stille Revolution erlebt. „Ich habe nicht im Geist geruht. Ich habe mich nicht geschüttelt. Ich habe nicht hemmungslos gelacht. Ich habe während der Gottesdienste nicht geweint. Nach außen hin ist bei mir gar nichts passiert. Andererseits weiß ich, daß mein Gebetsleben seit Mitte Januar, als ich Zeit allein mit Gott verbrachte, und den Eindruck hatte, er redete mit mir über seine Liebe zu mir, seine Hoffnung für mich, seine Freundschaft zu mir, viel beständiger geworden ist."

Während meines Aufenthalts in der Vineyard Gemeinde hörte ich etliche Zeugnisse von Menschen, die von Lese-Rechtschreib-Schwächen und Weizenallergien geheilt wurden. Doch am ergreifendsten war Sarahs Geschichte. Der folgende Bericht stammt aus der Gemeindezeitung.

Im Oktober 1991 wurde die damals dreizehnjährige Sarah Lilleman krank; ihre Eltern meinten, es wäre die Grippe, doch es kam viel schlimmer. Ihre Sehfähigkeit war schon von Geburt an sehr schwach gewesen und verschlechterte sich jetzt kontinuierlich; ihr Erinnerungsvermögen und ihre kognitiven Fähigkeiten schwanden zusehends. Im Peel Memorial and Sick Children's Hospital wurde Sarah eingehend untersucht, doch man fand keine medizinischen Ursachen für die Symptome. Damals wurde sie ins Krankenhaus eingeliefert und blieb dort bis März 1992. Sarah kam praktisch im selben Zustand wieder nach Hause wie sie ins Krankenhaus eingeliefert worden war.

Im Lauf der Zeit wurden Sarahs Muskeln immer schwächer und auch ihre kognitiven Fähigkeiten schwanden immer mehr. Im Oktober 1993 hatte Sarah einen Großteil der menschlichen Funktionen verloren und konnte nicht mehr gehen, essen, schlucken und sehen. Im Januar 1994 wurde sie in die Pflegestation des Krankenhauses Bloorview verlegt, weil sie nur noch mit Hilfe eines Schwenklifters ins Bett gehievt werden konnte.

Am 27. Februar 1994 besuchte Sarahs Freundin Rachel Allalouf den Abendgottesdienst in der Airport Vineyard, bei dem Randy Clark sprach. Nach seiner Botschaft ließ

Rachel für sich beten. Als sie im Geist ruhte, sah sie sich in einer Vision im Himmel mit ihren beiden Großvätern und Jesus an einem Tisch sitzen. Als die Vision in ein Bild vom Kreuz überging, hörte Rachel wie Jesus sie bat, am darauffolgenden Tag ins Krankenhaus zu gehen und genauso für Sarah zu beten, wie er es ihr erklärt hatte. Am nächsten Tag fuhren Rachel und ihr Vater Siman Allalouf Sarah im Rollstuhl in eine ruhige Ecke des Krankenhauses und fingen zu beten an. Weil Sarah sich nicht bewegen konnte, saß sie in einem Spezialrollstuhl, einem sogenannten „Streckrollstuhl". Sarah konnte nicht sehen oder verstehen, was die beiden sagten, erkannte jedoch die Stimmen ihrer Freunde wieder. Im Verlauf des Gebets, das zweieinhalb Stunden dauerte, begann Sarah zu weinen, später schüttelte es sie. Sie bekam ihre Sehfähigkeit wieder, und ihre Beine bewegten sich. Langsam setzte sie sich aus eigener Kraft auf, und ihr unkontrollierbarer Speichelfluß hörte auf. Die Freude des Herrn durchströmte sie, und sie sagte immer wieder: „Ich hab' wieder Kraft! Ich hab' wieder Kraft!" Rachel war so felsenfest davon überzeugt, daß Jesus Sarah heilen würde, daß sie ihr eine Tüte Chips mit Dillgeschmack mitgebracht hatte. In den darauffolgenden Tagen begann Sarah zu gehen und zu essen – sogar die Chips – und alles ohne fremde Hilfe! Ihre Sehfähigkeit verbesserte sich zusehends. Die Nachricht von Sarahs Genesung verbreitete sich im Krankenhaus wie ein Lauffeuer. Wenige Tage später kam eine Frau vom Empfang auf Siman und Rachel zu und sagte: „Die Kraft Jesu ist real, stimmt's?" Sie war Christin und, wie Siman berichtet, begeistert darüber, daß der Herr gekommen war und seine Heilungskraft ausgegossen hatte. Sie bat die beiden, für ihren ungläubigen, alkoholabhängigen Ehemann zu beten.

Am 22. April 1994 wurde Sarah aus dem Krankenhaus Bloorview entlassen. Sie hatte nicht darauf hoffen können, aus der Pflegestation je wieder herauszukommen. Sarah konnte gemeinsam mit Rachel den Abendgottesdienst in der Airport Vineyard besuchen. An jenem Abend bekam Rachel wieder ein Wort vom Herrn: Wenn Sarah nach vorn gehen und von dem, was sie erlebt hatte, Zeugnis geben würde, würde der Herr ihre Sehfähigkeit noch weiter verbessern. Das fiel Sarah schwer, weil sie Menschenfurcht hatte, aber sie vertraute Gott und tat es.

Ihre ganze Familie hat eine radikale Veränderung erlebt, und jeder von ihnen ist dem anderen und Gott näher als je zuvor. Sarahs Mutter nahm eine Freundin zu den Vineyard-Veranstaltungen mit. Die Freundin kam als Ungläubige und ging als Nachfolgerin Christi. Auch Simans ungläubige Frau kam zu den Treffen in der Airport Vineyard und hat mittlerweile ihr Leben Jesus gegeben. Siman erzählte einem alten Freund von dem Wunder, das Sarah erlebt hatte. Auch dieser Freund kam in die Gottesdienste und gab sein Leben Jesus. Siman schließt seinen Bericht mit den Worten: „Wir möchten einfach nur dem Herrn Jesus allen Lobpreis und alle Ehre geben. Wir lieben ihn aus ganzem Herzen, und nichts, absolut nichts ist größer als er. Er ist das Alpha und das Omega. Preist Yeschua!"

Andere erlebten Erquickung in einer Zeit der Dürre.

Brendon Munro, Pastor einer Londoner Pfingstgemeinde, war schon vor seiner Ankunft in Toronto von Gott auf einige Dinge hingewiesen worden. „Mich hungerte und dürstete nach dem Herrn. Nach nur zehn Jahren im vollzeitlichen Dienst schien ich an einem trockenen, unfruchtbaren Ort angelangt zu sein und sehnte mich verzweifelt danach, daß Gott mich erfrischen und erneuern würde. Ich war mit meiner Weisheit und Kraft am Ende." Als er die Holy Trinity Brompton besuchte, kam es ihm schon ein wenig witzig vor, daß ein Pastor einer Pfingstgemeinde eine „anglikanische Gemeinde besucht, um dort für eine neue Berührung durch den Heiligen Geist beten zu lassen".

Was er in Toronto erlebte, hatte große Bedeutung für ihn.

„Als ich Gebet haben wollte, kam als erstes eine Frau auf mich zu; sie trug ein buntes Schild mit der Aufschrift ‚Mitarbeiter in Ausbildung'. Als ich sie sah, überlegte ich, wie ich ihr am besten ausweichen und mich stattdessen irgendwo hinstellen könnte, wo John Arnott oder Randy

Clark mich finden würden. Ich wollte, daß sie für mich beten. Da konnte ich es beinahe schon sehen, wie die Hand Gottes das Graffiti ‚Stolz muß sterben' auf mein Herz sprühte. Gründet sich mein Glaube auf den Beter oder auf den, der Gebete erhört? Diese Frau betet also für mich, und ich beginne zu schwanken. Ich presse die Knie aneinander und spanne meine Beinmuskeln an. Ich warte darauf, daß Gott mich mit einem Baseballschläger umhaut. Im Grunde fordere ich ihn heraus, sich über meinen Willen hinwegzusetzen und mich umzulegen. Diese Herzenshärte schockiert mich. Wie wenig ich meinen himmlischen Vater doch kenne. Die Frau geht auf mich ein. ‚Warum wehren Sie sich?' fragt sie. Ich weiß es nicht. Sie berührt mich kaum, doch ich bin der festen Überzeugung, daß sie mich schubst. ‚Schubsen Sie mich nicht', sage ich zu ihr. Sie betet weiter für mich, diesmal mit gehörigem Abstand. Ich wehre mich nicht mehr, höre auf, meine Knie aneinanderzupressen und meine Beinmuskeln anzuspannen und sinke sanft zu Boden. Da liege ich nun und fühle mich verletzbar und dennoch sicher, eingehüllt in die Liebe des Vaters.

Im weiteren Verlauf der Woche gehe ich des öfteren ‚ein Stockwerk tiefer'. Einmal liege ich ganz vorne unter zwanzig anderen vollzeitlichen Leitern aus Übersee und lache. Ich bekomme Seitenstechen. Ich komme mir albern vor. Ich frage mich, was meine Gemeinde wohl von mir denken würde, wenn sie mich so sehen könnte. Mir doch egal! Meine religiöse Ehrwürdigkeit hat sich soeben im Ofen der Liebe Gottes in Rauch aufgelöst. Wie ein Kind genieße ich einfach nur die Liebe und Freude meines Vaters, meines Heilands, meines Herrn und Gottes.

Während ich so daliege, fällt mir auf einmal auf, daß die äußerliche Erfahrung, also das Umfallen und Lachen, eigentlich gar nicht so wichtig ist. Doch Gott benutzt diese ungewöhnlichen Umstände, um meine Aufmerksamkeit zu erregen und meine Herzenshaltungen zu offenbaren und zu ändern. Mein Herz ist weiter geworden. Gott ist größer als ich dachte, mächtiger, als ich es mir vorgestellt hatte."

Einige wurden sogar ungeachtet ihrer eigenen Vorlieben gesegnet. Der erfahrene Staatsmann und Charismatiker Michael Harper besuchte die Gemeinde Anfang August. In seinem Artikel in der *Church of England Newspaper* vom 9. September 1994 gibt er zu, daß er dem „Toronto-Segen" anfangs große Skepsis entgegengebracht habe. Während eines vierundzwanzigstündigen Zwischenstops in Toronto besuchte er dann die Gemeinde.

„Angesichts meiner Müdigkeit, der Hitze, des ‚Jetlag' und der unattraktiven Musik war ich nicht gerade in bester Stimmung, als der Gottesdienst begann." Da er die jüngsten Vineyard-Lieder nicht kannte, von der Band nicht gerade beeindruckt und über die Länge der Predigt nicht sonderlich beglückt war, tat er sich schwer zu glauben, dies wäre die neue „Azusa Street".

„Doch ab dem Augenblick, als ich den Saal betrat, wußte ich, daß Gott da war, und der Rest war eigentlich unwichtig... Von der ersten Minute an war mir klar, daß hier etwas Außerordentliches geschah, und zwar nicht aufgrund menschlichen Einwirkens, sondern dank der Gegenwart und Kraft Gottes... Nichts, aber auch wirklich nichts, war aufgebauscht oder künstlich."

Er bemerkt, wie hingegeben die Mitarbeiter der Gemeinde gewesen wären. Jeden Abend kommen Teammitglieder und Lobpreisbands aus dem südlichen Ontario, um die Mitarbeiter der Airport Gemeinde zu unterstützen.

„Niemand brüstete sich; es wurde nicht darüber gesprochen, wie großartig ihre Gemeinde oder ihr Dienst wäre. Die einzelnen Leute traten auf bemerkenswerte Weise in den Hintergrund, was sicherlich ein weiteres Zeichen dafür ist, daß hier wahrhaft der Heilige Geist wirkt. Wer sich dort rühmt, rühmt sich des Herrn und seiner Gnade."

Er war nicht allzu glücklich mit dem Lachen, dem „brüllenden Löwen" jenes Abends und dem Umfallen nach hinten, konnte sich jedoch des Gefühls nicht erwehren, daß es „im Grunde gut" wäre.

Die Berührung Gottes, die viele dort in der Gemeinde erleben, hatte nachhaltige Auswirkungen auf die Sojourn Church in Carrolton (Texas).

Pastor Terry Moore stellte fest, daß ein frischer Wind und neues Leben in die Gemeinde kam, nachdem eine Gruppe von ihnen in Toronto gewesen war. Ein Mann, der sehr starke Schmerzen in der Hüfte hatte, lag nach der Rückkehr in seine Heimatgemeinde eines Abends auf dem Boden. Er bemerkte, daß eine Frau für ihn betete. Sie sagte, sie hätte ein Bild von einem Skelett gehabt, dessen Knochen von Gott neu ausgerichtet würden. „Ich stand auf, und die Steife und die Schmerzen waren weg. Ich spürte, daß mein Rücken und meine Hüfte wieder richtig ‚ausgerichtet' waren. Was für ein wunderbares Geschenk Gottes!"

Dave Keeler erlebte in Toronto eine tiefe Berührung. Einmal weinte er, als er den Trost Gottes durch prophetische Worte spürte; in anderen Treffen lachte er und schüttelte sich. Rückblickend auf die Gesamtheit aller Erfahrungen, sagte er: „Körperliche Manifestationen der Gegenwart des Heiligen Geistes sind eine vorübergehende Erfahrung. Der kostbarste Teil all dieser Erlebnisse ist die neue, dauerhafte Nähe zu Gott. Zum ersten Mal in meinen siebenunddreißig Jahren als Christ bin ich in der Lage, mich mit dem Herrn zu unterhalten. Ich spüre, daß ich geliebt werde und eine liebevolle Beziehung zum Herrn habe, und das ist überwältigend."

Für Ann Heckenlaibe war ihr Besuch in Toronto die Zeit, in der Gott „Unkraut jätete".

„Einmal hörte ich, wie der Herr mit liebevoller, leiser Stimme sagte: ‚Ich bin dein Vater und jetzt möchte ich, daß du meine Liebe an deinen leiblichen Vater weitergibst.' Ich weinte viel und erlebte in dieser Zeit viel Befreiung von Schmerz... Seit all das angefangen hat, hat der Herr meine Beziehung zu meinem Vater auf wunderbare Weise wiederhergestellt; sie ist jetzt besser als je zuvor."

Angela Weir machte eine ähnliche Erfahrung: „Er schickt Regen, dann jätet er Unkraut. In den Gottesdiensten hat Gott mich mit seiner Freude und seinem Lachen berührt und in Visionen zu mir gesprochen. Das meine ich, wenn ich ‚Regen' sage. Es scheint, als käme das ‚Unkraut', das in meinem Herzen

verborgen ist, durch den Regen an die Oberfläche. Der Herr...
reißt es aus, wenn ich mich dafür entscheide und ihn gewähren
lasse."

Diane Lafving wurde in Sojourn von Gott berührt. Die Versammlung war buchstäblich nach vorne gelaufen, um sich von Gott beschenken zu lassen. „Als ich nach hinten fiel, fing ich zu lachen an... gemeinsam mit den Engeln, die ich im Geiste sehen konnte. Sie lachten darüber, wie todernst wir uns als Christen nehmen. Sie freuten sich über uns, daß wir von unseren hochmütigen Hemmungen endlich frei waren. Sie amüsierten sich darüber, wie mickrig im Vergleich zur Kraft Gottes jene Dämonen waren, die uns festgehalten hatten... Da Gott mein Helfer ist, werde ich nie wieder händeringend und hilflos den Listen des Feindes ausgeliefert sein... Seit damals hat mich der tiefe, innere Friede über meine Familie und deren göttliche Bestimmung nie wieder verlassen. Auch wenn meine Augen etwas Unangenehmes oder Gottloses sehen, so wurde doch mein Geist von seiner Zukunftsangst geheilt."

Die Veranstaltungen, in denen die Leute solche Erfahrungen machten und Veränderungen erlebten, liefen immer ähnlich ab: Die Besucher (von denen die meisten schon eine Stunde vor dem Gottesdienst kommen) werden ungefähr eine Stunde lang in die Anbetung geführt. Was die Musik betrifft, so stehen Lieder von Graham Kendrick, Kevin Prosch, David Ruis und Brian Doerksen im Mittelpunkt. In diesen „Predigten in Liedform", die der eigentlichen Predigt vorausgehen, wird die Aufmerksamkeit der Anwesenden immer und immer wieder auf das Kreuz gelenkt. „Wir bitten nicht um Reichtum, sondern schauen auf das Kreuz", bezeugt Prosch in „Zeig' uns deine Kraft" („Show your power"). „Amazing Love, O what sacrifice" („Erstaunliche Liebe, o was für ein Opfer!"), so lautet Kendricks Herzensschrei.

Am Donnerstag, den 4. August, stellte der Anbetungsleiter zwei Hymnen vor: „Crown Him with Many Crowns" („Krönt ihn mit vielen Kronen") und „Holy, holy, holy, Lord God Almighty" („Heilig, heilig, heilig, allmächtiger Herr und Gott"). In den Pausen zwischen den Strophen schrien und jauchzten die Anwesenden ihre Zustimmung zu den Texten, die Gott verherrlichten. Es ist schwer zu vermitteln, wie überschwenglich die

Leute an jenem Abend waren, aber ich habe noch nie zuvor gehört, daß während einer Hymne gejauchzt worden wäre.

Nach der Anbetung fordert der Gottesdienstleiter auf, Zeugnis darüber zu geben, was man an vorangegangenen Abenden schon erlebt hat. Bereits an diesem Punkt der Veranstaltung hat man unter Umständen seine liebe Not, die Fassung zu bewahren.

So berichtete zum Beispiel ein Pastor aus Kambodscha, er wäre einer von nur drei Leuten gewesen, die einem Massaker an mehr als 600 Bewohnern seines Dorfes entkommen wären. Dieser Mann, der Jahre im Gefängnis zugebracht hat, half in den vergangenen Jahren mit, zehn Gemeinden zu gründen.

Ein Vater beginnt zu weinen, als er erzählt, wie sein Sohn von Asthma und seine Tochter von einer Lese-Rechtschreib-Schwäche geheilt wurde. Dann wird für jene, die Zeugnis geben, nochmal gebetet, während andere mit ähnlichen Krankheiten, Nöten oder Berufungen auch zum Gebet nach vorne gebeten werden.

Im Anschluß daran folgt die Predigt. Anfang August sprach John Arnott eines Abends über die Party, die das fröhliche Gottesvolk in der Gegenwart des Herrn feiern würde. Er erinnerte die Versammlung daran, welchen Preis Christus bezahlte, damit wir von Sünde und Rebellion frei werden könnten. Die Leute weinten, als er über die Leiden Christi sprach.

Am Ende jeder Predigt werden alle Nichtchristen und vom Glauben Abgefallenen eingeladen, Christus anzunehmen. Nach dem Gebet führt man sie in einen Nebenraum, wo sie ein „Neubekehrten-Paket" bekommen und Einzelheiten über „New Life"-Glaubenskurse erfahren. Dann können die restlichen Besucher für sich beten lassen. Man stellt die Stühle zusammen, das Gebetsteam geht durch den Saal und betet für einzelne, während die Lobpreisband spielt.

Um die Verantwortungsbereiche klar abzugrenzen, wird darauf hingewiesen, daß „allgemeines" Gebet nicht erwünscht sei. Die Leute des Gebetsteams kommen aus Vineyard Gemeinden aus der Umgebung oder sind vertrauenswürdige Leiter anderer Gemeinden und anhand ihrer roten und gelben Schilder leicht zu erkennen. Auf diese Weise kann die Segnungszeit nicht von Wirrköpfen unterwandert werden, und außerdem hilft es den Leitern aus aller Welt, sich zu entspannen. Selbst wenn sie für andere beten wollen, wird ihnen gleich am Anfang der Wind aus den Segeln genommen, damit sie Zeit haben, um zu begreifen, was geschieht und selbst Gebet zu empfangen.

Um 22 Uhr öffnet das Café, und die ersten Besucher verlassen den Saal. Viele bleiben jedoch in der Gemeinde, um bis nach Mitternacht für sich beten und sich dienen zu lassen. Einige gehen ins Café und kommen danach wieder in den Versammlungssaal zurück.

Man kann oft sehen, wie die Briten im Café Grüppchen bilden. Man braucht kein Wort der Erkenntnis, um sie zu erkennen: Die Frauen tragen weniger Make-up und haben seltener Dauerwellen; die Männer sind kleiner als ihre kanadischen/amerikanischen Brüder.

Inmitten dieser leidenschaftlichen geistlichen Aktivitäten bemüht sich die Airport Vineyard Gemeinde, ihre Identität als Ortsgemeinde halbwegs zu wahren. Im Juli 1994 hieß es in der Gemeindezeitung: „Wir versuchen, unser Gemeindeleben wieder in geregelte Bahnen zu lenken, d.h. Hauskreise, betreute Selbsthilfegruppen und Leiterschaftstraining... Abgesehen von einigen zusätzlichen Teamtreffen wird das Gebetsteam ‚im Einsatz' ausgebildet. Zudem gibt es eine Menge neuer Leute, die wir in unsere Gemeindefamilie integrieren müssen... Ja, das Wachstum bereitet uns Mühe, aber wir sind dem Herrn zutiefst dankbar, daß er uns mit seiner Gegenwart in so wunderbarer Weise ehrt."

Das Gemeindemotto „Wandle in der Liebe Gottes und gib' sie dann weiter" wurde schon des öfteren auf die Probe gestellt. Jugendpastor Brian West mußte in den sauren Apfel beißen und wandte sich am Sonntag, den 31. Juli, an die Versammelten. Er gestand, daß er nach den ersten drei Monaten müde geworden war und sich an so manchem Abend gewünscht hatte, die Besucher würden wieder „in ihre Hotelzimmer gehen, denn der Heilige Geist ist dort ja auch". Er sah das Ganze mit neuen Augen, als Gott zu ihm sagte: „Möchtest du, daß ich wegen deiner Einstellung mit all dem aufhöre?" Er ermutigte die Gemeinde, nicht bitter und kritiksüchtig zu werden und nicht zu richten. Wenn jemand ein Problem mit Bitterkeit hätte, bemerkte er lachend, hinge das oft damit zusammen, daß man keinen Parkplatz mehr bekomme. Auch er hätte wie einige andere bisweilen das Gefühl, die Gemeinde verloren zu haben, bekräftigte jedoch, daß ihnen allen die neue auch gefiele.

Da der Zerbruch ein Merkmal des Lebens und der früheren Lebensumstände vieler Gemeindemitglieder ist, kann man davon ausgehen, daß die meisten anderen dieselbe ehrliche und dennoch positive Haltung an den Tag legen wie Brian. Vielleicht konnte Gott sie alle gebrauchen, weil ihnen künstliche und aufgebauschte Überschwenglichkeit durchwegs ein Horror ist. Sie geben zu, daß die Erneuerungsgottesdienste die ursprüngliche „Hausgemeinden-Struktur"* durcheinandergebracht haben. Trotz positiver Reaktionen der jungen Leute, finden die Elf- bis Vierzehnjährigen das alles nicht gerade „cool". Angesichts so vieler Besucher tragen die ortsansässigen Christen sonntags inzwischen Namensschilder, um ihre Identität als Christen aus Toronto zu wahren.

Man kommt zu dem Schluß, daß die Airport Vineyard Gemeinde in vielerlei Hinsicht eine Gemeinde wie meine und Ihre ist. Sie ist nicht vollkommen, doch Gott gebraucht sie.

Werden sie nun so weitermachen und eine Erweckung erleben, in der viele Unbekehrte zu Christus finden und der Großraum Toronto von der Kraft Gottes erschüttert wird? John Arnott sehnt sich natürlich danach, möchte jedoch auf absehbare Zeit vorerst noch nicht so stark in diese Richtung gehen, weil er spürte, daß Gott zu ihm sagte, er wollte seinem Volk noch eine Zeitlang einfach nur seine Liebe zeigen. John sagte gegenüber der Sojourn-Gemeindezeitung: „Wir müssen uns wieder in Jesus verlieben, denn Verliebte werden die Aufgaben bewältigen. Ist Ihnen schon einmal aufgefallen, daß Verliebte nicht müde werden?... In unserem Leben mit Gott geht es nur darum, eine romantische Liebesbeziehung zu ihm zu haben, seine Liebe zu empfangen und sie dann an andere weiterzugeben."

Marc Dupont, ein Mitglied des Pastorenteams, unterstreicht Johns Worte: „Wenn wir mit dieser vollkommenen Liebe erfüllt werden, verlieren die Angst vor Ablehnung, Angst vor Versagen

---

* Bevor die Erneuerung begann, hatte die Gemeinde ungefähr 400 Mitglieder, die sich auf 12 Hausgemeinden verteilten. (Anm.d.Übers.)

und Angst vor dem Ausgelachtwerden ihre Macht über uns; wir bekommen dafür mehr Freiheit, um zu evangelisieren, um mit unseren Mitmenschen zu sprechen, um für die Frau in unserer Straße, die Krebs hat, zu beten und um mit dem Arbeitskollegen zu reden, der zwar gegen die Christen eingestellt ist, mit dem zu reden Gott uns jedoch aufgetragen hat. Ich glaube, daß dies zu großen, großen Erweckungen in den Nationen der westlichen Welt führen wird... Jetzt ist eine Zeit der Wiederherstellung innerhalb des Leibes Christi, vergleichbar mit dem Wirken von Johannes dem Täufer vor dem Kommen des Messias'.

Gemeinden, die sich jetzt dafür entscheiden, positiv zu reagieren, werden die Erstlingsfrüchte ernten – bekehrte und geheilte Menschen."

So sei es.

6
Rodney Howard-Browne

Rekonstruiert man die geistliche Erneuerung der Jahre 1993/94, stellt man fest, daß der in Südafrika geborene Evangelist Rodney Howard-Browne eine Schlüsselposition einnimmt.

Seine Veranstaltungen sind für ihre „heilige Freude" bekannt, und im Zusammenhang mit Randy Clark, dem „Brandstifter" in der Toronto Airport Vineyard Gemeinde, dem argentinischen Pionier Claudio Freidzon und britischen Pastoren wie Bryn Jones (Covenant Ministries) und Terry Virgo (New Frontiers) wird stets auch sein Name erwähnt.

Rodney wurde am 12. Juni 1961 in Port Elizabeth (Südafrika) geboren; seine Eltern waren fromme Pfingstler. Schon früh erlebte er im Leben seiner Mutter und seines Vaters Wunder, wobei ihm auch deren Engagement im Gebet besonders auffiel. Im Alter von fünf Jahren gab er sein Leben Christus, und als Achtjähriger machte er eine Erfahrung mit dem Heiligen Geist, die ihn nachhaltig prägte.

Im Juli 1979 suchte er Gott und sehnte sich nach einer neuen Manifestation seiner Person. „In nackter Verzweiflung schrie ich zu Gott... Ich war hungrig. Er sagte mir, ich müsse hungrig und durstig sein. Anfangs hielt ihm ihn entgegen: ‚Warum gibst du es mir nicht einfach? Ich habe dir mein Leben lang gedient. Ich war immer brav. Ich hab' nicht wie viele andere dies oder jenes getan. Gott, ich habe es verdient.'

Er sagte: ‚Das Ansehen einer Person gilt bei mir nichts. Du mußt denselben Weg wie alle anderen gehen. Komm' im Glauben, werde hungrig und sehne dich danach. Dann werde ich es dir geben."'

Rodney harrte aus, und „plötzlich fiel das Feuer Gottes auf mich. Seine Kraft brannte in meinem Körper, und das blieb drei volle Tage lang so. Ich dachte, ich würde sterben."

Bald darauf kommt der „entbrannte" Rodney mit einer Bitte vor Gott: „Bitte schwäche es etwas ab, damit ich es ertragen kann." Er sollte noch zwei weitere Wochen in gewissen Maße dieses Feuer spüren.

1980 schloß Rodney sich einer christlichen Musikgruppe an, verhielt sich jedoch diplomatisch und schwieg über seine leidenschaftlichen, pfingstlerischen Ansichten. Eines Abends wollte ein Bandmitglied in einer Methodistengemeinde für sich um Heilung beten lassen. Rodney spürte, wie ihn Kraft durchströmte, und das Mädchen fiel zu Boden. Auch die anderen vom Team kamen herein, und er betete für sie, woraufhin sie alle umfielen.

In der darauffolgenden Veranstaltung hatte er den Eindruck, Gott dränge ihn, „alle nach vorne zu rufen, die einen Segen bekommen wollen. Ich ging zum ersten hin und sagte: ‚Im Namen Je...‘ Ich hatte noch nicht einmal ‚...sus‘ gesagt, als die Kraft Gottes die Person zu Boden warf."

In der Art ging es weiter; einige redeten in Zungen oder konnten sich nicht mehr bewegen. Ein besorgter Howard-Browne wandte sich an den Pastor der Gemeinde und rief: „Das war nicht ich! Das war nicht ich!"

Die „Salbung" hielt weitere zwei Wochen in dieser Stärke an und schwand dann. In ihm entstand der Wunsch, permanente Vollmacht für den Dienst zu bekommen.

Später heiratete Rodney Adonica, mit der er drei Kinder hat. Er half bei der Gründung einer Gemeinde und war zwei Jahre lang Partner von Ray McCauley in der Rhema Church in Johannesburg, einer großen „Wort-des-Glaubens"-Gemeinde, die der Arbeit von Kenneth Hagin nahesteht.

Rodney fühlte sich jedoch berufen, nach Amerika zu gehen. Er zog mit seiner Familie nach Orlando (Florida) und begann 1987 praktisch ohne einen Pfennig in der Tasche einen Reise- und Predigtdienst. Darauf folgten zwei ruhige Jahre, doch 1989 machte er eine Erfahrung, die zu einem weiteren Meilenstein in seinem Leben wurde und jener in der Methodistengemeinde zehn Jahre zuvor sehr ähnlich war. In *The Touch of God* beschreibt er, was geschah:

> „Es begann im April 1989. Ich mußte gewisse Veränderungen in meinem Dienst vornehmen. Ich bat Gott nicht, diese Dinge in Gang zu bringen. Ich sagte einfach: ‚Herr, ich sehne mich so sehr danach, daß deine Kraft offenbar wird und Menschen berührt. Bitte wirke. Tu', was auch immer du tun willst.'

Wir hatten eine Veranstaltungsreihe in Albany (New York). Mittlerweile waren es schon zwei Treffen pro Tag. Meine Frau und ich, wir sehnten uns nach dem Wirken Gottes. Wir wollten unbedingt erleben, wie sich die Herrlichkeit des Herrn manifestiert.

Ich erinnere mich an die Veranstaltung am Dienstag vormittag. Während ich predigte, kam die Herrlichkeit des Herrn in den Saal. Ich empfand es so, als würde jemand eine schwere Decke auf mich legen, und die Gegenwart des Herrn erfüllte das Haus.

In der dritten Reihe saß eine Frau, und mir fiel auf, daß sie blinzelte und zur Decke blickte. Ich hielt inne und fragte sie: ‚Ist irgendetwas nicht in Ordnung?' Sie sagte, es wäre alles in Ordnung.

Dann berichtete sie: Während sie dort saß, hätte sie gesehen, daß dichter Nebel oder Dunst wie eine Wolke herabgekommen wäre und den Raum erfüllt hätte. Das hätte sie an ihre Kindheit in einer Küstenstadt erinnert, wo in den frühen Morgenstunden der Nebel oft so dicht war, daß man die Hand kaum vor Augen sehen konnte.

Ich sah diese Wolke zwar nicht, aber ich spürte sie. Dann rief ich zwei Leute vom Mischpult, und sie kamen auf dem Mittelgang auf mich zu. Als sie ungefähr zwei Drittel der Strecke zurückgelegt hatten, fielen sie unter der Kraft Gottes zu Boden. Niemand hatte sie berührt. Später ließen sie mich wissen, daß sie im Mittelgang in einen dichten Nebel oder Dunst gekommen wären und eine Kraft sie zu Boden geworfen hätte, ohne daß sie jemand auch nur berührt hätte.

Während meiner Predigt fiel die Kraft Gottes. Viele Menschen rutschten von ihren Stühlen. Es sah aus, als würden sie abgeschossen, und manchmal sanken alle Leute einer Reihe gleichzeitig zu Boden. Überall wurde gelacht und geweint, viele fielen um und sahen aus, als wären sie betrunken.

Ich versuchte, mit meiner Predigt gegen den Lärm, der im Saal herrschte, anzukämpfen, aber es war zwecklos. Es war wunderbar, wie sich die Herrlichkeit des Herrn manifestierte. Einige Besucher wurden auf ihrem Platz geheilt. Dann sagte der Herr zu mir: ‚Ich werde immer wirken, wenn du mich nur läßt.'"

Howard-Browne erlebte in seinen Veranstaltungen in zunehmendem Maße übernatürliche Dinge. Als er in einer spanischsprachigen Gemeinde in Chicago diente, redete er in einer anderen Sprache. Er konnte kein Wort Spanisch, doch jemand kam auf ihn zugelaufen und sagte: „Sie sprechen ja perfekt spanisch!" Er hatte die Anwesenden eingeladen, „ins Paradies zu kommen".

Der Dienst des Evangelisten steckte noch immer in den Kinderschuhen. Er hatte einen Fernkurs an der pfingstlerisch orientierten School of Bible Theology in San Jacinto (Kalifornien) belegt und mit einem Diplom abgeschlossen.

Er plante seine Unternehmungen Tag für Tag und arbeitete dabei nach dem Prinzip, daß er in Gemeinden gehen und predigen würde, deren Pastor oder Leiterschaft sich, seiner Einschätzung zufolge, nach Erweckung sehnten. Er kam selbst für seine Unkosten auf und nahm Liebesgaben an.

Da er darauf wartete, in eine Fernsehsendung zu kommen, sagte er seinen Mitarbeitern, er würde in die erste Stadt gehen, von der er eine Einladung bekommen würde. Zu seiner großen Bestürzung rief jemand aus Juneau in Alaska an. Die eisige Stadt mit ungefähr 30000 Einwohnern war zwar nicht gerade einladend, doch schon am ersten Abend sah man Vorboten kommender Ereignisse, als eine Frau aus ihrem Rollstuhl aufstand, nachdem sie achtzehn Jahre lang von Arthritis gepeinigt worden war. Rodney hatte nicht speziell für ihre Heilung gebetet. Sie war „unter der Kraft Gottes" zusammengesackt, hatte gezittert und sich geschüttelt.

„Was möchten Sie nun am liebsten tun?" fragte er sie.

„Aufstehen", erwiderte sie. Er betete, und sie bezeugte, ein Feuer in ihrem Körper zu spüren. Sie stand auf und ging herum.

„Der Saal platzte schon bald aus allen Nähten." Die ganze Stadt redete darüber.

Letztlich waren sechsunddreißig Gemeinden in den Veranstaltungen vertreten, und an einem Abend in den darauffolgenden Wochen kamen 3000 Menschen – 10 Prozent der Bevölkerung. Die Frau hatte praktisch zum Stadtbild gehört, und nun kamen die Menschen buchstäblich auf sie zu und verliehen ihrer Verwunderung über ihre Heilung Ausdruck.

Das war das erste Glied in der Kette von Ereignissen, die in jenem denkwürdigen Frühjahr 1993 gipfelten.

Der Pastor in Juneau schickte Rodney nach Fargo in North Dakota. Dort diente er in einem Gefängnis und wurde vom Kaplan eingeladen, in der Gemeinde seines Bruders zu sprechen. Nach einem Einsatz in Südafrika, bei dem am letzten Abend 3800 Menschen kamen, flog Howard-Browne in besagte Gemeinde. Seine Zeit dort begann nicht gerade vielversprechend: „Die Leute reagierten nicht; kein ‚Halleluja', kein ‚Amen'. Sie waren zwar Pfingstler, hatten Pfingsten jedoch schon Jahre zuvor verloren."

Unter den Anwesenden war auch ein Pastor. Er gab Rodney seine Karte und lud ihn in seine Gemeinde ein. Sehr zum Erstaunen des Pastors sagte Rodney, er würde drei Tage darauf zu ihm kommen. Diese Mission war schon erfolgreicher, und man mußte ein Zelt aufstellen, um dem Andrang Herr zu werden. Der Pastor schickte ihn zu seinem Bruder in eine Gemeinde in der Nähe von West Palm Beach. Rodney kehrte also nach Florida zurück; seine Erinnerungen an diesen Staat waren nicht ganz ungetrübt. Einige Jahre zuvor war er weinend durch Disneyworld gegangen: „Tausende kommen, um eine Maus zu sehen. Herr, wann werden sie kommen, um dich zu sehen?"

Der Einsatz war sehr erfolgreich, und man mußte ein Zelt mit tausend Sitzplätzen aufstellen. Ein Mann, der mehrere gebrochene Rippen hatte, seit einem Überfall unter epileptischen Anfällen litt und noch dazu einen kaputten Arm hatte, wurde geheilt, nachdem er unter der Kraft Gottes umgefallen war. Howard-Browne war tief betroffen, als der frischgeheilte Mann mit den Armen winkte und sich voller Erstaunen über die Heilung auf die Rippen schlug.

Karl Strader von der Carpenter's Home Church, einer Assemblies of God Pfingstgemeinde in Lakeland (Florida), hörte von diesen Veranstaltungen. Ein erstaunter Rodney hörte, wie jener im Fernsehen darüber sprach und bekannte, wie sehr er sich selbst nach Erweckung sehnen würde.

Das war ein Pastor nach Rodneys Herzen, und schon bald darauf hatte er zu einem Einsatz in der Gemeinde mit 1900 Mitgliedern zugesagt. Das Gemeindehaus faßte eigentlich 10000 Menschen, doch die Gemeinde hatte sich eben erst gespalten. Karl Strader sehnte sich deshalb voller Verzweiflung nach dem Wirken Gottes und gab Howard-Browne freie Hand. Strader nutzte seinen Einfluß in den Medien, brachte Howard-Browne ins christliche Fernsehen und ließ eine große regionale Radiostation von den Veranstaltungen berichten.

Die Treffen fingen klein an mit 1500 Teilnehmern, doch in der vierten Woche strömten mehr als 8000 Menschen in den Saal. Rodney war krank, diente jedoch weiter. „Jahrelang hatte ich auf dieses Wirken Gottes gewartet, und nun kam ich mir vom Körperlichen her vor, als müßte ich sterben. Ich sagte zu Gott: ‚Herr, ich weiß, daß ich ein Nichts bin, doch wenn du mich gebrauchen kannst, macht mich das glücklich.'"

Rodney kam sich vor wie bei einer Erweckung – Christen kehrten zu ihrer ersten Liebe zurück, und pro Woche gaben durchschnittlich tausend Menschen ihr Leben Christus. Am Ende wurden 2 260 Menschen getauft, was zur Folge hatte, daß die Veranstaltungen oft bis zwei Uhr morgens dauerten. Im Verlauf der achtwöchigen Veranstaltungen in der Carpenter's Home Church im Jahr 1993 fanden sich Mitglieder von insgesamt mehr als 500 Gemeinden dort ein. Aufgrund der Radiosendungen kamen insgesamt an die 100000 Menschen aus Mittelflorida in die Veranstaltungen.

Rodney erinnerte sich an die Tränen, die er in Disneyworld vergossen hatte, und weinte eines Abends noch einmal: „Jetzt kommen sie, um von dir, Herr, berührt zu werden, nicht um eine Maus zu sehen."

Karl Strader hatte nun 800 neue Gemeindemitglieder und war ein glücklicher Mann. Gegenüber dem Magazin *Charisma* sagte er: „Das war so, wie man es aus den Geschichtsbüchern kennt. Die Leute kamen aus Afrika, Großbritannien und Argentinien, um dabeizusein... So etwas hatte ich noch nie zuvor erlebt."

Das Markante an den Veranstaltungen war die reichliche Ausgießung „heiliger Freude". Joyce Strader, Karls Frau, berichtete den Lesern von *Ministries Today*, wie sich das Lachen auf einen Mann auswirkte:

>...Ein anderer Mann erzählt von der Veränderung in seinem Leben und im Leben seiner Chefin. „Seit sieben Jahren mache ich in einem 24-Stunden-Gemischtwarenladen die Schicht von 23 bis 7 Uhr. Man bekommt nicht viel Geld; die Arbeit ist langweilig, anstrengend und frustrierend, manchmal sogar richtiggehend gefährlich. Ich fühlte mich durch und durch mies.
>
>Meiner Chefin ging es auch nicht viel besser. Ihr Lebenssinn bestand darin, jeden zu verurteilen, der ihr in die Quere kam oder ein unrechtes Wort sagte. Unser Laden war bei den Vertretern gefürchtet; sie nannten ihn immer nur den ‚Tante-Emma-Laden der Hölle'.
>
>Ein Vertreter lud meine Chefin jedoch hartnäckig ein, sich die Erweckung in unserer Gemeinde einmal anzusehen. Anfangs weigerte sie sich, doch am zweiten Abend kam sie dann.
>
>Einige Tage später kamen sie und zwei andere abends in den Laden und lachten hysterisch. Sie waren in der Gemeinde gewesen. Sie forderten einen Angestellten auf, die Veranstaltung am darauffolgenden Abend zu besuchen, woraufhin dieser entgegnete: ‚Das ist nichts für mich.' Zwei Tage später ging er dann dennoch hin und gab sein Herz Jesus.
>
>Ich habe miterlebt, wie Gott eine gehässige, herzenskalte Frau mit seinem Geist salbte. Heute ist es ein Segen, mit ihr zu arbeiten", sagt er.

Rodneys Dienst hatte auch langfristige Auswirkungen. Viele Leiter erlebten eine kontinuierliche Erneuerung in ihren Gemeinden, nachdem sie an seinen Erweckungsveranstaltungen teilgenommen hatten.

Charisma kommentierte die Entwicklung des Christian Teaching and Worship Center (CTWC) in Boston folgendermaßen:

„Alle, die im CTWC den neuen Schub der Kraft des Heiligen Geistes erlebten – die Leiter Paul und Mona Johnian eingeschlossen – sagten, sie hätten dem spontanen, auffälligen Lachen, das im Herbst 1993 ihre Anbetungsgottesdienste unterbrach, anfangs skeptisch gegenübergestanden."

Mona Johnian bemühte sich, mit dem Phänomen des Lachens bei einer Rodney Howard-Browne Veranstaltung in Georgia zurechtzukommen, als Bill Ligon, ihr eigener Pastor, nach vorne ging, um für sich beten zu lassen. „Bill ist der Inbegriff von Würde, ein Mann, der sich total im Griff hat." Als der Evangelist für ihn betete, fiel Ligon wie überwältigt „auf die Bühne". Mona Johnians Zweifel wurden schwächer.

Das Magazin *Charisma* kommentiert: „Die Johnians sagen, die Manifestation des heiligen Lachens sei mehr als ein Gefühlsausbruch oder ein charismatischer Tick. Es sei vielmehr ein Begleitphänomen von Vergebung, innerer Heilung, dem Wunsch, Zeugnis zu geben und der Heilung von Beziehungen."

Der Segen ging auch auf die Großkirchen über.

Hugh Williams von Christ the King, einer anglikanischen Gemeinde in Lakeland (Florida), erzählte seiner Pfarrgemeinde:

„Durch den Dienst des südafrikanischen Evangelisten Rodney Howard-Browne hat Gott mein Leben, meine Familie, meinen Dienst und meine Pfarrei verändert.

Während der dritten Erweckungsveranstaltung, an der ich teilnahm, wurde ich zum Gebet nach vorne gebeten, als Bruder Rodney durch die Versammlung ging. Ich fiel zu Boden und mußte zwanzig Minuten lang aus voller Brust lachen. Dabei wurde ich von dem einen oder anderen Gefühl des Schmerzes, einer leichten Form der Depression und zwei Jahren Rastlosigkeit geheilt, in deren Verlauf ich mich schon nach einer neuen Gemeinde umgeschaut hatte. Ein andermal reinigte Gott mein Herz von einer immer wiederkehrenden Unreinheit. Was das zur Folge hatte, spiegelt sich in meiner Ehe, die auch neu wurde, wider. Sogar meine Kinder stellen einen Unterschied fest. Seither bin ich ein anderer Mensch.

Am Palmsonntag brach die Erweckung in meiner Pfarrei aus und ist seither immer intensiver geworden. Dutzende von Menschen sind zu Jesus gekommen oder haben eine Erneuerung ihrer Beziehung mit ihm erlebt. Im Vergleich zum Vorjahr kommen 40 Prozent mehr Leute in die Gottesdienste (an Pfingsten waren es sogar 112 Prozent!). Zum ersten Mal seit zwei Jahren schreiben wir wieder schwarze Zahlen, und konnten rekordverdächtige Opfer für Dienste außerhalb unserer Gemeinde sammeln. Ein Treffen in der Sakristei wurde mit einem Gebet abgeschlossen und am Ende lagen der Kassenverwalter und der Küster am Boden und konnten nicht mehr aufstehen. (Ich verschloß die Tür, rief ihre Frauen an und erzählte ihnen, ihre Männer lägen betrunken in der Kirche... betrunken vom Heiligen Geist.)

Eins ist sicher. Ich habe nichts von all dem verdient. Doch genau das ist ‚Gnade' – die unverdiente Gunst Gottes, die einem nicht zusteht. Gott war den ersten Schritt gegangen. Ich sagte nur: „Ja, Gott, ich bin hungrig. Wirke in mir."'

Einmal war sogar Rodney selbst verwirrt, als die Leute lachten, obwohl er über die Hölle sprach. Dennoch wären hunderte nach vorne gekommen, um ihr Leben Jesus zu geben, erinnert er sich. Als er eingeladen wurde, an der Oral Roberts University und am Rhema Bible College in Tulsa zu sprechen, spielten sich erstaunliche Szenen ab, als einmal mehr als 4000 Menschen Schlange standen, um Gebet zu empfangen.

Er fand viele neue Freunde. Julia Dunn schrieb in *Charisma*: „Es liegt auf der Hand, warum er so anziehend wirkt: Diese aalglatte und gewiefte Art zu Evangelisieren fehlt ihm völlig. Sein einfacher Stil und sein echtgemeintes Anliegen, geistliche Erweckung in Amerika in Gang zu bringen, haben die Aufmerksamkeit all jener Charismatiker erregt, die sich nach Zeichen und Wundern sehnen."

Der einflußreiche charismatische Verleger Steven Strang rief in einer Kolumne in *Charisma* zu umsichtigem Handeln auf, damit das Lachen nicht alles andere in den Hintergrund dränge, meinte jedoch auch: „Im vergangenen Jahr lernte ich Rodney persönlich kennen. Ich glaube, daß er demütig und aufrichtig ist und sich etwas sagen läßt. Er scheint darauf erpicht zu sein, Gott alle Ehre zu geben. Ich ersuche Rodney Howard-Browne und andere, die ähnliche Manifestationen erleben, Umsicht walten zu lassen, die Geister zu prüfen und sich göttlichem Rat unterzuordnen, damit diese neue Erweckung ihre Ausgewogenheit nicht verliert. Andererseits müssen wir uns darüber im klaren sein, daß im Leben von Menschen offenbar weitreichende Veränderungen stattfinden, wenn sie von der Freude des Herrn berührt werden."

Rodney betete auf einer Veranstaltung in Tulsa für einen Vineyard-Pastor namens Randy Clark. Clark hielt daraufhin eine Veranstaltungsreihe in der Airport Vineyard Gemeinde in Toronto. Die Auswirkungen waren binnen kurzem überall in der Welt zu spüren. Im Frühjahr und Frühsommer des Jahres 1994 betete Rodney auch für die einflußreichen britischen Gemeindeleiter Bryn Jones und Terry Virgo. Durch den neuen Schwung dieser Männer und den Einfluß der Toronto Airport Vineyard wurde auch in Großbritannien die „Zeit der Erquickung" immer intensiver.

Die Salbung

Wer Rodney Howard-Brownes Dienst verstehen will, kommt nicht umhin, sich mich seinem theologischen Verständnis der „Salbung" zu beschäftigen. Eine eingehende Betrachtung seines Buchs *The Touch of God* offenbart seine Sichtweise.

> „Die Salbung ist kein mystisches Etwas, das irgendwo herumschwirrt. Die Salbung ist die offenbarte Gegenwart und Kraft Gottes. Man könnte auch sagen, die Salbung ist die manifeste Gegenwart Gottes.
>
> Es besteht ein gewaltiger Unterschied zwischen der Allgegenwart Gottes und der manifesten Gegenwart Gottes. Der Herr ist allgegenwärtig, aber er manifestiert oder zeigt seine Kraft nicht überall. Wenn sich Gottes Kraft manifestiert, wird etwas geschehen. Wir lesen in Lukas 5,17, die Kraft des Herrn wäre da gewesen um zu heilen. Wenn Gott ins Spiel kommt, geschieht etwas, ereignet sich etwas. Die Salbung ist greifbar und handfest. Man

kann sie spüren. So wie Elektrizität etwas Handfestes ist, ist auch die Salbung etwas Handfestes."

Das heißt nun nicht, daß Browne die „Gegenwart" Gottes als unpersönliche Kraft versteht. Er schreibt: „Der Heilige Geist... (ist) eine Person." Er hat ein Booklet herausgebracht, in dem er noch mehr verdeutlicht, daß der Heilige Geist eine Person ist. Überdies verwendet er noch das bekannte Bild vom Wind, um das Verständnis dieser „manifesten Gegenwart" oder „Salbung" zu erleichtern. „Den Wind an sich kann man nicht sehen, aber man sieht die Auswirkungen, wenn er weht."

Es heißt in Apostelgeschichte 10,38, Jesus sei mit dem Heiligen Geist und mit Kraft gesalbt gewesen. Gott war mit ihm, was Heilung und Befreiung zur Folge hatte. „Jeder Christ wird gesalbt, wenn er von neuem geboren wird. Gott kommt und nimmt in unserem Innersten Wohnung."

Rodney glaubt jedoch, daß jene, die zu den fünffältigen Diensten aus Epheser 4 – Pastor, Lehrer, Evangelist, Apostel und Prophet – berufen und für diese Aufgaben abgesondert sind, eine „größere Manifestation der neun Geistesgaben und eine größere Salbung haben werden als die Laien".

Zudem bedient er sich der Analogien „Quelle" und „Strom", um noch weiter zu erläutern, wie die Salbung des Heiligen Geistes greifbar wird:

„Jesus sagte in Johannes 4,14: ‚Wer aber von dem Wasser trinken wird, das ich ihm geben werde, den wird nicht dürsten in Ewigkeit; sondern das Wasser, das ich ihm geben werde, wird in ihm eine Quelle Wassers werden, das ins ewige Leben quillt.' Ich möchte Sie darauf hinweisen, daß hier von einer ‚Quelle' die Rede ist. Die Schrift sagt: ‚Und mit Freuden werdet ihr Wasser schöpfen aus den Quellen des Heils' (Jes 12,3). Diese erste Salbung könnte man als ‚Quellen-Salbung' bezeichnen.

‚An dem letzten, dem großen Tag des Festes aber stand Jesus und rief und sprach: Wenn jemand dürstet, so komme er zu mir und trinke. Wer an mich glaubt, wie die Schrift gesagt hat, aus dessen Leibe werden Ströme lebendigen Wassers fließen. Dies aber sagte er von dem

Geist, den die empfangen sollten, die an ihn glaubten; denn noch war der Geist nicht da, weil Jesus noch nicht verherrlicht worden war' (Joh 7,37-39).

In dieser Bibelstelle begegnet uns nicht die Quelle, sondern etwas, das größer ist als eine Quelle – ein Strom. Mit anderen Worten: Wenn Sie wiedergeboren werden, können Sie eine ‚Quellen-Salbung' bekommen; und wenn Sie die Taufe im Heiligen Geist empfangen, können Sie eine ‚Strom-Salbung' bekommen.

Jesus wies die Jünger an, in Jerusalem zu bleiben und auf das Kommen des Heiligen Geistes zu warten. In Apostelgeschichte 1,8 sagt er: ‚Aber ihr werdet Kraft empfangen, wenn der Heilige Geist auf euch gekommen ist; und ihr werdet meine Zeugen sein...'"

Ein „Mehr" an greifbarer, handfester Gegenwart Gottes oder Salbung in unserem Leben entstehe aus unserer Beziehung zu ihm heraus. „Das Gebet muß in erster Linie dazu verwendet werden, Gemeinschaft mit dem Herrn zu pflegen und Zeit zu nehmen, um in seiner Gegenwart aufgefüllt zu werden; aus dem Überfluß seiner Berührung heraus kümmern wir uns dann um die Nöte der leidenden Menschheit."

Rodney fordert die Leute auf, sich eingehend mit dem Leben Jesu zu beschäftigen.

„Meiner Überzeugung nach kann man die Salbung auch dadurch steigern, daß man viel in den Evangelien liest und den Dienst Jesu genauestens verfolgt. Jesus sagte: ‚Der Sohn kann nichts von sich selbst tun, außer was er den Vater tun sieht' (Joh 5,19). Ich glaube, daß wir nun das tun werden, was wir Jesus tun sehen.

Die Jünger folgten Jesus nach und sahen ihn Zeichen und Wunder tun. Er sagte zu ihnen: ‚Wer an mich glaubt, der wird auch die Werke tun, die ich tue, und wird größere als diese tun, weil ich zum Vater gehe' (Joh 14,12).

Er sandte den Heiligen Geist, um sie mit Kraft auszustatten, damit sie in die Welt hinausgehen und seine Werke tun würden. Später, als Petrus und Johannes vor den

Hohen Rat zitiert wurden und ihnen aufgetragen wurde, nicht länger im Namen Jesu zu predigen oder zu lehren, erwiderten sie: ‚Denn es ist uns unmöglich, von dem, was wir gesehen und gehört haben, nicht zu reden' (Apg 4,20)."

Daß viele Christen nicht mehr Kraft von Gott empfangen, liege daran, daß „ihr Denken weit weg von ihm ist". Wer mehr „Salbung" will, müsse hungrig sein, sich nach dem Wirken Gottes sehnen und einen stabilen Charakter haben.

„Sie müssen den Heiligen Geist wollen. Sie müssen nach ihm dürsten. Sie müssen die Salbung ersehnen – mehr als alles andere im Leben. Sie müssen mehr Wert darauf legen als auf das Leben an sich. Sie müssen mit großer Ernsthaftigkeit mit Gott gehen und Gott ernst nehmen. Der Wandel mit ihm ist kein flotter Spaziergang durch den Gemeindesaal, bei dem einem eben mal die Hände aufgelegt werden. Sie müssen es wünschen, intensiv wollen, aus der Tiefe Ihres Herzens heraus und mit all Ihrem Sein. Sie schreien zu Gott: ‚Tu', was du zu tun hast, doch bitte, laß' mich daran teilhaben. Tu' dein Werk in meinem Herzen!' Gott kann ein Werk in Ihrem Herzen tun.

Jeder möchte gerne einen Dienst haben, doch niemand will den Preis dafür bezahlen, daß er ein Gefäß nach Gottes Herzen wird. Wenn wir so hungrig werden, daß wir alles tun, was dazu erforderlich ist, wird Gott uns mit frischem Öl füllen.

Wenn wir gesalbt werden wollen, müssen wir eins tun: Buße. Tun Sie Buße. Ein Kind Gottes sollte in der Lage sein, vor allem anderen Buße zu tun."

Es gehe hierbei auch nicht um eine einmalige Erfahrung. „Ich bin in meinem Herzen zutiefst davon überzeugt, daß dies für jedes Kind Gottes ein fortwährender Prozeß ist. Wir sollten tagtäglich mit dem Heiligen Geist erfüllt werden. Wir sollten dem Geist Gottes täglich gestatten, über uns zu kommen. Wir sollten täglich die guten Dinge des Herrn schmecken."

Weil für Rodney die Salbung die greifbare, handfeste Gegenwart Gottes ist, glaubt er auch, daß man diese Gegenwart lokalisieren könne; und wenn jemand Gott bitte, zu seinen Gunsten einzugreifen, werde seine Bitte um Salbung bewirken, daß diese in ihn hineinströmt.

Er kommentiert die Geschichte von der blutflüssigen Frau in Markus 5,28-29 folgendermaßen:

> „In einer solchen Menschenmenge muß Jesus von den Schaulustigen wohl des öfteren angerempelt oder berührt worden sein. Doch als diese Frau den Saum seines Kleides berührte, geschah etwas: Göttliche Heilkraft oder Kraft, die im Griechischen als ‚dynamis' bezeichnet wird, ging von Jesus aus auf den Leib der Frau über, und sie wurde geheilt.
>
> Es gibt noch viele andere Stellen, in denen davon die Rede ist, daß Menschen Jesus berührten und daraufhin geheilt wurden. In der Apostelgeschichte wurden Kranke dadurch geheilt, daß der Schatten der Apostel auf sie fiel.
>
> Jesus spuckte Menschen an (vgl. Mk 8,23). Zudem hauchte er sie an und sagte: ‚Empfangt Heiligen Geist!' (Joh 20,22). Das alles sind Berührungen, die den Glauben der Menschen freisetzen können.
>
> Solche Begebenheiten gibt es reichlich in der Bibel, angefangen beim Salböl in Jakobus 5,14 bis zu den gesalbten Schweißtüchern und Schurzen in Apostelgeschichte 19,11 und 12."

Er glaubt deshalb, daß die Salbung „übertragbar" sei. Er hütet sich jedoch davor, jemandem übereilt die Hände aufzulegen. „Schließlich ist das nicht bloß eine symbolische Handlung, sondern eine tatsächliche Übertragung der Salbung."

Er zitiert 1. Timotheus 4,14: „Vernachlässige nicht die Gnadengabe in dir, die dir gegeben worden ist durch Weissagung mit Handauflegung der Ältestenschaft.' Wenn Sie im Heiligen Geist Ihre Hände auf den Kopf eines anderen Menschen legen, fließt das in Ihnen vorhandene Leben Gottes aus Ihnen hinaus und in den anderen hinein."

Deshalb achtet Rodney in seinen Veranstaltungen sehr genau darauf, wer für wen betet. Als reisender Evangelist, der mit großen Menschenmengen konfrontiert ist, scheint es ihm zu viel Aufwand zu sein, ein „Gebetsteam" zu haben. In seine Veranstaltungen in der Carpenter's Home Church hatte sich eine Hexe eingeschmuggelt und für Leute gebetet; das veranlaßte ihn, sehr auf der Hut zu sein, und heute betet praktisch nur mehr er selbst für die Menschen.

Dennoch sagt er klar und deutlich, daß eine Erweckung nicht durch den Dienst eines einzigen großen Gottesmannes ausgelöst werden wird: „In der kommenden Erweckung wird es keine großen Männer geben. Es wird auch keine großen Frauen in der kommenden Erweckung geben. Es wird nur ganz normale Männer und Frauen geben, die einen großen Gott haben. Sie werden aufstehen und die Geschichte vom Kreuz erzählen."

Vor diesem Hintergrund ruft er in einer Veranstaltung oft die Pastoren nach vorne und betet dafür, daß der Herr ihnen eine frische Salbung schenken möge. *Charisma* berichtet, welche erwecklichen Auswirkungen dies hat:

> „Dale Stoll, ein Mennonitenpastor, berichtet, er habe vor kurzem in einer Reihe von Erweckungsgottesdiensten eine gewaltige Begegnung mit dem Herrn gehabt. Die Erweckung begann nach einem Treffen der örtlichen Pastoren – meist aus konservativen Denominationen – im Februar. Vineyard Pastor Tom McMillan aus Fort Wayne, der an Veranstaltungen mit Howard-Browne teilgenommen hatte, leitete die Gottesdienste. ‚Es war eine erstaunliche Begegnung', sagt Stoll. ‚Praktisch im Nu lagen fünfundzwanzig Pastoren am Boden.'"

Das Rätsel Howard-Browne
Einige, die etwas gegen die derzeitige Erneuerung haben, beißen sich an der Tatsache fest, daß Rodney zur „Wort-des-Glaubens"-Bewegung tendierte, vor allem während seiner Zeit als Pastor in Ray McCauleys Rhema Church in Johannesburg.

Die „Wort-des-Glaubens"-Bewegung ist keinesfalls eine homogene Gruppierung; die profiliertesten Persönlichkeiten innerhalb dieses Lagers sind die Bibellehrer Kenneth Hagin und

Kenneth Copeland. Ihre Lehre hat ihnen erhebliche Kritik seitens der Pfingst- und der charismatischen Bewegung eingebracht. Professor Charles Farah von der Oral Roberts University schrieb, einiges, was sie in Bezug auf Wohlstand und Gesundheit lehrten, wäre schlichtweg anmaßend (in *Von der Zinne des Tempels*). Dan McConnell wollte Parallelen zwischen dieser Lehre und Gruppierungen der „Christlichen Wissenschaft" aufzeigen (in *Ein anderes Evangelium*). Hank Hanegraaf untersuchte im Bestseller *Christianity in Crisis* ihre Theologie, Christen wären „kleine Götter", sowie die Behauptung, Jesus wäre in der Hölle „geistlich" gestorben und buchstäblich in Sünde gefallen.

Es würde zu weit führen, die Argumente an dieser Stelle näher zu beleuchten. Nur soviel sei gesagt, daß einige Christen – so auch ich persönlich – den Eindruck haben, die „Wort-des-Glaubens"-Lehre gehe über die Grenzen der biblischen Orthodoxie hinaus.

Man argumentiert nun folgendermaßen: Howard-Browne komme aus dem Lager der „Glaubenslehre"; diese sei unorthodox; aus diesem Grund sei die „Zeit der Erquickung" ein Schwindel.

Doch ganz so einfach ist es nicht und zwar aus folgenden Gründen. Zunächst einmal muß festgehalten werden, daß Rodney allgemein sehr unabhängig denkt. Etliche kontroverse charismatische Lehren oder strittige Themen fertigt er in seinen Büchern kurz und knapp ab:

Über strenge Hirtenschaft: „Gott gibt geistlichen Leitern nicht das Recht, sich seine Autorität anzumaßen oder die Schafe grob zu behandeln."

Über fanatische Zungenredner: „Einige Leute meinen, Gott habe gesagt: ‚Ihr werdet Zungen empfangen.' Doch was taugen die Zungen ohne die Kraft? Wir haben viele brabbelnde Gläubige mit sehr wenig Kraft."

Über Extremformen des geistlichen Kampfs: Rodney beschreibt Teile der Theologie, die sich um den geistlichen Kampf ranken, als „Liebling-ich-habe-eben-den-Teufel-vernichtet"-Mentalität und somit als Ablenkung von den eigentlich zentralen Dingen. „Die größten Menschenfischer haben sich nie mit solchen Dingen abgegeben." Er rät stattdessen, die Werke Jesu zu tun, und warnt vor einer „Lehre, die auf Romanen basiert".

Über Prophetie: Rodney ist der Auffassung, Prophetie solle „Gewißheit" und nicht „Information" sein. Er warnt davor, daß permanent „ungenaue Prophetien" desillusionierte Menschen dazu veranlassen könnten, das echte prophetische Wort abzutun.

Über Rechenschaftspflicht: Rodney warnt vor Leitern, die „mit niemandem eine Beziehung haben" und nur von „Jasagern" umgeben sind. Er warnt zudem, daß die Rundbriefe, in denen von einer Krise die Rede ist, nicht ausbleiben würden, sobald Leiter in die Tretmühle fortwährender Spendenaufrufe geraten sind.

Indem er sagt, daß er Charles Finney, dem Erweckungsprediger aus dem 19. Jahrhundert, viel verdanke, belegt Howard-Browne erneut, wie unabhängig er denkt; so wie Rodney wurde auch Finney bekannt, als er Ende Zwanzig war, und erlebte ebenfalls überaus emotionelle Szenen in seinen Veranstaltungen. Überdies ist er ein Bewunderer von Smith Wigglesworth, jenem pfingstlerischen Heilungsevangelisten und „Mann großen Glaubens".

Rodney scheut sich nicht, seine eigenen unabhängigen Ansichten zu vertreten und will nicht in eine Schublade gesteckt werden (was auch nicht ohne weiteres möglich ist).

Er läßt sich nicht zu einer Kritik an Hagin und Copeland hinreißen. „Das sind integre Leute. Wenn man mit ihnen beisammen war, kann man sich des Eindrucks nicht erwehren, mit jemandem gesprochen zu haben, der Jesus von ganzem Herzen liebt. Könnte ich aufstehen und sagen, ich stimme mit diesen Männern nicht überein oder sie seien nicht von Gott? Nein, keinesfalls. Ich kenne sie. Ich habe ihr Leben mitverfolgt."

Ausgleichend wirkt die folgende qualifizierende Aussage: „Möchte ich gerne polarisiert oder fest mit diesem Lager in Verbindung gebracht werden? Nein, überhaupt nicht. Ich gehöre keinem Lager an."

Wer bereit ist, Rodneys Bücher daraufhin zu durchstöbern, wird etliche vertraute Kommentare im Stil von „Wort des Glaubens" finden. „Ich glaube an den Wohlstand", beteuert er. „...Immer wenn das Wort Gottes im Glauben über die Lippen eines

Gläubigen kommt, wird die Heilungskraft Gottes aktiviert... Paulus' ‚Stachel im Fleisch' war keine Krankheit."

Man findet jedoch auch geharnischte Kritik an den praktischen Auswüchsen der Glaubenslehre und eher gemäßigtere Aussagen im Stile pfingstlerischer Orthodoxie: „Diese endzeitliche Erweckung wird nicht durch eine einzelne Gruppierung oder Denomination ausgelöst werden. Vielmehr wird ihr ein im Blut reingewaschener Leib Christi den Weg bahnen..."

Angesichts dessen, daß einige „Wort-des-Glaubens"-Bibellehrer behaupten, das Blut Christi hätte für unsere Sünden keine Sühne vollbracht, ist diese Erwähnung des Blutes Christi doch sehr aufschlußreich.

Einige Lehrer der Glaubensbewegung vertreten zudem die Auffassung, unsere Worte könnten schöpferisch sein; dies beruhe auf „Gesetzmäßigkeiten", die Gott selbst respektieren müsse. Rodney läßt keinen Zweifel daran, daß die Kraft einzig und allein von Gott kommt. „Dann sagte der Herr zu mir: ‚Du bist nur ein Gefäß, durch das ich fließe. Du kannst dir diese Salbung nicht verdienen; ich gebe sie so, wie ich will. Wenn ich dir einen Schlüssel gäbe, mit dem du diese Salbung jederzeit bekommen könntest, kämst du letzlich auf den Gedanken, du würdest all das selbst machen und nicht mehr ich. Weil du aber weißt, daß ich es bin, der dies alles tut, wirst du mir alle Ehre dafür geben müssen.'"

Rodney bezieht sich auf die Frau, die in Juneau aus ihrem Rollstuhl aufstand, und erläutert seine Einstellung zur Heilung: „Wenn Gott herunterkommen und heilen will, dann laßt ihn herunterkommen und heilen. Das ist Gottes Angelegenheit."

Dieser Standpunkt deckt sich im großen und ganzen mit dem der Vineyard-Bewegung und weicht doch erheblich von dem einiger Glaubenslehrer ab, die mit aller Vehemenz behaupten, man müsse seine Heilung „in Anspruch nehmen".

In seinem Booklet *The Coming Revival* macht er keinen Hehl aus seinem Argwohn gegenüber einigen Auswüchsen der Glaubenslehre:

„‚Ich stehe im Wort! Hast du heute schon Wahrheiten bekannt? Ein Bekenntnis pro Tag, und der Teufel hat keine Chance!'

Man versucht, mit den Leuten zu reden. Vielleicht stellt man ihnen eine einfache Frage: ‚Wie geht's dir?'

‚Ich bin gesegnet. Preis dem Herrn. Halleluja! Ich bin die Gerechtigkeit Gottes in Christus Jesus. Halleluja, ich kann nicht besiegt werden, und ich werde nicht zurückweichen. Halleluja. Ich bin das Haupt und nicht der Schwanz!'

‚Bruder, ich meine, wie's dir geht?'

‚Ich bin gesegnet, Bruder. Preis dem Herrn.'

Doch würde man aus dem Fenster blicken, könnte man sehen, wie gerade sein Wagen abgeschleppt wird!

Wenn jemand auf Krücken hereinkäme, und man ihn fragen würde ‚Wie geht's dir?' würde er antworten: ‚Ich bin geheilt und gesund. Halleluja, ich habe keine Probleme!'

In manchen Fällen könnte man zu solchen Menschen nie eine Beziehung aufbauen!

Dann kamen die Auswüchse. Jeder mußte eine Armbanduhr der Marke X haben oder ein Auto der Marke XYZ fahren, oder er hatte die Salbung nicht. Und jeder mußte sich mit dir eins machen. ‚Würdest du dich eins mit mir machen, Bruder? Bitte mach' dich eins mit mir.'

Ich habe Gemeinden in den Staaten besucht, in denen der Prediger aufstand und sagte: ‚Ich möchte heute über zwanzig Möglichkeiten sprechen, wie man reich werden und ein neues Auto bekommen kann.'

Da denke ich mir: ‚Herr, hab' Gnade! Diesen ganzen Kram haben wir doch hinter uns. Wen interessiert es schon, welches Auto du fährst? Gott interessiert es nicht, welches Auto du fährst.'"

Wie Rodney ganz allgemein steht, kann man am besten seiner Vorstellung von Einheit entnehmen:

„Ich möchte ehrlich mit Ihnen sein. Es gibt geistliche Leiter, mit denen ich persönlich nicht eins bin. Dennoch kann ich Ihnen ohne den geringsten Zweifel sagen, daß die Hand Gottes auf dem Leben dieser Männer liegt! Ich freue mich darüber, daß viele Menschen durch ihren Dienst von der Kraft Gottes berührt werden. Man muß geistlich blind sein, um nicht zu erkennen, daß Gott sie gebraucht, auch wenn man ihre Lehren oder ihre Anschauungen nicht hundertprozentig teilt. Wenn wir uns darin eins werden, daß wir auch uneins sein können, können wir gemeinsam den Berg erklimmen."

Das Rätsel Howard-Browne läßt sich nicht so ohne weiteres erklären. Auf jeden Fall muß gesagt werden, daß es angesichts seiner Anschauungen, die wir eben im Abriß aufgezeigt haben, nicht angemessen wäre, ihn, ohne viel Federlesens zu machen, als „Wort-des-Glaubens"-Extremist abzutun.

7
Der Finger Gottes

Wenn Erneuerung und Erweckung kommen – wie es 1994 offensichtlich der Fall war –, wie soll ein Christ dann beurteilen, was göttlich und was menschlich ist? Jonathan Edwards, eine führende Persönlichkeit der Erweckungsgeschichte, gibt allen, die den Fingerabdruck Gottes suchen, weisen Rat.
Jonathan Edwards spielte eine wichtige Rolle in der Erweckung, die zwischen 1740 und 1742 über Neuengland hinwegfegte. Als Reformiertenpfarrer, dessen Bücher vom konservativen Verlagshaus „Banner of Truth" herausgebracht werden, war Edwards kein emotioneller oder leicht zu begeisternder Mensch. Seine Schriften sind zu Klassikern geworden. Sein Buch *Distinguishing Marks of a Work of the Spirit of God* („Wodurch sich ein Werk des Geistes Gottes auszeichnet") ist voller Weisheit und eine Fundgrube für all jene, die die aktuelle Welle der Erquickung und Erneuerung verstehen wollen.

Jonathan Edwards macht sofort deutlich, nach welchen Grundregeln er sich richtet, wenn er seine Leser ermutigt, von „übermäßiger Leichtgläubigkeit" Abstand zu nehmen und „die Geister zu prüfen" (vgl. 1 Joh 4,1), um nicht von falschen Propheten hinters Licht geführt zu werden. Er läßt keinen Zweifel daran, daß wir „die Schrift als Führer" hernehmen sollen.

Im Anschluß daran geht er auf weit verbreitete Einwände gegen eine Erweckung ein, zeigt auf, welche guten Früchte sie hervorbringen sollte, und ermutigt die betroffenen Gemeindeleiter zu umsichtiger Leiterschaft.

Betrachten wir zunächst, was er jenen entgegnet, die Bedenken gegen eine Erweckung anmelden.

Das Ungewöhnliche und Außerordentliche
„Woran sich die Gemeinde gewöhnt hat, ist keine Richtschnur, nach der wir urteilen sollen", warnt Edwards. In Anbetracht biblischer Prinzipien kommt er zu dem Schluß: „Wir sollten Gott dort nicht beschränken, wo er sich selbst nicht beschränkt." Mit der Feststellung, die Menschen sprächen zwar oft sehr stark auf

intensive Gefühle wie Angst, Kummer, Sehnsucht, Liebe und Freude an, aber Veränderung könne auch im Stillen geschehen, rät er seinen Lesern, jenen nicht auf den Leim zu gehen, die sich verächtlich über das Neue und Ungewöhnliche am Pfingstereignis äußerten (vgl. Apg 2,13; 26,24).

Sollten wir, so mutmaßt er, in jener „letzten und größten Ausgießung des Geistes Gottes, die in der Endzeit der Welt stattfinden soll" etwa keine Szenen erleben, die an Pfingsten erinnern?

Einwände gegen körperliche Auswirkungen
Er vermerkt, daß einige von „Tränen, Zittern, Stöhnen, lautem Schreien, körperlicher Pein oder dem Verlust körperlicher Kraft" übermannt wurden. Edwards meint, dies sei noch kein schlüssiger Beweis für ein Wirken Gottes, könne jedoch sehr wohl durch „den Einfluß des Geistes Gottes" hervorgerufen werden. Er vertritt den Standpunkt, daß die Heilige Schrift „solche Auswirkungen auf den Leib weder ausdrücklich noch indirekt ausschließt, und auch der Menschenverstand sie nicht ausschließt".

Offenbar deutet er an, es sei kein Wunder, daß ein Mensch zittere, wenn sein Denken unter dem Eindruck des „Elends der Hölle" oder anderer Aspekte der Größe und Gewalt Gottes stehe. Er verweist darauf, daß in Kriegszeiten oder bei Gefahr große Emotionen freiwerden und zeigt sich nicht überrascht, falls ein überführter Sünder auch starke Empfindungen hätte.

Jenen, die das Argument vorbringen, es gäbe keinerlei neutestamentliche Präzedenzfälle, entgegnet er: „Niemand kommt auf den Gedanken, daß für jede äußerliche, zufällige Manifestation einer innerlichen Regung eine ausdrückliche Schriftstelle erforderlich wäre." Was, so fragt er, sollen wir denn darüber denken, daß der Kerkermeister von Philippi (vgl. Apg 16,25ff) niederfiel und zitterte, als er von seinen Sünden überführt wurde? Schrien nicht auch die Jünger während des Sturms vor Angst (vgl. Mt 14,26)?

Edwards ist ein wenig ungeduldig mit all jenen, die diesbezüglich Einwände vorbringen. Er bezeichnet sie als leichtfertig und fragt sich, nach welchem Maßstab die Gegner überhaupt je zu einer positiven Beurteilung kommen würden. Er gibt den Rat, sich „Wurzel und Ursache" der Dinge zu betrachten und nach der Frucht im Leben eines Menschen zu suchen.

Schädliche Publicity
Anscheinend machten sich einige Leute Sorgen darüber, daß Erweckung „ein merkliches, sichtbares und offenes Aufsehen erregt". Doch was ist zu dem Widerstand gegen die Urgemeinde in Jerusalem oder Samaria, Antiochia, Ephesus und Korinth zu sagen?

Träume und Visionen
Die vom Geist Berührten hatten sehr anschauliche Träume und Visionen. Edwards äußert sich vorsichtig zu deren Interpretation, weist jedoch all jene klar in die Schranken, die sie verachten. „Ich wage es, jeden Menschen mit noch so übermächtigen geistigen Fähigkeiten auf die Probe zu stellen, ob er in der Lage ist, seine Gedanken auf Gott oder Christus oder die Dinge einer anderen Welt zu richten, ohne daß diese von Vorstellungen seiner Phantasie beeinflußt würden." Nur weil einige in „eine Art Ekstase" verfielen, so kontert er, hieße das noch lange nicht, daß nicht der Geist Gottes am Werk wäre. Weder stellt er diese Träume und Visionen auf eine Stufe mit den biblischen Propheten, noch greift er „auf den Teufel zurück, wenn wir diese Dinge bewerten".

Die Emotionen innerhalb einer Menschenmenge
Edwards hatte kein Problem mit der Vorstellung, daß einige Menschen dadurch beeinflußt werden, daß der Geist an anderen Menschen wirkt.

Seiner Überzeugung nach sprächen Taten manchmal lauter als Worte, und er kommt zu dem Schluß, daß „es somit nicht heißt, die Auswirkungen wären schlecht, nur weil Leute berührt oder betroffen sind, wenn sie sehen, wie andere berührt werden oder betroffen sind".

Er stellt fest, daß es bei jeder Art der Evangeliumsverkündigung Zuhörer gäbe, die wie „felsiger Boden" sind, vertritt jedoch beharrlich die Auffassung, daß selbst die intellektuellsten Männer und Frauen Entscheidungen treffen, die außerhalb rationaler, linearer Logik stehen; es sei zudem nicht falsch, von der Botschaft „ohne Worte", die der Kummer oder die Freude anderer Menschen vermitteln, bewegt zu werden, wenn diese durch das verkündete Wort Gottes untermauert wird.

Scheinbar geht Edwards davon aus, daß Gott sowohl durch souveränes Handeln als auch durch das Zeugnis und Vorbild anderer Christen wirkt und zitiert Sacharja 8,21-23: „...und die Bewohner der einen [Stadt] werden zur anderen gehen und sagen: Laßt uns doch hingehen, den Herrn um Gnade anzuflehen und den Herrn der Heerscharen zu suchen!"

„Aber Herr, einige dieser Leute sind so extrem!"
Als ich für dieses Kapitel in Edwards' Werken las, stellte ich mir die Frage, ob seine Bemerkungen absichtlich so witzig wären, oder ob ich diese humorvolle Note lediglich hineininterpretieren würde. Einer der besten Einzeiler in seinen Büchern geht folgendermaßen: „Wir sollten in Betracht ziehen, daß Gott seinen Geist ausgießt, um die Menschen heilig zu machen und nicht, um Politiker aus ihnen zu machen." Er reflektiert die Tatsache, daß einige vom Geist berührte Menschen „unweise und unstet" seien: „Es ist kein Wunder, daß es in einer gemischten Menge von Menschenseelen – weise und unweise, junge und alte, mehr und weniger begabte, und allesamt starken Eindrücken ausgesetzt – viele gibt, die sich unweise verhalten."

Dennoch besteht er darauf, daß „selbst tausend unweise Handlungen nicht beweisen, daß etwas nicht vom Geist Gottes wäre". Da das menschliche Wesen schwach und selbst im eifrigsten Christen noch ein Überrest von Sünde vorhanden ist, sei es nicht ungewöhnlich, daß sich einige Leute wenig hilfreich verhalten. „Denken wir nur an die Gemeinde zu Korinth", grollt er mit wachsender Anteilnahme an diesem Thema, „oder an den Apostel Petrus, der von Paulus wegen seiner Zauderei bezüglich gemeinsamer Mahlzeiten mit nichtjüdischen Gläubigen getadelt wurde?" (vgl. Gal 2,11-13)

Fehleinschätzungen und teuflische Irreführung
Da uns, so meint er, im Gegensatz zu den Jüngern, die Worte des Herrn nicht mehr so frisch im Gedächtnis seien, wären wir zwangsläufig fehlbar. Wir sollten uns auch nicht wundern, wenn es „gleichzeitig ungöttliche Wunder aus der Hand des Teufels"

gäbe. Zur Zeit der Bibel geschahen echte Wunder, obwohl einige Heiler Betrüger waren. Überdies meint er, daß einige von diesen Menschen zwar gottesfürchtig seien und dennoch in manchen Punkten einem Irrglauben aufsäßen. Dabei bezieht er sich vor allem auf das Thema Prophetie. Viele verantwortungsbewußte Charismatiker unserer Zeit würden seine Behauptung unterstützen, daß man an geprüften Prophetien festhalten müsse, auch wenn man oberflächliche Prophetie verwirft.

Krasse Irrtümer und Skandale
Selbst angesichts eklatanter Auswüchse strebt Edwards unbeirrt und vehement nach einem ausgewogenen Standpunkt. Er warnt davor, einzelne Irrtümer in unzulässiger Weise zu verallgemeinern. Eine Betrachtung der Kirchengeschichte, so behauptet er, bringe zutage, daß „keine große religiöse Erweckung bekannt ist", die nicht ihre „krassen Irrlehren" erlebt hätte. Aus Hebräer 6 sei zu schließen, daß selbst jene, die den Heiligen Geist kennen, nach wie vor Irrtümern verfallen könnten. Auch bei Judas, einem aus dem engeren Kreis der Jünger Jesu, habe sich letztlich herausgestellt, daß er kaum moralische Maßstäbe hatte. Und einige hielten Nikolaus, einen der Diakone der Jerusalemer Gemeinde, für den Anführer der Nikolaiten-Sekte, die in Offenbarung 2,6 in Bausch und Bogen verworfen wird.

Höllenfeuer und Schwefeldampf
Trieben die Prediger jener Zeit ihre Zuhörer mit Drohungen ins Reich Gottes? Edwards kontert ruhig: „Wenn ich Gefahr laufe, in die Hölle zu kommen, dann sollte mir daran gelegen sein, so viel wie möglich über ihre Schrecken zu erfahren." Wenn Menschenleben und deren ewige Bestimmung auf dem Spiel stehen, sollte man auch davon ausgehen, daß die Prediger Leidenschaft an den Tag legen.

Als Reaktion auf die Kritik, die Menschen würden mit dem Druckmittel Angst durch die Himmelspforte geschoben, meint er: „Ich denke, es ist vernünftig, die Menschen vor der Hölle abzuschrecken."

Die Früchte einer Erweckung
Nachdem Edwards mit großer Sorgfalt auf die Einwände gegen eine Erweckung eingegangen ist, nähert er sich nun dem Kernstück seiner Abhandlung. Was sind, im Lichte der Bibel betrachtet, die positiven Auswirkungen oder Früchte eines echten göttlichen Wirkens? Er zählt fünf davon auf:

1. Jesus wird geehrt
Wenn der Heilige Geist kommt, wird die Person Jesu von allen, die eine echte Berührung erleben, geehrt. Edwards glaubt, daß eine zunächst rein intellektuelle Zustimmung in Proklamation und das Bekenntnis „Christus ist Herr" übergehen werde.

Es ist der Geist Gottes, so meint er, der die Zuhörer dazu veranlaßt, „der Geschichte des im Fleisch erschienenen Christus zu glauben – und daß er der Sohn Gottes ist und von Gott gesandt wurde, um Sünder zu retten, daß er der einzige Heiland ist und daß sie ihn dringend brauchen". Wenn der Teufel eine Erweckung nachahme, habe sie auf keinen Fall diese Frucht. Edwards ruft voller Leidenschaft: „Er haßt die Geschichte und Lehre von der Erlösung [durch Christus] bis auf den Tod." Es ist dem Teufel nicht daran gelegen, daß Christus verherrlicht wird und die Menschen seiner Weisheit folgen (vgl. 1.Kor 12,3).

2. Die Gläubigen nehmen Abstand von selbstsüchtigem Genuß oder Gewinn
Edwards zitiert 1. Korinther 2,15-16 und erläutert, daß mit der „Welt", die der Gläubige nicht mehr liebe, die Verdorbenheit und Wollust des Menschen sowie die „Taten und Gegenstände, durch die diese befriedigt werden" gemeint sei. Er vertritt die Auffassung, es sei das Wirken des Geistes, wenn die Menschen immer weniger Verlangen nach „den Freuden, dem Gewinn und der Ehre der Welt" haben.

Nur wer irrational sei, so seine felsenfeste Überzeugung, würde behaupten, der Teufel verleihe den Menschen mehr „Vorsicht, Aufmerksamkeit und Wachsamkeit, um das, was sündhaft ist, zu erkennen, und zukünftige Sünden zu vermeiden und somit auch die Versuchungen des Teufels mehr zu scheuen und sich mit größerer Sorgsamkeit davor zu hüten".

Vielleicht schätzt man es nicht, wenn Leute kreischen, umfallen oder weinen, meint Edwards, doch wenn sich deren Lebensstil ändert, ist dies ein Werk des Heiligen Geistes. Satan würde ja nicht den Satan austreiben (vgl. Mt 12,25-26).

3. Hunger nach dem Wort Gottes
Edwards faßt die Wahrheit in einem weiteren sinnschweren Satz anschaulich zusammen: „Ein Geist der Verblendung wird den Menschen nicht dazu veranlassen, aus dem Munde Gottes Wegweisung zu empfangen... Jeder Text ist ein Pfeil, der die alte Schlange peinigt".

4. Die Wahrheit steht im Mittelpunkt
Wenn der Heilige Geist in einer Erweckung wirkt, zieht er die Männer und Frauen zur Wahrheit, nicht zum Irrtum. Wenn Menschen ihre Rebellion gegen Gott und ihre eigene Hilflosigkeit erkennen und mit gesunder Lehre einverstanden sind, sollten wir Gott dafür danken. Schaut euch die Früchte an, sagt Edwards. Seid offener und nicht so übervorsichtig.

5. Nächstenliebe
Wenn der Geist Gottes wirkt, „legt er Streit zwischen Menschen bei, gibt er einen Geist des Friedens und Wohlwollens, spornt er zu Taten der Freundlichkeit an, weckt er den aufrichtigen Wunsch, Menschenseelen errettet zu sehen, und schenkt er Freude an allen Kindern Gottes und Nachfolgern Christi".

Selbstsüchtige und Irregeleitete könnten diese Liebe zwar nachahmen, doch die wahre christliche Liebe zeichne sich durch Demut und Geduld aus (vgl. 1 Kor 12,4-5).

Demut und Liebe seien Charakterzüge Gottes und das genaue Gegenteil der teuflischen Kennzeichen Bosheit und Stolz.

Edwards' Gedankengang erreicht seinen Höhepunkt, wenn er seine Leser inständig bittet, nach der Frucht eines veränderten Lebensstils Ausschau zu halten, anstatt „all jene Mittel, die sich ein souveräner Gott... zunutze macht, um sie hervorzubringen" in Frage zu stellen. Die Frucht eines veränderten Lebensstils wiege „tausend kleine Einwände" angesichts so mancher Merkwürdigkeiten, Unregelmäßigkeiten, Irrungen und Skandale auf.

„Der Teufel", so meint er, „versucht vielleicht, Visionen, Offenbarungen, Prophetien und Wunder nachzuahmen", könne jedoch unmöglich die Menschen zur Wahrheit führen, Jesus erhöhen oder eine echte ethische Veränderung im Menschen bewirken.

Warnungen und Ermutigung
Nun bereitet sich Edwards auf die letzte Runde vor. Nachdem er auf alle möglichen Einwände eingegangen ist und die positiven Früchte einer Erweckung genannt hat, muß er, bewaffnet mit praxisorientierter Weisheit und stets auf der Hut vor Stolpersteinen, das Rennen fortsetzen.

An früherer Stelle räumte er bereits ein, daß eine Erweckung in gewisser Hinsicht ansteckend sei. Er weist jedoch auch darauf hin, daß sie genauso gut spontan ausbrechen könne. Er behauptet, im Laufe der Zeit werde die Frucht der Veränderung offensichtlich, und spricht von Leuten, die er gut kenne und einige Monate lang beobachtet habe.

Zudem weist er darauf hin, daß viele, die weinen mußten, zitterten oder umfielen, „die Ausübung ihres Verstandes ungetrübt" beibehielten und folglich auch „sehr gut in der Lage waren, über die Befindlichkeit ihres Inneren zu berichten".

Er spricht all jenen, die die Störung der herkömmlichen Ordnung beklagen, sein Mitgefühl aus und tendiert dennoch nicht zu einem gesetzlichen Standpunkt. Wenn es geschieht, dann geschieht es eben. „Ich halte dies genausowenig für ein Durcheinander oder eine unglückselige Unterbrechung wie eine Gruppe, die sich auf einem Feld versammelt, um für Regen zu beten, und die Unterbrechung ihres Unterfangens durch einen Wolkenbruch hinnehmen muß." Mit warnenden Worten weist er darauf hin, daß echte geistliche Veränderung nicht mit körperlichen Auswirkungen in Zusammenhang zu bringen sei, sondern vielmehr mit langfristigen Resultaten im Leben eines Christen.

Er fügt einige praxisbezogene Warnungen und Ermutigungen an:

1. Die Notwendigkeit weiser Leiterschaft
„Ein Volk braucht unter diesen Umständen dringend und fortwährend Anleitung, und seine Leiter brauchen fortwährend viel mehr Weisheit als sie aus sich selbst heraus haben."

2. Vorsicht ist besser als Kritik
Er spricht eine feierliche Warnung aus: „Somit gilt uns allen die Warnung, dem Wirken in keiner Weise zu widerstehen oder auch nur das Mindeste zu tun, was es blockieren oder behindern könnte, sondern im Gegenteil unser Äußerstes zu tun, um es voranzutreiben."

Er warnt all jene, die es als Wirken des Teufels bezeichnen, sich in acht zu nehmen, daß sie nicht gegen den Heiligen Geist sündigen. Er tritt für ein „Prinzip der Umsicht" ein, das heißt, weder überschwenglich-enthusiastisch noch passiv-distanziert zu sein.

Ironisch bemerkt er: „Wenn sie ein Wirken Gottes erleben möchten, das keine Schwierigkeiten aufwirft oder Stolpersteine enthält, verhalten sie sich wie jene Toren, die am Fluß stehen und warten, bis das ganze Wasser vorbeigelaufen ist."

Seid nicht, so warnt er, wie jene, die erst für das Kommen Jesu beteten, ihn dann jedoch weder erkannten noch aufnahmen.

Edwards rät, sich nicht auf Kritik aus zweiter Hand zu verlassen. Er verweist auf Gamaliel, der sagte, das Werk der Apostel würde von selbst vergehen, wenn es nicht von Gott wäre; wenn es jedoch von Gott wäre, würden seine Gegner folglich Gott selbst bekämpfen.

Inständig bittet Edwards seine Kollegen im geistlichen Dienst, ihre Beobachterstellung zu verlassen und drängt sie, sich selbst hineinzugeben, da Schweigen eine Art verborgener Opposition sei. „Wer nicht mit uns ist, ist gegen uns", mahnt er.

3. Bleibt demütig
Hütet euch vor geistlichem Stolz. Laßt euch nicht dazu hinreißen zu glauben, „das Geheimnis des Herrn werde speziell uns offenbart" oder „wir wären „außerordentliche Botschafter des Himmels".

Im Anschluß daran, erläutert Edwards seine Gedanken über die außergewöhnlichen Gaben des Geistes sowie seine Überzeugung, daß die Liebe viel wichtiger sei als diese. Er wünscht sich keine Wiederherstellung dieser Gaben. Viele, die ihn heutzutage zitieren, weichen, wie auch ich selbst, in diesem Punkt von ihm ab und nehmen seine Warnung vor Exzessen dennoch ernst. In den folgenden Kapiteln dieses Buchs werden wir speziell auf die Reaktion der Pastoren und Hirten auf eine Zunahme prophetischer Worte eingehen.

4. Verachtet den Verstand nicht
Wenn der Geist kraftvoll wirkt, neigen einige dazu, menschliches Lernen und Studieren zu vernachlässigen. Doch Gott machte sich das Wissen eines Paulus' genauso zunutze wie die Weisheit Salomos oder Moses.

Edwards leugnet nicht, daß die Wahrscheinlichkeit spontaner Rede und vom Geist inspirierter Worte durchaus bestehe. Dennoch empfiehlt er sehr, sich vor allem bei der Predigtvorbereitung eine gewisse Methodik zurechtzulegen, damit die Zuhörer das Wort verstehen und behalten können.

5. Andere Christen zensieren
Wie Edwards' früherer Verweis auf die Meinungsverschiedenheiten zwischen Paulus und Petrus zeigt, hat er nichts dagegen, daß Christen andere Christen wegen ihrer Lehre zur Rede stellen.

Er äußert sich jedoch sehr ungehalten über jene, die eher grundsätzliche Aussagen über andere Christen treffen und sie als böswillig, scheinheilig oder ohne Kenntnis der „echten Religion" abtun. Nur Gott kennt das Herz des Menschen (vgl. 1 Kön 8,39; Röm 14,4). Angesichts unserer eigenen hochmütigen, mit Vorurteilen behafteten und befangenen Einstellungen sollten wir uns davor hüten, andere zu verurteilen.

Zudem warnt er jene, die der Erweckung wohlgesonnen sind, davor, in ihrer Reaktion auf Kritiker einen „zornigen Eifer" an den Tag zu legen. Er rät vielmehr, es wie Christus zu halten, der im Angesicht von Angriffen, Beleidigungen und Prüfungen ruhig und würdevoll blieb. Seid wie Paulus, der Timotheus ermutigte, „...gegen alle milde [zu] sein...und die Widersacher in Sanftmut zurecht[zu]weisen..." (2 Tim 2,25).

6. Die Gratwanderung zwischen Formalismus und Freiheit

Edwards warnt vor starrem Formalismus, ist jedoch kein Freund der Neuerung um der Neuerung willen. Verachtet die Tradition nicht, scheint er zu sagen. Wenn ihr die Wahrheit verkündet, dann bedient euch der Mittel, mit denen ihr die Empfänger am besten erreichen könnt (vgl. 1 Kor 9,20-23).

Wir könnten viel lernen, wenn wir auf die Stimme der Kirchengeschichte und die Weisheit derer horchten, die sich mit ähnlichen Situationen wie wir auseinandersetzen mußten und zu diesem Zweck schon in der Schrift geforscht haben.

Mit Edwards' Ansichten darüber, wie eine weise Reaktion auf Einwände auszusehen habe, im Hinterkopf, versuchte ich, die Unmenge von Material, das die derzeitigen Ereignisse zu kritisieren scheint, sorgfältig zu sichten. Da ich selbst am Anfang dieser Zeit der Erquickung meine Bedenken hatte, kann ich gut verstehen, daß einige echte Zweifel anmelden. Die Beröer, die die Schrift erforschten, um das, was sie hörten und sahen, bestätigt zu finden, können uns ein gutes biblisches Vorbild sein.

Die eher aggressiven Schriften und Predigten, die sich gegen diese aktuelle Zeit der Erquickung aussprechen, haben jedoch vier charakteristische Punkte gemeinsam. Viele Aspekte, die sie ansprechen, werden an anderer Stelle in diesem Buch erörtert. Vielleicht helfen Ihnen die folgenden Punkte, kritische Publikationen und deren Schlußfolgerungen zu hinterfragen.

Die Bibel macht einerseits deutlich, daß die Gemeinde Jesu sich davor hüten solle, einzelne Männer und Frauen zu richten, weist jedoch andererseits auf die Verantwortung eines jeden Christen hin, vorsichtig zu sein und Unterscheidungsvermögen an den Tag zu legen. Paulus tadelte Petrus, weil er nichtjüdischen Gläubigen gegenüber gesetzlich wurde. Der Johannesbrief ermutigt uns, „die Geister zu prüfen". Wir sollen herausfinden, was jene, mit denen wir es zu tun haben, über Christus denken.

In einer Zeit wie dieser, in der landesweit in Gemeinden seltsame oder ungewöhnliche Dinge geschehen, hat es oft den Anschein, als würden die Leute eine saubere biblische Unterscheidung links liegen lassen und alles mit unterschwelliger Intoleranz oder Unduldsamkeit betrachten. Weil diese Dinge für so viele Menschen so großes Gewicht haben, kann ein ungnädiges Wort oder eine unzureichend durchdachte Meinung eher unterminieren und zerstören als erhellen und korrigieren. Es kommt einem vor, als seien viele bereit, Verdammnisurteile auszusprechen, ohne sich über die Konsequenzen Gedanken zu machen.

Vorschnelle Beurteilungen
Es ist leicht, etwas abzulehnen, weil wir den Persönlichkeiten, die damit zusammenhängen, Mißtrauen entgegenbringen. Ein Pastor, mit dem ich im Verlauf meiner Recherchen sprach, hielt es für unmöglich, daß es sich um eine Erweckung oder Erneuerung handeln könnte, als er hörte, welche Personen daran beteiligt waren. Viele von uns kennen Leute, die extreme Lehren vertraten oder sich unsensibel verhielten, später jedoch geistlich reiften und barmherziger wurden. Wer etwas aufgrund alter Geschichten ablehnt, zieht die Möglichkeit einer Veränderung oder eines Prozesses nicht in Betracht.

Andere Leute nehmen an einer Veranstaltung teil, betrachten alles durch die Brille ihrer eigenen Erwartungshaltung, gehen wieder nach Hause und verurteilen das Gesehene in Bausch und Bogen. Ist ihnen überhaupt aufgefallen, was sich im Leben der Menschen dort abspielt? Ist ihnen aufgefallen, daß die Gemeinde, was richtige Unterscheidung und sensible Disziplin betrifft, noch „im Lernen begriffen" ist?

Würden wir die Gemeinde zu Korinth – die wilden Männer dieser Tage – in ihren irrigen Ansichten sitzen lassen oder wie Paulus ihrer Leidenschaft Anerkennung schenken und versuchen, sanfte Ermahnung anzubringen?

Schlecht recherchierte Beurteilungen
Eine Broschüre, die sich derzeit im Umlauf befindet, stellt umfangreiche Behauptungen über den Dienst einer speziellen Gruppierung von Gemeinden auf. Schon eine oberflächliche Betrachtung der Bücher, Magazine und Kassetten dieser Gruppierung würde jeden vernünftigen Menschen dazu veranlassen, die Exaktheit dieser Behauptungen in Frage zu stellen. In einem anderen Heftchen wird jemand auf der Grundlage eines Zeitungsberichts als „dämonisiert" abgestempelt.

Es überrascht nicht, daß die Welt uns für extreme und bigotte Leute hält, wenn wir Meinungen verbreiten, die die Haltung derer, die uns vertrauen, beeinflussen, ohne daß wir uns selbst vergewissert haben, ob die uns vorliegenden Fakten korrekt und unsere Informationen vollständig sind.

Ungerechtfertigte Beurteilungen
Wir sollten den Empfängern unserer Kritik immer die Chance geben, darauf zu reagieren. Dieser Prozeß sollte in der Regel auf die Publikation der jeweiligen Organisation oder Person hin in Gang kommen, die Kontroversen verursacht hat. Auf diese Weise hätte sie die Gelegenheit, ihre Bemerkungen im Zusammenhang darzustellen.

Wir sollten erst dann an die Öffentlichkeit treten, wenn wir wissen, daß hinter den Kulissen bereits ein ernster und engagierter Dialog stattgefunden hat und trotzdem keine Änderung des Standpunkts in Sicht ist.

Es ist jedoch beunruhigend, wenn Christen einander einfach anhand von Gerüchten oder infolge einer selektiven Lektüre von Literatur verurteilen. Jede öffentliche Verurteilung – innerhalb von Gemeinden oder in gedruckter Form –, die sich nicht an das Prinzip von Matthäus 18,15-17 hält, muß in Frage gestellt werden.

Haben wir uns mit regionalen Repräsentanten derer, die wir kritisieren, getroffen? Gab es Zeugen? Eine berühmte Kritik einer speziellen Bewegung, die derzeit oft zitiert wird, gründet sich auf eine Unterhaltung, die ohne Zeugen in nicht mehr nachvollziehbarer Weise zwischen Tür und Angel geführt und schließlich veröffentlicht wurde, ohne mit der angegriffenen Person Rücksprache zu halten, ob sie auch richtig zitiert wurde.

Ist die Frage vor der regionalen, nationalen oder internationalen Leiterschaft derer, die wir kritisieren, aufs Tapet gekommen? Erst wenn wir uns um einen Dialog bemüht haben, dieser jedoch abgelehnt oder vereitelt wurde, können wir unsere Bedenken gegenüber Personen oder Organisationen innerhalb des Leibes Christi mit Namensnennung veröffentlichen.

Gesetzliche und unlogische Beurteilungen
Die Leute, die auf Irrlehrer Jagd machen, lieben den „assoziativen Schuldbeweis": Zunächst vergleiche man die derzeitigen Ereignisse mit den Aktivitäten einer Gruppierung aus der Ver-

gangenheit; dabei fällt einem natürlich unweigerlich ein, was aus dieser Gruppe geworden ist und man führt sich die unorthodoxen Praktiken und Anschauungen vor Augen, die sie heute vertritt. Daraus folgert man, daß analog dazu auch die derzeitigen Ereignisse komplett und zwangsläufig in Irrlehre und Ketzerei münden müssen.

Auf dieser Grundlage würden wir Wesley und J. C. Ryle von unserer Liste zuverlässiger geistlicher Gewährsmänner streichen, weil Teile der Methodisten und Anglikaner in den Einflußbereich von Irrlehren und verdrehter Bibelauslegung gerieten. Das Gespenst der theologischen Perfektion spukt überall in unseren Gesprächen herum. Die meisten von uns schreiben Luther nicht völlig ab, obwohl er antisemitisch eingestellt war; auch Wesley lehnen wir nicht in Bausch und Bogen ab, obwohl er in puncto Perfektionismus sehr unausgewogene Ansichten hatte.

Wir respektieren Calvin, obwohl er sich der Staatsgewalt bediente, um gegen seine Feinde vorzugehen. Wir respektieren General Booth, obwohl er die Taufe und das Abendmahl aus der Praxis der Heilsarmee verbannte.

Manchmal würden wir gern die Anschauungen unserer Mitchristen abklopfen und nach einem Dialog mit ihnen die breitere christliche Öffentlichkeit auf unsere Bedenken hinweisen. Aber sind wir es einander und dem Namen des Herrn, den wir anbeten, nicht schuldig, uns vor vorschnellen Beurteilungen mehr in acht zu nehmen? Für uns steht zu viel auf dem Spiel, als daß wir es uns leisten könnten, einander zu bekriegen.

8
Geschüttelt und wachgerüttelt

Die Berichterstattung der Medien über den sogenannten „Toronto-Segen" hat sich oft auf die extremen körperlichen Reaktionen gestürzt, die einige Leute erlebt haben. Doch die Phänomene Schütteln, Lachen, Umfallen sowie visionäre Erlebnisse sind beileibe nicht neu, wenn man die Kirchengeschichte der jüngeren Zeit betrachtet. Sie waren seit den ersten Anfängen einer Erneuerung in den frühen sechziger Jahren Teil des charismatischen Gemeindelebens und traten später, als die Vineyard-Bewegung in Großbritannien ihre Kreise zog, mehr in den Vordergrund. Aber sie waren noch nie so intensiv und weit verbreitet wie heute.

Als im Juni 1994 die geistliche Begeisterung wuchs, ahnten einige schon voraus, daß die Phänomene der Erneuerung Kontroversen hervorrufen würden.

Nick Cuthbert, bekannt wegen seiner Pionierarbeit im Birmingham Jesus Centre, ist heute Pastor der Riverside Fellowship mit 400 Mitgliedern. Er sagt:

„Vor kurzem hatte ich den Eindruck, daß mir der Herr in einer Veranstaltung, in der etliche Dinge passierten, einen Fluß zeigte, der zum Meer hinfloß. Die engen Grenzen der Gemeinde würden gegen die weite, offene See eingetauscht werden – d.h. der Leib Christi würde in die Welt hinausgehen. Doch die Mündung eines Flusses ist oft gefährlich und voller Strudel. Ich hatte das Gefühl, als sagte Gott, uns stünden als Vorbereitung auf sein größeres Wirken einige Turbulenzen bevor.

Diese Zeit ist vor allem ein Prüfstein für die Leiterschaft. Falscher Umgang und Fehlverhalten werden Störungen und Spaltungen innerhalb des Leibes Christi bewirken. Wir brauchen Erfrischung und Freisetzung, müssen uns jedoch regelrecht an die Bibel und die biblische Denkweise klammern, wenn wir Schiffbruch vermeiden wollen."

„Sich an die Bibel klammern" – das ist die instinktive Reaktion der meisten Christen, doch wie soll man die Schrift auslegen? Zwei zentrale Aussagen, die große Verbreitung gefunden haben, greifen die Ansichten Jonathan Edwards' auf, der seine Leser daran erinnerte, daß die Bibel nicht auf jede Eventualität gefaßt sei. Gerald Coates legte im August 1994 in einem Richtlinienpapier, das an die Leiter des „Pioneer"-Gemeindebunds versandt wurde, dar, wie er die Dinge sieht:

> „Es gibt genügend biblisches Material, das diese Aspekte, die Manifestationen und die Reaktionen auf die Gegenwart des Geistes, abdeckt. Einige stufen die biblischen Belege für diese Manifestationen entweder als kärglich oder als unzureichend ein. Es gilt jedoch unter Bibelgelehrten und in evangelikalen Kreisen als weithin akzeptierte Tatsache, daß die Bedeutung einer Sache nicht daran gemessen werden könne, wie oft sie in der Bibel genannt wird.
>
> So erscheint der Begriff „wiedergeboren" nur zwei- oder dreimal im ganzen Neuen Testament; vom Brotbrechen ist nur ein paarmal die Rede; obwohl unser Herr vom Tanzen als einer Form der Reaktion auf seinen Dienst spricht (vgl. Lk 7,32), findet es in den Briefen keine Erwähnung. Dennoch kann man kaum glauben, daß die Leute auf einmal zu Tanzen aufhörten, nachdem der Messias gekommen war, Vergebung ausgesprochen worden war, Volksgruppen versöhnt worden waren und Geistesgaben über Menschen ausgegossen worden waren – und das noch dazu in einer Kultur, in der das Tanzen zu festlichen Gelegenheiten nicht nur passend war, sondern regelrecht propagiert wurde (man lese nur die Psalmen!).

Bevor wir einige Manifestationen des Geistes oder Reaktionen der Menschen auf den Geist unter die Lupe nehmen, sollte man noch festhalten, daß uns die Bibel nicht gegeben wurde, um alles mit einem Bibeltext belegen zu können. Die meisten evangelikalen Christen engagieren sich derzeit in vielfältigen Aktivitäten, für die es keinerlei Belegtexte gibt.

Es gibt Dinge, die Gott in der Bibel billigt, und die wir demzufolge als „biblisch" bezeichnen. Aber es gibt viele Dinge, die ganz eindeutig unbiblisch sind. Die Bibel dient nicht als Textbuch, sondern als Testbuch. Wir nähern uns mit unseren Erfahrungen der Bibel, um zu testen, ob sie von Gott sind oder nicht.

Es gibt Dinge, die zum Alltag der meisten Christen gehören, zu deren Bekräftigung und Rechtfertigung man in der Bibel jedoch nicht allzuviel findet: Gemeindehäuser bauen, Kommunion bzw. Abendmahl einnehmen (in der Form, daß die Leute nicht miteinander Mahl halten, ja oft nicht einmal miteinander reden), jeden Sonntag abend um 18.30 Uhr den Bekehrten das Evangelium verkündigen, beim Beten die Augen schließen, beim Beten sitzen, vor dem Essen ein Dankgebet sprechen, Sonntagsschule, Jugendklubs, Frauentreffen, ja sogar die allmorgendliche „Stille Zeit"! Das heißt nicht, daß diese Dinge falsch wären. Es geht vielmehr darum, daß Gott möchte, daß wir erwachsen werden, und wir haben die Freiheit, zwischen den Dingen, die er ausdrücklich billigt und denen, die er ausdrücklich mißbilligt, eine breite Palette von Aktivitäten zu entwickeln.

Dieselbe Freiheit gilt auch für die Manifestationen des Heiligen Geistes und die Reaktionen auf den Heiligen Geist (wenngleich schon darauf hingewiesen wurde, daß auch eine Manifestation eine gewisse Art der Reaktion auf die Gegenwart und das Wirken des Heiligen Geistes darstellt)."

Auch in dem überaus umfangreichen Dokument *What in the World is Happening to Us?*, das über verschiedene Vineyard-Gemeinden Verbreitung gefunden hat, wagt sich Bill Jackson von der Champaign Vineyard Gemeinde in Chicago an die Frage der Interpretation heran:

„Wenn wir fragen: ‚Ist das biblisch?', dann fragen wir vermutlich nach etwas, das landläufig als ‚Beweis-' oder ‚Belegtext' bezeichnet wird. Ein Belegtext ist eine Passage der Heiligen Schrift, die, im Zusammenhang betrachtet, unsere spezielle Position bestätigt. Um nun herauszufinden, ob diese Phänomene biblisch sind, müssen wir zunächst ein paar grundsätzliche Regeln für eine solide Interpretation befolgen.

Die Lehre der Bibel kann grundsätzlich in drei Hauptgruppen zusammengefaßt werden:

1. Christliche Theologie (was Christen glauben sollen)

2. Christliche Ethik (wie sich Christen verhalten sollen)

3. Christliche Erfahrung bzw. Praxis (was Christen tun sollen)

Ein Vers oder eine Passage ist nun als ‚Belegtext' zu bezeichnen, wenn der Verfasser eindeutig klar macht, wie dem Willen Gottes nach christlicher Glaube, christliches Verhalten und christliche Praxis aussehen sollen. Diese Texte könnte man als ‚Primärtexte' bezeichnen.

Es gibt jedoch zahlreiche Glaubensinhalte, Verhaltensweisen und Handlungen, die nicht ausdrücklich gelehrt, sondern vielmehr impliziert werden. Diese Texte kann man als ‚Sekundärtexte' bezeichnen. Das heißt nun nicht, daß sie unwichtig wären, sondern nur, daß man zu einem Thema keine klare Aussage finden kann.

Nehmen wir zum Beispiel die Taufe. Die Bibel sagt klar und deutlich, daß Christen getauft werden sollen; ein Primärtext hierzu wäre Matthäus 28,19. Doch *wie* wir getauft werden sollen, wird nirgendwo ausdrücklich erklärt. Deshalb haben verschiedene Gruppierungen eine unterschiedliche Taufpraxis. Es gibt jedoch Bibelstellen, aus denen eindeutig hervorgeht, daß es zur Zeit der Urgemeinde normal war, die Leute ganz im Wasser unterzutauchen. Sogar unser Wort für ‚taufen' bedeutet eigentlich ‚ein-' bzw. ‚untertauchen'. Auch wenn dadurch nicht bewiesen ist, daß die Gemeinde für alle Zeiten genauso taufen soll, wird dies jedoch impliziert. Zumindest wird damit verdeutlicht, daß es damals genauso gehandhabt wurde. Aus diesem Grund ist die Art und Weise, wie getauft wird, eine sekundäre, keine primäre Frage.

Wenn wir uns mit übernatürlichen Phänomenen befassen, bewegen wir uns im Bereich der christlichen Praxis. Es gibt zwar keine Primärtexte, die klar und deutlich aussagen, daß Christen umfallen, sich schütteln oder wie betrunken sein sollen, wenn Gott sich machtvoll erweist (obwohl es zu prophetischen Offenbarungen sehr wohl Primärtexte gibt), aber es gibt eine Reihe von Sekundärtexten (vergessen Sie nicht, daß ‚sekundär' nicht ‚ungültig' oder ‚unwichtig' heißt), die veranschaulichen, daß Menschen unter anderem auch auf diese Weise reagierten, als Gott sich machtvoll offenbarte."

Im weiteren Verlauf dieses Kapitels werden wir einen Überblick über die Phänomene geben und dazu passende Schriftstellen anführen.

Wes Campbell von der Canadian New Life Vineyard Gemeinde erläutert in einem Dokument aus dem Jahr 1992, was er über körperliche Phänomene denkt: „Die Bibel sagt uns viel öfter, *was* wir tun sollen als *wie* wir es tun sollen. Sie legt *absolute Normen* fest, keine *Formen*. Aus diesem Grund vernichteten im 16. Jahrhundert viele Reformatoren die Kirchenorgeln, weil sie sie ‚nicht in der Bibel fanden'."

Campbell ermahnt uns, bei der Untersuchung eines körperlichen Phänomens fünf Kriterien zu berücksichtigen:
– Steht es im Einklang mit dem expliziten oder impliziten Wort Gottes?
– Dient es letztlich zur Verherrlichung unseres Herrn Jesus Christus?
– Stellt es einen Angriff gegen das Reich der Finsternis dar?
– Bringt es geistliche Frucht?
– Was ist über den Charakter der beteiligten bzw. betroffenen Personen zu sagen?

Bei der näheren Untersuchung der Phänomene wird uns Campbells zentrales Anliegen in den Erklärungen verschiedener Leiter noch einmal begegnen.

Obwohl Protestanten normalerweise eher vorsichtig sind, wenn es darum geht, Parallelen zur Kirchengeschichte oder zur Tradition zu ziehen, beschäftigen sich evangelikale Leiter mit historischen Präzedenzfällen und der geistlichen Frucht früherer Generationen.

Ein hilfreiches Beispiel ist wohl die Erweckung in Ulster (Nordirland) im Jahre 1859. John Weir hätte in *Heaven Came Down* anstatt von den Pfarreien Ballymena und Coleraine genausogut von der Holy Trinity Brompton Gemeinde sprechen können, als er sagte:

> „Aus einem sorgsam vorbereiteten Bericht, der vom Autor des bisher Gesagten zusammengestellt und der Synode von Ballymena und Coleraine vorgelegt wurde, geht hervor, daß ‚in allen Richtungen spontan Gebetstreffen entstanden waren, so viele, daß sie nicht zu zählen waren' und daß ‚der Geist in Kraft herabgekommen war'. Mr. Buick sagt über die Zustände körperlicher Erregung: „Wort und Gebet brachten Sündenüberführung, oftmals der stärksten Art, hervor, *so daß Menschen sich sogar am ganzen Körper schüttelten, jedes ihrer Glieder erzitterte, ihre Herzen intensiv brannten und ihre Kraft restlos erschöpft wurde.* Der Pfeil der Sündenüberführung durchdringt das Gewissen; das Herz schwillt an bis zum Zerplatzen; eine schwere, unerträgliche Last drückt auf den Geist, und das bedrückte, brennende Herz kann nicht länger an sich halten und bricht in einen markerschütternden Schrei der Verzweiflung aus: ‚Herr Jesus, hab' Gnade mit meiner sündhaften Seele!' Angesichts solcher Sündenüberführung findet das Herz Erleichterung, indem es sein Schreien und Weinen vor dem Herrn ausschüttet.
>
> Während der schlafende Sinn erwacht, das schlummernde Gewissen wachgerüttelt wird und das Nervensystem mit aller Macht arbeitet, wird oft die Vorstellungskraft zu lebhafter Regsamkeit beflügelt, indem man feierliche Szenen aus der Zukunft erblickt und Worte der Warnung

und des Rats vernimmt. Eine solche Schau ist nicht schwer zu erklären; wirklich geheiligt wird sie jedoch erst dadurch, daß sie einen wertvollen, bleibenden Eindruck hervorbringt."

Es ist bemerkenswert, daß in Weirs Werk die Rolle des Gebets erwähnt wird. Obwohl ich die Auffassung vertrete, daß wir in unserer Generation mehr und bessere Predigt brauchen, bin ich doch mißtrauisch gegenüber der Einstellung, eine Erweckung entstehe nur durch Predigt. Eine sorgfältige Betrachtung der Geschichte würde wohl zu dem Schluß kommen, daß Gebet, Lieder, Zeugnisse und Ermahnungen aus dem Mund frischbekehrter Laien allesamt in den öffentlichen Erweckungsveranstaltungen eine Rolle spielten. Jene, die fast schon militant die Vorrangstellung der Predigt verteidigen, sind meist gleichzeitig auch vehemente Verfechter der Souveränität Gottes. Doch anscheinend existiert ein Spannungsverhältnis zwischen dem Propagieren seiner Souveränität einerseits und der Beschränkung der „Salbung" seines Geistes auf die Predigt andererseits.

In dieser Zeit der Erquickung dominiert ein bestimmtes Modell des Gebetsdienstes. Es wird zur Klärung mancher Sachverhalte beitragen, wenn wir uns zunächst das Modell der Toronto Vineyard Gemeinde sowie die umfassende Vineyard-Perspektive zum Thema Gebetsdienst betrachten.

Ein Modell für den Gebetsdienst
Der pfingstlerische/charismatische Zweig des evangelikalen Christentums wurde in der Vergangenheit oft von der Philosophie geprägt, der geistliche Dienst sei die Angelegenheit „großer Männer und Frauen Gottes": Eine Person, die „ihrem Ego abgestorben war", ein geheiligtes Leben führte und sich mit all ihrem Sein nach Gott sehnte, wurde mit einer vollmächtigen „Salbung" ausgestattet. Der Heilige Geist konnte machtvoller durch diese Leute wirken, weil sie zu einem wundertätigen Dienst „berufen" worden waren. Überreste dieser Sichtweise findet man, wie wir im vorigen Kapitel feststellten, noch im Dienst von Rodney Howard-Browne.

Die charismatische Bewegung der jüngeren Zeit hat jedoch großen Wert auf die Priesterschaft aller Gläubigen gelegt. Die

Vineyard-Konferenzen der achtziger Jahre waren für viele eine Revolution: Nachdem ein bestimmtes Thema im Licht der Bibel betrachtet wurde, forderte man die Konferenzteilnehmer auf, bisweilen mit Unterstützung von Mitgliedern des Vineyard-Teams, füreinander zu beten. Vineyard-Leiter John Wimber glaubte, „daß wir alle in der Kraft des Geistes dienen können".

Das hieß nun nicht, daß die Themen Heiligung, persönliche Hingabe an Gott und geistlicher Hunger vernachlässigt wurden, sondern nur, daß man kein „Superstar" sein mußte, um von Gott gebraucht zu werden. Dennoch saßen in den Konferenzen oft Pastoren am Rand einer Sitzreihe, um „freischaffende" Wirrköpfe aus dem Verkehr zu ziehen, die sich an ihren Gemeindemitgliedern zu schaffen machten.

Man erkannte auch immer mehr, daß man unbedingt genaue Richtlinien für den Umgang mit Prophetie ausgeben und sorgfältig darauf achten mußte, wie reif die Leute (in geistlicher wie emotioneller Hinsicht) waren, die seelsorgerlich tätig wurden, wenn die neugefundene Freiheit nicht mißbraucht werden sollte.

Diese Philosophie vom „vollmächtigen Volk" beeinflußte natürlich die Praxis in der Airport Vineyard Gemeinde, als sie auf einmal feststellte, daß aus der Zeit des Segens vom Januar eine wochen- und monatelange Erneuerungsphase wurde.

Da sehr viele Leute Gebet wollten, stellte man nach der Predigt alle Stühle zusammen, und nach einigen Anbetungsliedern begann das Gebetsteam, für die Anwesenden zu beten. Den „Team"-Gedanken behielt man aus zwei Gründen bei: Die Gemeinde wollte Rechenschaft darüber ablegen können, was im Rahmen des Gebetsdienstes geschah. Und das bedeutete auch, daß sich der Rest der Versammlung in erster Linie auf das Zuhören und Empfangen konzentrieren konnte – was für viele der Leiter, die oft eifrig „gaben", anstatt sich zu entspannen und zu „nehmen", neu und ungewohnt war.

Viele fielen um, und das Gebetsteam brauchte oft „Fänger", damit die Leute nicht übereinanderfielen oder sich weh taten. Zum Einsatz dieser „Fänger" gibt es innerhalb der Vineyard-Bewegung unterschiedliche Meinungen. John Wimber ist zwar nicht absolut dagegen, warnt jedoch, daß dadurch „von allen Phänomenen des Geistes das Umfallen und dessen Nachwirkung in den Vordergrund tritt".

In einem Artikel in *Vineyard Reflections* ermutigt er die Leiter, darauf zu achten, daß die „Fänger" nicht passiv sind, sondern mitbeten. Er ist der Auffassung, daß, wo immer es möglich sei, die Bestuhlung beibehalten und in diesem Rahmen für die Menschen gebetet werden sollte. Die Airport Vineyard Gemeinde, Elli Mumford, Bischof David Pytches und viele andere erinnern immer wieder daran, daß die Frucht wichtiger sei als die Phänomene. Terry Virgo fordert die Leute auf, „nicht nur über die erlebten Phänomene zu berichten, sondern auch über die innerliche Veränderung, die aus diesen Erfahrungen heraus entstanden ist".
Wimber wird da sehr deutlich: „Ich bezeichne diese Veranstaltungen als ‚Treffen für Suchende'. Damit meine ich schlicht und einfach Christen, die mehr von der Gegenwart und dem Wirken Gottes in ihrem Leben haben möchten. Im Mittelpunkt dieser Veranstaltungen sollen Botschaften und Bekehrungsaufrufe stehen, die allesamt auf Christus und nicht auf die Phänomene ausgerichtet sind. Wir sind meiner Meinung nach nicht dazu berechtigt, die Leute nach vorne zu rufen, damit sie sich lediglich ein wenig schütteln, umfallen, lachen oder weinen. Es geht nicht um die Phänomene. Es geht vielmehr um die Einwirkung der Gegenwart Gottes auf das Leben des einzelnen Christen und der daraus entstehenden Reifung eines Gott wohlgefälligen Charakters."

Auf der Straße nach Damaskus hatte Paulus eine gewaltige Begegnung mit Gott. Doch dieser inspirierte ihn auch, Anweisungen wie „Bewirkt euer Heil mit Furcht und Zittern" (Phil 2,12) oder „Trachte danach, in Gottes Augen tadelfrei dazustehn..." (2 Tim 2,15; Albrecht) niederzuschreiben. Wie viele seiner Zeitgenossen glaubt auch Wimber nicht, daß man einer „punktuellen" Heiligung den Vorzug vor einer „schrittweisen" Heiligung bzw. dem Wachstum der geistlichen Reife geben sollte. Er kommentiert dies folgendermaßen:

> „Unsere Theologie und unsere Erfahrungswerte einer Erweckung müssen durch unser Verständnis von Heiligung ausbalanciert werden. Die Heiligung ist der notwendige Gegenpol zur Rechtfertigung bzw. Sündenvergebung.

Heiligung ist das Werk des Heiligen Geistes, das sowohl ‚in Form eines einmaliges Aktes [stattfindet], der für alle Zeit gültig ist und uns ein heiliges Leben vermittelt und eröffnet, als auch in Form einer anhaltenden, fortschreitenden Entwicklung' (*New Dictionary of Theology*, S.615). Insofern die Heiligung ‚fortschreitend' ist, kooperieren wir mit dem Heiligen Geist.

Alle Christen müssen gereinigt werden und sich dem Dienst für Gott zur Verfügung stellen (vgl. Röm 12,1-2) und damit ihr Gebet ‚Dein Reich komme, wie im Himmel, so auf Erden (d.h. in meinem Leben)' in die Praxis umsetzen.

Wir dürfen uns nicht dazu hinreißen lassen, die Erfahrung diverser Manifestationen des Geistes mit Heiligung gleichzusetzen. Solche Erfahrungen können unsere Reise in Richtung Heiligung begleiten, akzentuieren oder gar einen echten Meilenstein darstellen, aber sie sind nicht notwendigerweise verantwortlich dafür, daß die Heiligung Realität wird."

Charles Finney ließ keinen Zweifel daran, welchen Platz die Phänomene haben:

„Wir brauchen uns vor keiner Begeisterung welchen Ausmaßes auch immer zu fürchten, die schlicht und einfach durch die Erkenntnis von Wahrheit hervorgerufen wird und im Einklang mit der gesunden Ausübung der intellektuellen Fähigkeiten steht. Alles, was darüber hinausgeht, muß verheerend sein. Im allgemein treten die genannten Fälle, in denen Menschen der Länge nach zu Boden fallen, ohne augenscheinliches Eingreifen äußerlicher Mittel auf (derer man sich bedienen könnte, um solche Resultate zu zeitigen) ...Die Begeisterung, die entsteht, wenn der Heilige Geist der Seele Gott offenbart,... stimmt nicht nur mit der klarsten und am weitesten gesteckten Erkenntnis des Verstandes überein, sondern bewirkt und fördert vielmehr direkt eine solche Erkenntnis. Ja, dies fördert in der Tat die freie und nicht durch Peinlichkeit behinderte Ausübung sowohl des Verstandes als auch des Willens.

Mir scheint es nun von größter Wichtigkeit, in diesen Fällen zwischen verschiedenen Dingen zu unterscheiden. Wenn ich Fälle außerordentlicher Begeisterung sehe, habe ich gelernt, so ruhig und liebevoll wie ich nur kann nachzufragen, welche Sichten der Wahrheit zur gleichen Zeit vom Verstand aufgenommen werden. Dadurch kann ich das Wesen der Begeisterung beurteilen. Wenn sie wirklich von einer klaren, durch den Heiligen Geist gewirkten Sicht des Wesens Gottes und großer Wahrheiten seiner Herrschaft herrührt, wird der Verstand voll von diesen Wahrheiten sein und sie spontan weitergeben, sobald es möglich ist, sie auszusprechen... Doch wo die Aufmerksamkeit anscheinend von den eigenen Emotionen in Beschlag genommen wird, und die Menschen keinen einsichtigen Grund nennen können, warum sie fühlen wie sie fühlen, kann man nur sehr wenig Zutrauen zu ihrem Zustand aufbringen." (Charles Finney, *Reflections on Revival, S.49ff.*)

Die Erfüllung mit dem Heiligen Geist

Die christliche Orthodoxie lehrt, daß der Heilige Geist ab dem Zeitpunkt der Bekehrung in einem Christen wohnt. Diese Erfüllung aufgrund seines „Standes" wird manchmal durch eine Erfüllung in Form einer „Erfahrung" ergänzt, durch die der Christ eine „Gnadengabe" bzw. ein „Charisma" empfangen kann, eine spezielle Berührung des Heiligen Geistes zur Ausführung einer konkreten Handlung wie z.B. Heilungsgebet, Zungenrede, Prophetie, Wort der Erkenntnis oder eine andere übernatürliche Gabe.

Diese Erfüllung in Form einer persönlichen Erfahrung findet man auch in der Lebensgeschichte Moses. In 4. Mose 11,25 lesen wir, daß der Herr von dem Geist, der auf Mose ruhte, nahm und ihn auf die siebzig Ältesten verteilte, die zu prophezeien begannen, sobald er auf ihnen ruhte. Mose sagte zu Josua, er wünschte sich, der Herr würde seinen Geist auf das gesamte Volk

Gottes legen, damit sie alle Propheten sein könnten (vgl. 4 Mose 11,29).

Saul, der König von Israel, erlebte etwas Ähnliches, als der Geist Gottes mit Macht über ihn kam. Er sollte prophezeien und bekam die Verheißung, er würde ein anderer Mensch werden (vgl. 1 Sam 10,5-10).

Dieses Verständnis wird von Rodney Howard-Brownes Sicht der Salbung des Heiligen Geistes, wie wir sie im sechsten Kapitel bereits erläutert haben, noch weiter vertieft. Ausgehend von den Worten Jesu in Johannes 4 vertritt er die Auffassung, der uns innewohnende Geist sei wie eine Quelle. „Jeden, der von diesem Wasser trinkt, wird wieder dürsten; wer aber von dem Wasser trinken wird, das ich ihm geben werde, den wird nicht dürsten in Ewigkeit; sondern das Wasser, das ich ihm geben werde, wird in ihm eine Quelle Wassers werden, das ins ewige Leben quillt" (Joh 4,13-14).

Wir werden einerseits von der „Quelle" am Leben erhalten, doch andererseits wird, wie Howard-Browne meint, ein Strom aus uns herausfließen. Dieses Bild vom Strom begegnet uns in Johannes 7,37-39:

> „An dem letzten, dem großen Tag des Festes aber stand Jesus und rief und sprach: Wenn jemand dürstet, so komme er zu mir und trinke. Wer an mich glaubt, wie die Schrift gesagt hat, aus dessen Leibe werden Ströme lebendigen Wassers fließen. Dies aber sagte er von dem Geist, den die empfangen sollten, die an ihn glaubten; denn noch war der Geist nicht da, weil Jesus noch nicht verherrlicht worden war."

Es könnte gut sein, daß der „Strom" des Heiligen Geistes von einem Christen auf den anderen übergeht, wenn wir füreinander beten. So wie Gott seinen Geist, der auf Mose ruhte, nahm und auf die siebzig Ältesten verteilte, gab Paulus die „Salbung des Geistes" an Timotheus weiter: „Vernachlässige nicht die Gnadengabe in dir, die dir gegeben worden ist durch Weissagung mit Handauflegung der Ältestenschaft" (1 Tim 4,14). „Um dieser Ursache willen erinnere ich dich, die Gnadengabe Gottes anzufachen, die in dir durch das Auflegen meiner Hände ist. Denn

Gott hat uns nicht einen Geist der Furchtsamkeit gegeben, sondern der Kraft und der Liebe und der Zucht" (2 Tim 1,6-7). Das Bild vom Strom ist auch dann anwendbar, wenn von der „greifbaren Gegenwart Gottes" die Rede ist. Gott ist allgegenwärtig, d.h. er ist überall, doch manchmal können wir seine Gegenwart sehen, hören oder spüren. Manchmal offenbart er, wie im Falle Moses, ein wenig von seiner Herrlichkeit, manchmal kommt er „in der Wolke herab" (4 Mose 11,25). Seine Gegenwart ist somit sowohl äußerlich als auch innerlich. Ein Sinnbild seiner äußerlichen Gegenwart finden wir in Hesekiel 47,1-12: den Strom, der vom Tempel wegfließt, und überall dort, wo er fließt, Leben bringt. Epheser 5,18 spricht hingegen von seiner innerlichen Gegenwart: „Und berauscht euch nicht mit Wein, worin Ausschweifung ist, sondern werdet voll Geist..."

Im griechischen Original steht eigentlich „seid voll Geist werdend"; es ist also von einem kontinuierlichen Prozeß die Rede. Warum brauchen wir das? C. H. Spurgeon gab die Antwort: „Weil ich ein Leck habe." In unserer Zeit wird häufig dazu ermutigt, ganz neu vom Geist Gottes zu trinken.

Es gibt viele Gründe, warum sich die Menschen danach sehnen, Gebet zu empfangen oder von Gott berührt zu werden. Einige von ihnen „bleiben" bzw. „verharren", symbolisch gesprochen, wie die Jünger „in Jerusalem" (vgl. Lk 24,49) und warten auf eine neue Erfüllung mit dem Heiligen Geist, damit sie neue Kraft für ihren Dienst bekommen. Andere sind sich der Tatsache bewußt, daß sie Gott fern sind, obwohl sie ihren Glauben an Christus bekennen, und gehen erste Schritte zur Neuorientierung ihres Lebens; dies hat zur Folge, daß ihre geistliche Lauheit bis in die Grundfesten erschüttert wird, und der Heilige Geist in ihren Gedanken und den nachfolgenden Taten frei und ungehindert regieren kann.

Wieder andere nehmen an Veranstaltungen teil, in denen Gott sich offenbart, und erleben dabei eine Herausforderung, Sündenüberführung, Freisetzung zur Freude o.ä.. So etwas geschieht entweder nach einem persönlichen Gebet, nach einem gemeinsamen Gebet wie „Gott Vater, schick' um Jesu willen deinen Heiligen Geist" oder auch ganz ohne Gebet.

Wenn die Menschen ihre Herzen neu Gott zuwenden und durch Kooperation mit dem Heiligen Geist in ihrem Leben Veränderung erfahren wollen, muß er höchstwahrscheinlich erst einmal „das Haus aufräumen", damit er effektiver arbeiten kann. Andere gewinnen einfach „nur" neue Erkenntnisse und Offenbarungen seiner Person.

Und dies ist dann auch die Phase, in der sich oftmals diese körperlichen Phänomene einstellen. Wenn die Leute „eintauchen" oder „verharren" oder nach „mehr" schreien, schickt Gott seinen Geist, um sein hungriges und durstiges Volk zuzurüsten und zu erneuern.

Sitzend oder stehend, liegend oder einfach nur beim Beten werden Menschen oft von den unterschiedlichsten Phänomenen überwältigt. Was sind diese Phänomene? Werden sie in der Bibel erwähnt? Sind sie geschichtlich belegt?

Man muß betonen, daß die Phänomene lediglich darauf schließen lassen, daß Gott vermutlich im Leben eines Menschen wirkt. Jonathan Edwards meint hierzu: „...anhand irgendwelcher Auswirkungen auf den Körper eines Menschen wie Weinen, Zittern, Ächzen, lautes Schreien, körperliche Pein oder den Verlust der Körperkraft darf kein Wirken [Gottes] beurteilt werden; der Einfluß, unter dem ein Mensch steht, darf keinesfalls anhand solcher Auswirkungen auf den Leib beurteilt werden; das begründet sich dadurch, daß die Schrift dies nirgendwo als Regel ausgibt."

In *Revival of Religion* wiederholt Edwards diese Ansicht: „Einige sind in außerordentlicher freudiger Verzückung gewesen, in außergewöhnlichem Maße erfüllt und körperlich überwältigt worden, und das noch dazu sehr oft, legen jedoch seither in ihrem Verhalten weitaus weniger vom Charakter eines Christen an den Tag als einige andere, die ruhig geblieben sind und nach außen hin nichts gezeigt haben. Dann wiederum gibt es viele andere, die außerordentliche Freude und Gefühlswallungen erlebt haben, häufig mit erheblichen Auswirkungen auf ihren Leib, und die sich mit großer Beständigkeit wie demütige, liebenswerte und hervorragende Christen verhalten."

Aus Jeremia 23,9 wird ersichtlich, daß körperlich angerührt zu werden durchaus im Bereich des Möglichen liegt: „Über die Propheten: Gebrochen ist mein Herz in meinem Innern, es zittern alle meine Gebeine. Ich bin wie ein Betrunkener und wie ein Mann, den der Wein überwältigt hat, vor dem Herrn und wegen seiner heiligen Worte." Justin Dennison, Pastor der Bramlea Baptists, einer Gemeinde aus Toronto in der Nähe der Vineyard, denkt in einem Brief an Leiter befreundeter Baptistengemeinden über die Phänomene nach und meint: „Es scheint deshalb nicht unangebracht, das zumindest zu akzeptieren, was die Schrift nicht verbietet und die Kirchengeschichte anscheinend bestätigt."

Die Phänomene der Erweckung/Erneuerung

Umfallen
Daß Leute umfielen, war eine körperliche Reaktion, die man in vergangenen Monaten in vielen Gemeinden am häufigsten erlebte und auch am ehesten akzeptierte. Wie ich es sehe, gibt es sechs Gründe für dieses Phänomen.

1. Unter Einwirkung des Geistes Gottes spüren die Leute, wie ihre körperliche Energie schwindet, und sind infolgedessen nicht mehr in der Lage, stehenzubleiben; manche fallen in einen tranceartigen Zustand.

2. Manche fühlen sich aus unterschiedlichen Gründen „instabil". Weil sie befürchten, sie würden eine potentielle Berührung Gottes durch eigene Analysen zunichte machen, lassen sie sich zu Boden fallen und ruhen.

3. Da man aus vielen Zeugnissen den Grundtenor des „Kapitulierens" oder „Sich-Verletzbarmachens" heraushört, kann man den Schluß ziehen, daß freiwilliges Umfallen ein Zeichen der Kapitulation vor und Offenheit gegenüber Gott ist. Während diese Menschen ruhen, bleiben sie bei vollem Bewußtsein, verharren jedoch entweder im Gebet oder in einem der Tagträumerei ähnlichen Zustand. Einige, die nicht vom Geist „umgeworfen" wurden, machten, während sie ruhten oder Gebet empfingen, profunde visionäre Erfahrungen, blieben im persönlichen Gebet oder dachten nach.

4. Einige werden „geschubst". Aus diesem Grund gibt es Leute, die beim Beten anderen nie die Hände auf den Kopf legen oder sie in einer Art und Weise berühren, aus der man folgern könnte, daß sie etwas nachhelfen.

Wer „schubst" macht sich schuldig, einen „Dienst der Manifestationen" auszuüben. Man stellt oft fest, daß solche Leute eher die Manifestationen predigen anstatt eine Botschaft, die die Herzen der Zuhörer auf Christus lenkt. Aus falsch verstandenem Eifer oder der Notwendigkeit heraus, den eigenen Dienst beglaubigen zu müssen, inszenieren sie „Demonstrationen" der Kraft Gottes, ohne vorher in einer inhaltlich relevanten Predigt darauf eingegangen zu sein bzw. die Geschehnisse erklärt zu haben und oft ohne daß jene, die geschubst werden, überhaupt den Wunsch geäußert haben, Gebet zu empfangen. Sie rechtfertigen ihr Vorgehen damit, daß es „den Glauben erbaue", und behaupten hartnäckig, es sei die „Salbung", die die Menschen umwerfe und nicht ihre Hand.

Solche Leute können tiefe Enttäuschungen bewirken und ein echtes Wirken Gottes in Verruf bringen. Gott wird die Unreifen schelten, und die „Nachahmer" letztendlich aus dem Verkehr ziehen, weil sie Leute zu Fall bringen – buchstäblich und im übertragenen Sinne.

5. Einige fallen um, weil sie dem unausgesprochenen Zwang nachgeben, Freunden oder Bekannten in nichts nachstehen zu wollen. Sie möchten nicht, daß man ihnen nachsagen kann, sie würden dem Wirken Gottes widerstehen. Diese Reaktion ist zwar verständlich, doch auf lange Sicht eher hinderlich. Ein weiser Pastor achtet darauf, daß all seine Leute wissen, daß das Umfallen an sich kein außerordentliches, geistliches Symbol ist. Wir müssen in unterschiedlichen Situationen für die Leute beten – wenn sie sitzen, stehen oder liegen –, um zu verdeutlichen, daß eine Begegnung mit Gott das eigentliche Ziel ist und nicht eine „traditionelle" körperliche Reaktion.

6. Einige, die umfallen oder sich krümmen, wollen Aufmerksamkeit auf sich lenken; sie sind das Unkraut unter dem Weizen. Es handelt sich hierbei entweder um unsichere oder extrem emotionelle Menschen, die darauf konditioniert sind, sich durch ihr Verhalten in den Mittelpunkt zu stellen.

Weinen
Das ist selbstverständlich das akzeptabelste aller Phänomene, und man wird kaum jemanden finden, der etwas dagegen hätte. In den Tagen Nehemias weinten die Leute, als ihnen das Wort Gottes vorgelesen wurde (vgl. Neh 8,8-10); Nehemia hatte sie nicht aufgefordert zu weinen (es war also eindeutig kein Fall von Autosuggestion), sondern sie vielmehr ermutigt, hinzugehen und voller Freude zu feiern.

William Williams erinnert in *The Experience Meeting* an ein Gebetstreffen in Wales im Jahre 1762: „Einige weinten, einige beteten, einige sangen... und allesamt voller Staunen, Liebe und Begeisterung über das Werk des Herrn."

Die Menschen weinen aus den unterschiedlichsten Gründen. Gram über die eigene Sünde und Erbarmen für die Verlorenen und Kaputten wären nur zwei davon.

Lachen
Dieses Phänomen wird derzeit am häufigsten kommentiert und erörtert. In Psalm 126 ist von einem Volk die Rede, dessen Mund voll Lachens ist. Der Autor des Buches Prediger stellt fest, daß es eine Zeit fürs Weinen und eine Zeit fürs Lachen gäbe. (Nur wann man in einigen Gemeinden lacht, ist umstritten.)

William Williams spricht vom selben Treffen wie im obigen Zitat und erwähnt, daß „einige...mit himmlischem Lachen erfüllt [wurden]".

Das Phänomen ist alles andere als neu. Schon Watchman Nee begegnete ihm und sah sich gezwungen, es zu verurteilen.

Jonathan Edwards bemerkt, daß jene, die das Erbarmen Gottes spürten, von einer „freudigen Überraschung [übermannt wurden, die]... ihre Herzen gleichsam zum Hüpfen brachte, weshalb sie auch bereit waren, in Lachen auszubrechen...".

Einige spüren vielleicht zum ersten Mal, daß Gott ihnen gestattet, ihren Glauben auch zu genießen und sie nicht nur die Angriffe des Teufels erdulden und an ihrer himmlischen Hoffnung festhalten müssen.

Tranceähnliche Zustände/Visionäre Erfahrungen
Auch dies ist der Bibel bekannt. Paulus berichtet, wie Gott ihn mit Hilfe einer Vision warnte: „Es geschah mir aber, als ich nach Jerusalem zurückgekehrt war und im Tempel betete, daß ich in Verzückung geriet und ihn sah, der zu mir sprach: Eile und geh schnell aus Jerusalem hinaus, denn sie werden dein Zeugnis über mich nicht annehmen" (Apg 22,17-18).

Auch Petrus machte im Zusammenhang mit Gebet eine tranceähnliche Erfahrung (vgl. Apg 10,10-23). Gott benutzte diese Schau, um Petrus' Einstellung zu den Nichtjuden zu ändern. Es war einerseits eine mystische Erfahrung, wirkte sich jedoch andererseits nachhaltig auf Petrus' intellektuelles Verständnis der Ziele Gottes aus, zumal der Herr zur selben Zeit einen Nichtjuden durch einen Engelsboten veranlaßte, ihn aufzusuchen.

Alle derartigen Erfahrungen sollten, wie jede herkömmliche Prophetie auch, erwogen und geprüft werden, um sicherzugehen, daß sie sich im Rahmen der allgemeinen biblischen Orthodoxie befinden. (Einige Beispiele werden an anderen Stellen dieses Buches berichtet.)

In einigen Fällen spiegeln bestimmte Handlungen wie z.B. „Laufen" oder „Schwimmen" (d.h. Schwimmbewegungen) wider, was die Betroffenen in ihrem „Traum" gerade sehen.

Schütteln bzw. Zittern
Gott fragt in Jeremia 5,22: „Solltet ihr... vor mir nicht zittern...?" Als Daniel eine seiner Visionen bekam, konnten die Leute, die bei ihm waren, die Vision an sich zwar nicht sehen, aber sie spürten die Gegenwart Gottes und wurden aufgewühlt (vgl. Dan 10,1-11).

Gott sagte zu Jesaja, er schätze all jene, die vor seinem Wort zittern (vgl. Jes 66,2).

George Fox, Gründer der Quäker, erlebte, wie die Zuhörer seiner Predigten mit Macht von ihren Sünden überführt wurden.

„Die Kraft Gottes schüttelte sie", sagt er, „und wir begannen, große Treffen abzuhalten, und Gott wirkte vollmächtig und gewaltig unter den Menschen dort."

„Ruhen im Geist"
Bill Jackson zählt in *What in the World is Happening to Us?* etliche biblische Verweisstellen auf:

„Am häufigsten erleben wir in unseren Veranstaltungen, daß die Menschen zu Boden fallen. Oft bleiben sie bei vollem Bewußtsein, beschäftigen sich jedoch ausschließlich mit dem Herrn. Sie fühlen sich schwach und können nichts anderes tun als bei Gott zu ruhen. Wir erleben, wie sich entscheidende Veränderungen ihn ihrem Leben vollziehen, während sie vor dem Herrn liegen. Alles schön und gut, doch gibt es hierfür biblische Präzedenzfälle?

1 Mose 15,12: ‚Und es geschah, als die Sonne am Untergehen war, da fiel ein tiefer Schlaf auf Abram; und siehe, Schrecken, dichte Finsternis überfiel ihn.' Beachten Sie die Formulierung ‚ein tiefer Schlaf fiel auf Abram'. Das hebräische Wort *radam* bedeutet ‚tief schlafen' oder ‚in tiefen Schlaf fallen'. Dasselbe Wort erscheint in 1 Mose 2,21, als Gott zum Zweck der Erschaffung Evas einen tiefen Schlaf auf Adam fallen läßt.

1 Samuel 19,23-24: ‚Und auch über [Saul] kam der Geist Gottes, und er ging daher und weissagte, bis er in Najot in Rama ankam. Und auch er zog seine Oberkleider aus, und auch er weissagte vor Samuel, und er fiel hin und lag nackt da den ganzen Tag und die ganze Nacht. Daher sagt man: Ist auch Saul unter den Propheten?' Dieser Text zeigt, daß Saul ungefähr vierundzwanzig Stunden in Bauchlage auf dem Boden lag und Gott durch ihn sprach.

Hesekiel 3,23: ‚Siehe, dort stand die Herrlichkeit des Herrn wie die Herrlichkeit, die ich am Fluß Kebar gesehen hatte; und ich fiel nieder auf mein Gesicht.'

Daniel 8,17: ‚Und als er [Gabriel] herantrat, erschrak ich und fiel nieder auf mein Angesicht.'

Daniel 10,9. Bei einer anderen Begegnung mit einem Engelswesen sagt Daniel: ‚Und ich hörte den Klang seiner Worte. Und als ich den Klang seiner Worte hörte, lag ich betäubt (*radam*) auf meinem Gesicht, mit meinem Gesicht zur Erde.'

Johannes 18,6. Als Judas und die Soldaten kamen, um Jesus festzunehmen, machten sie eine interessante Erfahrung: ‚Als [Jesus] nun zu ihnen sagte: Ich bin's, wichen sie zurück und fielen zu Boden.' Hier sehen wir, wie Menschen angesichts der Gegenwart Jesu augenblicklich nach hinten umfielen. Offensichtlich konnten sie kurz darauf wieder aufstehen, da sie etwas später die Verhaftung vornahmen.

Apostelgeschichte 9,1-6. Als Paulus auf der Straße nach Damaskus von einem himmlischen Licht umstrahlt wurde, heißt es: ‚...Und er fiel auf die Erde und hörte eine Stimme, die zu ihm sprach...' Auch dieser Begebenheit entnehmen wir, daß es normal war, angesichts einer Offenbarung der Gegenwart Gottes umzufallen.

Offenbarung 1,17. In seiner visionären Erfahrung, die er im Buch der Offenbarung festhielt, sagt Johannes über seine Schau des verherrlichten Jesus: ‚Und als ich ihn sah, fiel ich zu seinen Füßen wie tot.' Hier haben wir eine Erfahrung, die mit der von Adam und Abram vergleichbar ist, in der der Betroffene nicht nur umfällt, sondern für eine bestimmte Zeit bewußtlos daliegt."

Jonathan Edwards, wichtigstes Werkzeug und herausragender Theologe der Großen Erweckung in Amerika (1725-1760) sagt in seinem *Account of the Revival of Religion in Northampton 1740-1742*:

„Bei vielen steigerte sich das religiöse Empfinden bis weit über das bisher Erlebte hinaus; es gab einige Fälle, in denen Personen in einer Art Trance vielleicht ganze vierundzwanzig Stunden bewegungsunfähig am Boden lagen, wobei ihre Sinne unempfänglich für die Außenwelt waren; währenddessen hatten sie eindringliche Erscheinungen, so als ob sie in den Himmel gefahren wären und dort eine Vision herrlicher und ersprießlicher Dinge gehabt hätten.

Es geschah sehr häufig, daß Menschen aufschrien, in Ohnmacht fielen, zuckten und dergleichen mehr, sowohl aus Verzweiflung, als auch aus Bewunderung und Freude heraus.

Hier war es nicht üblich, jeden Abend Treffen abzuhalten oder diese bis spät in die Nacht hinein fortzusetzen; aber es geschah ziemlich häufig, daß einige so überwältigt wurden und ihr Körper so stark berührt wurde, daß sie nicht nach Hause gehen konnten, sondern die ganze Nacht über dort bleiben mußten, wo sie waren."

Charles Finney (1792-1875) war einer der vollmächtigsten Erweckungsprediger und Evangelisten seit der Reformation. Sein Dienst wurde einmal wie folgt beschrieben:

„In einem Ort auf dem Land namens Sodom im Bundesstaat New York hielt Finney eine Ansprache, in der er den Zustand Sodoms vor dessen Zerstörung durch Gott beschrieb. ‚Ich hatte kaum eine Viertelstunde über dieses Thema gesprochen‘, sagt er, ‚als sich eine schreckliche, feierliche Stimmung auf die Zuhörer legte; die Versammelten fielen in alle Richtungen von ihren Sitzen und schrien um Gnade. Hätte ich in jeder Hand ein Schwert gehabt, hätte ich sie nicht so schnell niederstrecken können wie sie fielen. In weniger als zwei Minuten ab dem Schreck, der sie überkam, war wohl die ganze Versammlung entweder auf den Knien oder lag flach hingestreckt auf dem Boden. Jeder, der überhaupt noch sprechen konnte, betete.‘ Ähnliche Szenen konnte man an vielen anderen Orten erleben.

Trunkenheit
Jeremia sagte: „Ich bin wie ein Betrunkener und wie ein Mann, den der Wein überwältigt hat, vor dem Herrn und wegen seiner heiligen Worte" (Jer 23,9). An Pfingsten unterstellte man den Jüngern, sie seien betrunken. Auch Eli meinte, Hanna sei betrun-

ken (vgl. 1 Sam 1,13). Saul prophezeite vor Samuel, entledigte sich seiner Kleider, lag ungefähr vierundzwanzig Stunden am Boden und prophezeite die ganze Zeit weiter. Er muß wirklich wie ein Betrunkener ausgesehen haben.

Berichte über dieses Phänomen aus Argentinien, Amerika, Kanada und in jüngster Zeit auch aus Großbritannien haben weite Verbreitung gefunden. Erzählungen von der Erweckung in Ulster im Jahre 1859, denen zufolge manche Leute nach Hause getragen werden und im Bett bleiben mußten und dabei oft in einem tranceähnlichen Zustand verharrten und gewaltige Visionen hatten, könnten auf ein ähnliches Phänomen hinweisen.

Wer leicht dazu neigt, unter den Einfluß „des Fleisches und des Teufels" zu geraten, kann sich angesichts dieses Phänomens versucht sehen, in eine Pseudo-Trunkenheit zu fallen, die Gemeindeleiter Terry Virgo als „hinderliche Torheit" bezeichnete.

Zucken
In der Toronto Airport Vineyard und einigen besonnenen Pfarreien der Großkirchen, die offen für das Wirken Gottes sind, tritt dieses Phänomen sehr häufig auf. Man findet dafür zwar keinen biblischen Präzedenzfall, aber dafür reichlich historische Belege in der Pfingstbewegung dieses Jahrhunderts, vor allem in der pfingstlerischen Heiligungsbewegung.

Einige Betroffene sagen, daß der Heilige Geist in Wellen über sie gekommen sei, die sie buchstäblich körperlich erlebten; man könne regelrecht fühlen, wie es einen „durchfährt".

„Herumkugeln"
Einige Leute kugeln kreuz und quer auf dem Boden herum. Dieses Phänomen regte Jessie Penn Lewis ganz besonders auf, die zwar in *The Life of Faith* in der Anfangszeit sehr stark für die Erweckung in Wales im Jahre 1904 eintrat, einige Aspekte davon jedoch später in *War on the Saints* vehement kritisierte. Viele vertreten die Auffassung, daß sie allzu vorschnell Werke des Fleisches dem Teufel zuschrieb.

Springen
Vielleicht ist die biblische Beschreibung des geheilten Bettlers, der herumging und hüpfte und Gott pries, in diesem Zusammenhang hilfreich (vgl. Apg 3,8).

Immer wenn es im Lauf der Jahrhunderte in Wales Erweckung gab, tauchte dieses Phänomen auf. Wesley war mißtrauisch. Er verurteilte die Beteiligten nicht, hielt das Ganze jedoch für eine Ablenkung. Andere hatten eine etwas positivere Einstellung. Gilbert Egerton schreibt in *Flame of God*: „Daß Leute als Reaktion auf die Predigt des Wortes herumhüpften, begann im Jahr 1762 und hielt in vielen Gegenden von Wales bis gut ins letzte Jahrhundert hinein an. Um sie von ihren englischen Kollegen zu unterscheiden, bezeichnete man sie als ‚Waliser Springer'. Es stimmt vermutlich, daß die meisten ‚Springer' calvinistische Methodisten waren, jedoch nicht alle. Diese Praxis breitete sich auch in anderen Denominationen aus, als diese vom Geist des Methodismus erfaßt wurden."

John Lewis' faszinierender Bericht über diese Vorkommnisse aus dem Jahr 1851 wird in E. Roberts' Buch *Revival and Its Fruit* aufgegriffen:

> „Noch nie zuvor und niemals seither sah ich solche Begeisterung, solches Springen und solches Frohlocken! Alte Männer und alte Frauen nehmen sich bei der Hand und springen wie Rehe... Ich kann dafür keine Erklärung anbieten, außer daß das neue Wesen in ihnen sie in einer ungemein kraftvollen Weise nach oben gezogen haben muß. Lobpreis sah ich vorher und auch nachher, doch Hüpfen und Springen nur dies eine Mal. O was für eine Erleichterung für tausende, die der geistlichen Energie, die in ihrer Brust steckte, freien Lauf lassen konnten. Einige weinten, einige sangen; andere frohlockten und sehr viele taten dies, während sie ‚umhersprangen und Gott priesen'. An dieses Treffen wird man sich für immer und ewig erinnern."

Als der walisische Erweckungsprediger Daniel Rowland im 18. Jahrhundert von John Thornton, einem reichen Engländer, gedrängt wurde, die Praxis des Herumspringens zu verurteilen, erwiderte er: „Ihr Engländer argumentiert gegen uns und sagt:

‚Springer, Springer!'. Doch wir Waliser müssen zu Recht von euch sagen: ‚Schläfer, Schläfer!'"

Tierlaute
Eine sorgsame Betrachtung der Erweckungsgeschichte fördert einige Verweise zutage, daß Menschen gebrüllt haben. Es wird keine besondere Erklärung dafür angegeben, doch der Kontext legt nahe, daß man dies für die Schreie gepeinigter Seelen hielt.

Innerhalb der zeitgenössischen charismatischen Bewegung würden solche Laute in der Regel einen Befreiungsdienst einleiten, weil man auf eine dämonische Quelle schließen würde.

Das Phänomen tauchte in jüngerer Zeit in Toronto auf und betraf vor allem geistliche Leiter wie Bischof David Pytches und Daniel Chui, einen führenden kanadischen Pastor.

Marc Dupont sagte gegenüber dem Magazin *Alpha*:

„Meinem Eindruck nach will Gott uns daran erinnern, daß Christus zwar einerseits das Lamm Gottes, aber andererseits auch der Löwe von Juda ist. Es heißt in Amos 3,8: ‚Der Löwe hat gebrüllt, wer fürchtet sich da nicht? Der Herr hat geredet, wer weissagt da nicht?'

Vor kurzem nahm ich an einer Veranstaltung mit acht oder neun Pastoren aus Vancouver Island teil. Gott berührte sie, sie schüttelten sich und fielen zu Boden. Daniel Chui, ein kantonesischer Chinese, der in Vancouver wohnt und eine multinationale Pfingstgemeinde leitet, begann, wie ein Löwe zu brüllen. Normalerweise würde man annehmen, er bräuchte Befreiung. Doch ich hatte den Eindruck, Gott sagte mir, dies habe Symbolcharakter. Der Drache sei ein sehr starkes Symbol der chinesischen Kultur. Diese symbolhafte prophetische Handlung versinnbildliche, daß der Löwe von Juda triumphieren wird. So etwas widerfährt in erster Linie zwei Gruppen von Menschen: zunächst geistlichen Leitern mit konfessionsübergreifenden Diensten, die Gott gebrauchen will, um Einheit zu schaffen. Und zweitens solchen, die einen ernsthaften Ruf zur Fürbitte haben – für Gemeinden, Städte und Nationen."

Wer das Brüllen erlebt, greift auch auf Hosea 11,10 zurück: „Hinter dem Herrn werden sie herziehen: wie ein Löwe wird er brüllen, ja, er wird brüllen, und zitternd werden die Söhne herbeikommen vom Meer." Das Phänomen wird deshalb als prophetisches Symbol betrachtet, und die Leiter der Airport Vineyard fordern die Betroffenen auf, nach der symbolhaften Handlung in ihrer eigenen Sprache zu prophezeien. Wahlloses Brüllen wird nicht gefördert, obwohl es in dieser Form in einigen Veranstaltungen aufzutreten scheint, in denen die Leiterschaft die Zügel nicht richtig in der Hand hält.

Andere Tierstimmen, die sich in Veranstaltungen manifestieren, haben meist zur Folge, daß nach dem Treffen die Konkordanzen konsultiert werden, um herauszufinden, welche positive Bedeutung das jeweilige Tier in der Bibel hat. Die Kritiker suchen sich Verweisstellen, in denen das Tier in einem negativen Kontext erscheint, und die Schlacht um die Verweisstellen beginnt. Doch meistens halten sich die Texte die Waage!

John Wimber, der internationale Leiter der Vineyard-Bewegung, ist der Toronto Vineyard sehr wohlgesonnen, scheint jedoch den Eindruck zu haben, daß dieses spezielle Phänomen nicht sonderlich bedeutsam sei.

Der Journalist Colin Moreton von der *Church Times* schnitt in einem Feature mit dem Titel „Wie wir dem Wirken Gottes Raum schaffen" (30. September 1994) dieses Thema an:

„Wir fragten uns, weshalb Gott wohl Menschen bellen, blöken, brüllen und andere Tierlaute hervorbringen lassen sollte. ‚Der Versuch, diese Frage zu beantworten, ist der Versuch, eine unbeantwortbare Frage zu beantworten. Man findet nichts in der Schrift, das für solche Phänomen sprechen würde. Ich kenne kein wichtiges, in der Kirchengeschichte verankertes Prinzip, das besagt, dies bedeute dies und das bedeute das. Ich fühle mich auch nicht verpflichtet, einen Erklärungsversuch zu unternehmen. Es sind nur Phänomene, es sind nur verschiedene Arten und Weisen, wie Menschen auf Gott reagieren.'

Einige Kritiker waren jedoch der Meinung, die Leute reagierten aus einem stark emotionalisierten Zustand heraus eher aufeinander als auf Gott. John Wimber sagte: ‚Ich habe nicht das Bedürfnis, einem durchschnittlichen, skeptischen Beobachter eine Erklärung zu liefern. Ich bin kein Skeptiker, ich bin Christ, und ich glaube an die Predigt des Wortes Gottes und den Dienst durch die Kraft und Gegenwart des Heiligen Geistes. Ich denke, die Reaktion ist einfach nur eine Reaktion, und ich sehe keinen großen Unterschied zwischen diesem Phänomen und den eigenartigen, exotisch klingenden Geräuschen, die Fußballfans hervorbringen, wenn sie in Stimmung sind. Ich sehe darin auch nichts, das vom Leib Christi gebilligt, übernommen, bestätigt oder akzeptiert werden sollte. Ich denke, wir sollten es einfach ignorieren.'"

Feuer des Geistes und Feuer außer Kontrolle
In *Überrascht von der Kraft des Heiligen Geistes* mahnt Jack Deere alle geistlichen Leiter zur Vorsicht:

„Wenn wir den Manifestationen große Bedeutung zumessen, werden die Leute die Manifestationen mit dem Wirken des Heiligen Geistes gleichsetzen und sie sogar als eine Auszeichnung für besondere Frömmigkeit ansehen. Wenn dies geschieht, werden unsichere Menschen oft solche Manifestationen imitieren, um die Aufmerksamkeit auf sich zu lenken und ‚geistlich' zu erscheinen.

Ein ebenso großer Fehler wäre der Versuch, solche Manifestationen zu unterdrücken. Stellen Sie sich einen Menschen vor, der vom Heiligen Geist seiner Sünden überführt worden ist und unter dem Eindruck von Höllenqualen einen solch starken Druck empfindet, daß er als Ergebnis dieser Überführung zu zittern anfängt. Können Sie sich vorstellen, wie über die Maßen dumm es wäre, auf einen solchen Menschen zuzugehen und ihm zu sagen, er solle endlich damit aufhören?! Wenn wir versuchen, eine echte körperliche Manifestation auf das Wirken des Heiligen Geistes zu unterdrücken, dann stehen wir in der Gefahr, das Feuer des Heiligen Geistes auszulöschen."

Aus diesem Grund bemühen sich viele, sensibel zu sein, auch wenn sie jemanden ermahnen. John Arnott ermutigt die Leute, sich auf die Predigt zu konzentrieren, oder erinnert die Betroffenen daran, daß der Geist des Propheten dem Propheten untertan ist.

In Terry Virgos Heimatgemeinde in Columbia (USA) wurde extra ein Nebenraum reserviert, in den sich Menschen zurückziehen oder gebracht werden, wo sie Gebet empfangen oder weiterhin von Gott berührt werden können, ohne die Hauptveranstaltung zu stören.

Manchmal wird ein geistlicher Leiter einfach nur zur Ruhe mahnen oder dafür beten, daß Gott das zum Schweigen bringe, was nicht von ihm ist, und den Rest beruhigen. Dieses allgemeine Gebet wurde einmal in einer Konferenz gesprochen, in der die Leiter dem, was geschah, zwar durchaus wohlwollend gegenüberstanden, aber dennoch den Eindruck hatten, die Unterbrechung der Predigt solle ein Ende haben. Das Gebet zeigte Wirkung.

Ganz praktisch gesehen kann es recht hilfreich sein, nicht immer, wie es mittlerweile üblich ist, vor der Predigt für die Menschen zu beten. Die Manifestationen an sich werden den Prediger vermutlich nicht von seinem Unterfangen abhalten, doch Neuankömmlinge gaffen gerne und jene, die zu überemotionellen Verhaltensweisen neigen, gewinnen womöglich den Eindruck, sie hätten die „Erlaubnis", den Verlauf zu unterbrechen.

Doch viele Manifestationen treten nicht notwendigerweise im Verlauf der Segnungszeit auf. Die Pastoren sollten Gott um die Weisheit Salomos und die Geduld Hiobs bitten. Unser Bestreben, darauf zu achten, daß das Feuer des Geistes nicht außer Kontrolle gerät und wild umherzüngelt, sollte durch die Erkenntnis ausbalanciert werden, daß die Leute die „Erlaubnis" haben müssen, emotionell zu reagieren, zu schreien, zu lachen oder ihren Lobpreis laut hinauszurufen.

Erklären, erklären und nochmal erklären
Es ist absolut entscheidend, daß wir den „Beröern" in unserer Gemeinde und denen, die von dem Neuen und „Andersartigen" schlichtweg schockiert sind, Hilfestellung geben und uns fest

vornehmen, die Leute an die relevanten Schriftstellen zu erinnern. Wir müssen alle Phänomene in den größeren Zusammenhang der grundsätzlichen Ziele Gottes in Bezug auf persönliche Errettung und Wiederherstellung, Gebet, Fürbitte und Evangelisation einbetten.

Angesichts der Veränderungen und Neuerungen brauchen die Menschen die Sicherheit einer besonnenen Leiterschaft.

Menschliche Reaktion oder göttlicher Krafterweis?
Dieses Buch versucht nicht, die psychologische Dynamik auszuloten, die bei den Phänomenen möglicherweise mitspielt. Es sei nur gesagt, daß es diesbezüglich zwei unterschiedliche Denkansätze gibt: Manche sagen, die Phänomene seien eine menschliche Reaktion auf eine göttliche Berührung; andere meinen, eine Person werde von Gott überwältigt, und die Manifestationen geschähen womöglich unfreiwillig.

Ich persönlich halte beide Ansätze für legitim, jedoch jeweils in unterschiedlichen Situationen. Die Bibel läßt meiner Meinung nach den Schluß zu, daß wir uns manchmal entscheiden können, ob wir das, was Gott in unser Denken hineinlegt, oder die Emotion, die er freisetzt, äußern wollen oder nicht. Die Anordnung in 1. Korinther 14, der Geist des Propheten sei dem Propheten untertan, könnte in diese Richtung weisen.

Andererseits wird in der Bibel offenbar zweifelsfrei belegt, daß Menschen bisweilen vom Geist Gottes total überwältigt werden. Wir hielten bereits fest, daß der Geist über Saul und seine Gefährten kam und sie weissagen ließ (vgl. 1 Sam 19,23-24) und daß jene, die Jesus angreifen wollten, unter der Kraft des Geistes nach hinten umfielen (vgl. Joh 18,6). Die Feuerzungen, die an Pfingsten auf die Jünger fielen, waren eine äußerliche Ausdrucksform des Geistes.

Visionäre Erfahrungen mit Offenbarungscharakter, in denen Menschen mit ihrer eigenen Sünde konfrontiert werden, sind ein weiteres Beispiel dafür, daß Gott in unsere Welt buchstäblich eindringt und nicht nur unser Denken anregt.

Hier muß man den Mittelweg finden. Wenn wir zu sehr hervorheben, die Phänomene seien immer nur die menschliche Ausdrucksform eines göttlichen Impulses, enden wir bei einer langweiligen Rationalisierung des Übernatürlichen. Doch wenn wir zu sehr betonen, es sei Gott, der uns mit den Phänomenen regelrecht überwältige, kommt am Ende womöglich ein übergeistliches Verhalten dabei heraus, das völlig außer acht läßt, daß nicht jeder emotionelle Impuls von Gott ist.

Wie dient man denen, die nicht berührt werden?

Es ist wichtig, vorab klarzustellen, was wir mit „nicht berührt" meinen. Einige haben vielleicht den Eindruck, nicht berührt worden zu sein, weil sie dafür keine „Bestätigung" in Form einer eindringlichen, körperlichen Erfahrung bekommen haben. Aber sie wurden vielleicht emotionell berührt, mußten weinen oder fühlten sich sehr wohl oder froh. Andere wurden womöglich einfach nur dazu angeregt, bibelgetreuer zu denken, oder fühlten sich ermutigt, weil sie miterlebten, wie andere im Glauben auferbaut wurden.

Die Bereitschaft, sich von dem, was mit den anderen Leuten geschieht, ermutigen zu lassen, ist tatsächlich außerordentlich wichtig und hilft unseren Gemeindemitgliedern, von der westlichen, vom Individualismus geprägten Denkweise wegzukommen, in der die persönliche Erfüllung das höchste Ziel ist und nicht die Hingabe an Gott und sein Volk.

Einige erleben selbst keine körperliche Berührung, sind jedoch ein vollmächtiges Werkzeug, um andere zu segnen. In einem unlängst veröffentlichten Richtlinienpapier für Leiter heißt es, ein Mann, der zwölf Stunden ohne äußerliche, körperliche Reaktionen in Veranstaltungen zubrachte, in denen absolute „Hochspannung" herrschte, stehe nun im aktuellen Geschehen in Großbritannien an vorderster Front.

Marc Dupont, der von Gott auf vollmächtige Weise in der Airport Vineyard und überall auf der Welt gebraucht wurde, hat es selbst im Verlauf der gesamten Erneuerungsphase seit Januar 1994 kein einziges Mal erlebt, daß er umgefallen wäre, gelacht oder irgendwelche extremen körperlichen Reaktionen gezeigt hätte.

In einem Schreiben der Champaign Vineyard werden die Pastoren daran erinnert, daß sie „auch weiterhin den Leuten versichern [sollen], daß es schon in Ordnung sei, wenn sie Gebet empfangen und dabei nichts Außergewöhnliches erleben. Gott wirkt von Mensch zu Mensch verschieden. Vergessen Sie nicht, die Menschen zu ermutigen, daß wir nicht auf die Manifestationen aus sind, sondern auf eine Herzensänderung. Die Manifestationen sind lediglich ein Nebenprodukt."

Wir müssen uns jedoch auch darüber im klaren sein, daß es ernsthafte Blockaden gibt, die Leute daran hindern, etwas von Gott zu empfangen. Dabei geht es meist um drei Themenbereiche, die auch John Arnott, Pastor der Airport Vineyard Gemeinde, anspricht, wenn er sich an jene wendet, die ihre Reaktionen auf die Veranstaltungen in seiner Gemeinde einordnen wollen.

Er rät den Leuten, ihren „gesunden Menschenverstand nicht über Bord zu werfen", und berichtet, daß er selbst auch seine liebe Not mit dem Ruhen im Geist gehabt und stets dazu geneigt hätte, alles verstandesmäßig erfassen zu wollen. Er hält fest, daß alle, die etwas von Gott empfangen wollen, oft vom Zwang, alles zu kontrollieren, von Furcht und analytischem Denken davon abgehalten werden. Die folgenden Punkte beinhalten meine eigenen Gedanken sowie Material von John.

Der Zwang, alles kontrollieren zu wollen
Viele Pastoren tun sich außerordentlich schwer, ihr pastorales Denken einmal beiseite zu lassen. Sie sind übervorsichtig, beobachten die Veranstaltung mit Argusaugen und rechnen sich stets im voraus aus, was als nächstes geschehen wird. Es widerstrebt ihnen, sich verletzbar zu machen, sie betrachten sich selbst als Vorbild für die Gemeinde und hassen jede Situation, die eine ihrer Schwächen offenbaren würde. (Deshalb müssen sie den Segen woanders, zum Beispiel in Toronto, empfangen.)

Furcht
Wir fürchten uns davor, verblendet zu werden; wir fürchten uns davor, Emotionen zu zeigen; wir fürchten, Satan könnte seine Finger im Spiel haben. Vertrauen, das sich darauf gründet, daß wir unseren gesunden Menschenverstand eben nicht über Bord werfen, und eine Einschätzung des geistlichen Standes der Leute, deren Veranstaltungen wir besuchen, können uns helfen, die Angst vor Verblendung zu überwinden.

Ein biblisches Verständnis darüber, welcher Platz Emotionen in einer geistlichen Erfahrung eingeräumt wird (nämlich als Frucht der Erkenntnis), wird uns einerseits davor bewahren, auf die emotionelle Schiene abzufahren, und uns andererseits helfen, nicht den „Mr.-Spock-Christen" zu spielen, der nur aus Intellekt und keinerlei Emotion besteht.

Über die Furcht vor Satan sagt John leidenschaftlich: „Wir müssen mehr an die Fähigkeit Gottes glauben, uns zu segnen, als an die Fähigkeit Satans, uns zu verblenden."
Wer befürchtet, es könnte eine schädliche „Übertragung" stattfinden, wenn ein unreifer oder „dämonisierter" Mensch für ihn betet, dem entgegnet John: „Der Heilige Geist ist in deinem Leben; vertraue ihm. Es gibt auf der ganzen Welt keinen einzigen perfekten Menschen." Er ist sich dessen bewußt, daß unreife Leute Schaden verursachen können (deshalb sind die Gebetsteams der Vineyard-Gemeinde auch so strukturiert, daß sie stets über ihre Handlungsweise Rechenschaft ablegen können), hält jedoch nichts von einem restriktiven, auf Angst beruhendem Ansatz.

Analytisches Denken
John Arnott benutzt die Liebe zu einem Menschen als Vergleich und ermutigt die Leute, ihre Erfahrung mit Gott nicht peinlich genau zu analysieren. Wiederum appelliert er an den „gesunden Menschenverstand" und macht sehr deutlich, daß er kein Interesse an etwas Exzentrischem hat.
Ich persönlich habe festgestellt, daß ich mit die tiefsten geistlichen Erfahrungen in einem dem Tagtraum ähnlichen Zustand mache. Mein Verstand ist zwar nicht ausgeschaltet, aber ich habe mich von meiner unmittelbaren Umwelt zurückgezogen. Ich bin nicht „auf der Hut", befinde mich jedoch auch nicht in einer gedankenlosen Ekstase.
Die Analyse hat ihren Platz – was man an den Beröern sieht –, doch die Anbetung und Ausrichtung auf Gott, bei der man nicht mehr auf sich selbst schaut, hat auch ihren Platz. Für einige Christen bedeutet das vielleicht, daß sie sich nicht länger anstrengen, eine gewünschte oder vermeintlich „geforderte" Emotion zu produzieren. Man sollte die Leute, für die man betet, bitten, ruhig und gelassen zu bleiben und weder in der Muttersprache noch in Zungen zu beten.

Das letzte Wort über die Phänomene wollen wir John Wimber überlassen. In einem Interview mit der *Church Times* vom 30. September 1994 machte er seinen Standpunkt deutlich:

> „Drehen wir uns doch nicht nur um die Phänomene. Hier geht es nicht um Phänomene, sondern darum, daß Gott seine Gemeinde besucht. Reden wir doch über Gott, lehren wir die Grundlagen der Schrift und richten wir diese Erfahrung auf die Werke Gottes hin aus. Gehen wir deshalb hinaus und speisen wir die Hungrigen, kümmern wir uns um die Zerschlagenen und Verwundeten in unserer Stadt, sorgen wir für die Witwen und Geschiedenen und Vaterlosen und predigen wir den Verlorenen das Evangelium."

9
Häufig gestellte Fragen

Mein Anliegen war es, die Phänomene der Erweckung im groben Überblick darzustellen. Für viele Menschen bleiben jedoch Fragen offen. Wie lauten diese Fragen und welche hilfreichen Antworten könnte man darauf geben?

„In manchen Veranstaltungen wird gesagt, man solle nicht analysieren, sondern nur empfangen."
Hier zeigt sich unsere Beziehung zu Gott im Spannungsfeld zwischen zwei verschiedenen Aspekten. Wenn wir die Ehe als Vergleich heranziehen, glauben wir ja auch, daß sich ein weiser Mann oder eine weise Frau eingehend Gedanken über seinen/ihren zukünftigen Lebenspartner macht: „Haben wir gemeinsame Interessen?" „Wollen wir im Leben Ähnliches erreichen?" „Passen wir vom Temperament her zusammen?" Obwohl man die Beziehung idealisiert, sozusagen durch die „rosa Brille", sieht und sich zueinander hingezogen fühlt, ist eine solche Analyse sehr weise, läßt sie doch darauf schließen, daß eine Person aufgeschlossen, aber umsichtig ist.

Doch nach einer sorgfältigen Vorbereitungsphase und anschließender Hochzeit, ist es nicht immer hilfreich, im Laufe einer Ehe alle Aspekte der Beziehung ständig unter die Lupe zu nehmen. Schließlich sind wir voneinander hingerissen und begeistert.

In vergleichbarer Weise werden wir manchmal in der Anbetung uns selbst völlig vergessen oder uns im Gebet ausschließlich auf Jesus konzentrieren. Diese Ausrichtung kann tiefgehende geistliche Begegnungen nach sich ziehen. In dieser Situation ist nicht unsere Wachsamkeit gefragt; vielmehr sollen wir uns loslassen und unserer Leidenschaft Raum geben. Unser moralisches, geistliches, biblisches und intellektuelles Gerüst bleibt dabei wie ein Wall, der uns gegen negative „Eindringlinge" schützt, während wir selbst darauf vertrauen, daß Gott uns durch seinen Geist segnet.

Sowohl die Weisheit der Beröer als auch die Wirklichkeit verschiedener eigener emotioneller, geistlicher Erfahrungen haben ihre Existenzberechtigung, zu der wir stehen müssen. Manchmal sind Glaube und geistliches Wachstum nicht einfach nur eine Frage logischer, gedanklicher Weiterentwicklung, sondern bringen es mit sich, daß wir uns wie Paulus in den „dritten Himmel" forttragen lassen.

„Ein stilles Lachen kann vom Heiligen Geist sein, hysterisches Gelächter sicherlich nicht."
In der Bibel finden wir alle möglichen Varianten des Lachens. Der Mund freigelassener Gefangener war „voll Lachen" (Ps 126,2); an anderer Stelle erscheint das Lachen als Ausdruck des Hohns oder der Verachtung.

Abgesehen von der Problematik, inwieweit Lachen in verschiedenen Phasen eines Gottesdienstes – z.B. während der Predigt oder der Lesung – angemessen ist, begibt man sich mit der Frage, welche Arten des Lachens im Rahmen einer Veranstaltung vom Heiligen Geist sind und welche nicht, auf ein wahres Minenfeld der Subjektivität und Gesetzlichkeit. Was wissen wir über den Charakter des Betroffenen? Welche Frucht beobachten wir im weiteren Verlauf seines Lebens? Diese Fragen geben bessere Leitlinien als unsere überaus subjektiven Meinungen.

„Werden ‚Gruppenlachen', Lachtherapie, Seminare für langanhaltendes Singen, Trancezustände und andere Dinge, die wir in charismatischen Veranstaltungen erleben, nicht auch von New-Age-Gruppierungen und Okkultisten verwendet, um ihre Irrlehren zu verbreiten?"
Wenn die Bibel nahelegt, daß Gott Menschen bisweilen zittern oder umfallen läßt, sie mit seinem Geist überwältigt oder ihnen mystische Träume schenkt, dann ist es belanglos, ob falsche Religionen unter Umständen sowohl die Mittel als auch die Auswirkungen nachahmen, durch die sich Christen auf Gott ausrichten und von ihm empfangen.

Gott ist vor allem anderen daran interessiert, wie wir uns als Christen verhalten und inwieweit unser Leben seinem ethischen Maßstab der Heiligung entspricht. Wenn seine guten Gaben wie z.B. die Musik und die Emotionen oder biblisch verankerte Handlungen wie z.B. die Handauflegung dazu positiv beitragen und uns vom Geist Gottes hören und empfangen lassen, dann ist das vor Gott wohlgefällig.

Zur Anbetung Nebukadnezars und seines Götzen wurden etliche Musikinstrumente eingesetzt; dieselben Instrumente werden in Psalm 149 im Zusammenhang mit der ausdrücklichen Anordnung, Gott anzubeten, erwähnt. Diese Instrumente waren an sich weder gut noch schlecht; gut oder schlecht war lediglich der Zweck, zu dem sie verwendet wurden. Jeder Aspekt der Schöpfung kann ge- oder mißbraucht werden. Die Tatsache, daß Menschen Emotionen, Musik, rhetorische Fähigkeiten und dergleichen ge- und mißbrauchen, disqualifiziert sie nicht automatisch für ihre gottgewollte Verwendung. Die Anschauung, etwas werde lediglich durch seine Assoziation mit etwas anderem sündhaft oder schuldig, ist nicht sonderlich hilfreich.

„Warum muß man nach Toronto fahren, um ‚es' zu bekommen? Erzeugt der Heilige Geist nicht ohnehin eine ‚Spontanzündung', wenn er in Kraft kommt?"
Timotheus wurde durch Paulus mit zusätzlicher Kraft ausgestattet. Gott gab den siebzig Ältesten etwas von dem Geist, der auf Mose geruht hatte. Die Jünger „blieben" in Jerusalem.

Wer an einen Ort reist, an dem Erweckung stattfindet, „bleibt" gewissermaßen in Jerusalem, um neue Kraft und von jenen, die bereits berührt wurden, eine „Paulus-Timotheus-Zuteilung" zu empfangen.

Zwei von Moses Ältesten nahmen an dem in 4. Mose 11 geschilderten Treffen nicht teil. Dennoch ruhte der Geist auf ihnen und dennoch prophezeiten sie. Einige wurden regelrecht „infiziert"; bei anderen könnte man eher sagen, daß sie einfach so „Feuer fingen". So wie es aussieht, hat Gott keinerlei Interesse an unserem „Entweder-Oder-Denken"; bei ihm gilt oft das „Sowohl-als-auch-Prinzip". In früheren Kapiteln hörten wir von Gemeinden, die von Gott berührt wurden, noch bevor sie Kontakt zu Rodney Howard-Browne, der Airport Vineyard oder irgendeinem anderen Brennpunkt der Erweckung bekommen hatten.

„Tun die Leute nicht einfach nur das, was sie den Prediger haben sagen hören?"
Paul Reid von der Christian Fellowship Church in Belfast erlebte, wie ein Drittel der Anwesenden in einer Versammlung vom Heiligen Geist übermannt wurde; er hatte kein Wort über Phänomene gesagt. Ken und Lois Gott sowie Gerald Coates bemühten sich nach Leibeskräften, die Phänomene gegenüber ihren Gemeinden nicht zu erwähnen, und erlebten sie dennoch.

Was John Darling, ein geistlicher Leiter aus Trowbridge, erlebte, wird in einem Brief an das Mitteilungsblatt der Holy Trinity Brompton beschrieben:

> „Der Abend begann mit einer Zeit der Anbetung, und während wir sangen, verließ eine Frau aus unserer Gemeinde blitzartig den Saal. Ich folgte ihr, weil ich meinte, sie hätte sich geärgert, doch als ich sie draußen fand, krümmte sie sich vor Lachen. Sie hatte den Saal verlassen, weil sie das für höflich gehalten hatte. Ich wollte eigentlich in meiner Predigt erläutern, was Gott bei dieser Freisetzung der Freude tut, war jedoch noch nicht an diesem Punkt angelangt. Ich erklärte es ihr kurz und ermutigte sie, wieder zu den anderen zu gehen.
>
> Als wir zurückkamen, war offensichtlich, daß inzwischen auch die anderen berührt worden waren, und das alles, noch bevor irgendetwas über diese Erfahrung gesagt worden wäre."

Einige Leute vertreten die Theorie, es gäbe so etwas wie eine „hypnotische Anstiftung" zu bestimmten Erfahrungen: Eine Menschenmenge, die sich auf die Worte und Gesten eines Sprechers konzentriert, könne, wenn eine dementsprechende Aufforderung ergeht, zu einer vom Sprecher propagierten Handlungsweise angestiftet werden und ohne zu Denken dem Impuls zu dieser Handlung nachgeben, weil sie ihre rationale Distanziertheit aufgegeben habe.

Eine detaillierte Abhandlung zum Thema Hypnose wäre hier fehl am Platz. Es sei nur so viel gesagt: Ein Mensch hat immer die Freiheit, eine christliche Veranstaltung zu verlassen. Viele sind es gewohnt, das, was sie hören, sorgfältig auszuwerten.

Man fragt sich auch, wie es einigen zentralen Figuren der Bibel ergangen wäre, wenn man diese Theorie vehement verfochten hätte. War es richtig, daß Petrus in dieser Hochstimmung, in der die Leute offensichtlich trunken waren und außergewöhnliche Sprachengaben ausgeteilt wurden, die Juden zur Umkehr und zum Glauben aufrief (vgl. Apg 2)? Heutzutage hätte man ihn vielleicht der „hypnotischen Anstiftung" bezichtigt.

Christen müssen anerkennen, daß das Wechselspiel zwischen rationalem Denken und den Emotionen eine regelrechte Gratwanderung ist und sich dieser stellen. Wer eins von beiden ablehnt, handelt unbiblisch. Gott schuf beides. Wenn ein Bußaufruf sowohl das Denken der Zuhörer herausfordert als auch emotionelle Sündenüberführung sowie ein Empfinden des Kummers und des Bedauerns in ihnen freisetzt, die Veränderung bewirken, dann sollten wir ihnen Raum geben.

„Sind viele Leute nicht deshalb in diesen Veranstaltungen, weil sie in ihrer maßlosen Gier dem Segen nachjagen? Diejenigen, denen ich begegnet bin, sind es jedenfalls!"
Ja, es gibt solche Leute. Es gibt immer eine gewisse Anzahl geistlicher Nomaden, die herumtingeln und lediglich hinter der „Herrlichkeit" her sind. Doch die Zeugnisse in diesem Buch stammen von Menschen, die sich dem Aufbau reifer Gemeinden und Gemeinschaften in ihrer Region verschrieben haben. Sie möchten sehen, daß Jesus verherrlicht und ein besonnenes Christentum propagiert wird.

„Wer in seiner Gemeinde keinen einzigen fleischlichen Christen hat, der werfe den ersten Stein" – so könnte man das bekannte Zitat in Bezug auf diese Situation umformulieren.

„Nur weil etwas in der Bibel steht, heißt das noch lange nicht, daß es die ganz normale Erfahrung jedes Christen sein muß, oder?"
Ein bekannter Buchautor sagte einmal, was Paulus auf der Straße nach Damaskus erlebte, sei „wohl kaum als Norm für alle Gläubigen zu bezeichnen". Doch ob es dem Autor gefällt oder nicht, machen viele Christen oftmals vergleichbare reale oder visionäre Erfahrungen. Daß in der Bibel erwähnt wird, wie Menschen nach vorne oder hinten umfallen oder andere körper-

liche Reaktionen zeigen, heißt nicht, daß wir alle diese Erfahrungen machen müssen; das an sich beweist überhaupt nichts. Denn wer fordert, alle unsere körperlichen Reaktionen auf eine Begegnung mit Gott müßten exakt den Kriterien eines Belegtextes entsprechen, macht aus der Bibel, also der Geschichte vom Heil und der Gnade, ein Regelbuch des Heils.

„Diese sogenannte ‚Zeit der Erquickung' hat kein Fundament der Buße. Das kann doch nicht in Ordnung sein, oder?"
Lesen Sie das vierte Kapitel dieses Buchs... und glauben Sie nicht, was Sie in der säkularen Presse lesen, denn dort wird nur berichtet, was „oberflächlich" sichtbar ist.

„Vielleicht läßt der Teufel auf vorgegaukelte Zeichen und Wunder falscher Heilande und falscher Propheten auch noch eine vorgegaukelte Frucht folgen. Wer kann das schon sagen?
Unter jenen, die von Sekten und geistlichen Betrügern hinters Licht geführt werden, kann es vorgegaukelte Zeichen und Wunder, ja sogar eine gesetzliche Variante der Heiligung geben, doch die echte Frucht entsteht immer als Bestätigung eines echten, biblisch orientierten göttlichen Wirkens im Leben eines Menschen. Warum sollte der Teufel Jesus die Ehre geben? Martyn Lloyd-Jones kommentiert: „Da haben wir einen Leib Christi, der eine Zeit der Trockenheit und Dürre durchlebt, und nun sollte der Teufel auf einmal etwas tun, das die Aufmerksamkeit der Leute auf die Religion und auf Jesus lenkt? Warum? ...Wenn das ein Werk des Teufels ist, dann ist der Teufel ein unvorstellbarer Narr."

„Dieser Segen ruft Zwistigkeiten hervor; wie kann er dann von Gott sein?
Zwist und Spaltung rühren oft von Ungeduld und einem Richtgeist her, sowohl derer, die gegen eine neue Manifestation der Kraft Gottes sind, als auch derer, die die Manifestation zwar zulassen und sich für sie begeistern, als Menschen jedoch unreif sind.

Geistlich reife Christen respektieren die Würde des anderen und bleiben freundlich, wenn sie ihren abweichenden Standpunkt vorbringen. Maßvolles Verhalten basiert viel eher auf einem liebevollen, umsichtigen, aber aufrichtigen Dialog als auf der Einstellung: „Das ist doch sowieso alles nur Irrlehre und Lug und Trug".

Es rief Kontroversen hervor, als Paulus sich gegen die Gesetzlichkeit der Judäer aussprach; dennoch mußte er es tun und so handeln, wie Gott es ihm aufgetragen hatte. Weil wir gefallene Menschen sind, werden Meinungsverschiedenheiten über prinzipielle Fragen nie zu vermeiden sein. Doch angesichts falscher Haltungen oppositionelle Gruppierungen zu gründen oder Spaltung zu betreiben, sollte für jeden Christen, der dem Heiligen Geist gegenüber sensibel ist, tabu sein.

„Gott ist Geist und wirkt geistlich; deshalb brauchen wir einen ‚geistgeführten Dienst' und nicht diese emotionellen und körperlichen Reaktionen."
Das hört sich zwar sehr geistlich an, bedeutet jedoch im Grunde nichts anderes, als daß Gott lediglich ruhig und intellektuell in unserem Denken wirkt, was er natürlich auch tut – aber nicht ausschließlich.

Martyn Lloyd-Jones meint hierzu: „Wir dürfen nie vergessen, daß der Heilige Geist den ganzen Menschen beeinflußt. Schließlich besteht der Mensch aus Geist, Seele und Leib, die nicht voneinander zu trennen sind. Der Mensch reagiert als Ganzes. Und es ist töricht zu erwarten, er könne im geistlichen Bereich reagieren, ohne daß dies Auswirkungen auf den Rest seiner Person hätte... Wenn der Geist Gottes wirkt, geschieht etwas derart Kraftvolles, daß sogar der physische Bau des Menschen betroffen ist."

Wer die Emotionen und den Körper verachtet und den Verstand oder den Geist auf ein Podest stellt, steht oft unter dem Einfluß des griechischen Dualismus', der die irdische Realität und die materielle Welt verachtete.

Die Bibel warnt uns, daß sich Sünde sowohl auf unsere Emotionen als auch auf unseren Körper auswirken könne. Sie sagt uns auch, daß Gottes Schöpfung gut sei und er sie liebe (vgl. 1 Mose 1) und: „Dem Reinen ist alles rein" (Tit 1,15). Wenn die Erde dem Herrn gehört und alles was in ihr ist, dann kann sich Gott auch physischer und emotioneller Mittel bedienen – die er schuf –, um uns zu ihm zu ziehen; in den Händen Gottes sind sie rein.

„Sind einige Dinge, die derzeit geschehen, nicht ein wenig bizarr und aufsehenerregend (was nicht gerade hilfreich ist)?"
Gott wirkt nicht immer still und heimlich: Hesekiel ließ er 390 Tage lang auf einer Seite liegen; David ließ er – unter den verächtlichen Blicken seiner Frau – hemmungslos vor seinem Angesicht tanzen; Hosea ließ er eine Prostituierte heiraten und am Pfingsttag verursachte er einen geistlichen Skandal, bei dem die Betroffenen der Trunkenheit bezichtigt wurden.

Seine Wege sind nicht immer unsere Wege.

„Ich nahm an einer Veranstaltung teil, bei der dieser ‚Segen' angeblich hätte fließen sollen. Doch ich hatte keinen Frieden; ich hatte irgendwie geistliche Bedenken."
Gott spricht zu uns durch Intuitionen und Beobachtungen. Deshalb kann es durchaus legitim sein, das, was wir gesehen und gehört haben, sorgfältig zu prüfen und gegebenenfalls mit den Verantwortlichen zu reden.

Nicht alle, bei denen sich die äußerlichen Erscheinungsformen der derzeitigen Erneuerung zeigen, werden auch weise damit umgehen (vielleicht stecken sie auch noch in einem Lernprozeß). Bei einer Veranstaltung, die ich einmal besuchte, hatte ich keine Bedenken, daß das Treffen an sich nicht gut und integer gewesen wäre, aber ich hatte so meine Bedenken gegen das Verhalten einiger Einzelpersonen.

Hierin liegt jedoch auch eine Gefahr: Außerordentlich subjektive, mit einer gesetzlichen Dienstphilosophie bewaffnete Menschen werden die Tatsache, daß sie „keinen Frieden" oder „geistliche Bedenken" haben, als undifferenziertes Instrument des Vorurteils, der Anklage und der oberflächlichen geistlichen Beurteilung verwenden. Sie sehen hinter jeder Ecke einen Dämon und werden nichts unversucht lassen, irgendwo einzuhaken. Hüten Sie sich vor solchen Leuten, die es sich zur Lebensaufgabe gemacht haben, „die treuen Gläubigen zu schützen"; manchmal bringen sie Spaltung, Anklagen und falsche Worte der Erkenntnis, die die treuen Gläubigen letztendlich zugrunde richten.

10
Weise Pastoren

Ein anonymer Pastor fragte einmal: „Übersehe ich den brennenden Dornbusch, weil ich so sehr damit beschäftigt bin, den Rasen kurz zu halten?" Zusammen mit Charles Haddon Spurgeons Behauptung, eine Erweckung sei eine Zeit der „herrlichen Unordnung", vermittelt dieses Zitat ein wenig von dem Dilemma, in dem sich ein Pastor in einer „Zeit der Erquickung" befindet. Sogar die wackeren Verfechter einer Erweckung stolpern bisweilen über die praktischen Fragen, die auf einmal auftauchen. Jonathan Edwards, die in Kapitel 8 zitierte, herausragende Persönlichkeit der Erweckung in Neuengland, mußte Kritik einstecken, weil er es duldete, daß ganz gewöhnliche Laien sich energisch in die Erweckung einbrachten. Infolgedessen beschnitt er die Aktivitäten der Laien, woraufhin das Feuer verlosch, bis Whitefield etliche Jahre später die Kirche in Northampton besuchte.

Andere Leiter und Beobachter von Erweckungen meinen, die Hauptgefahr bestünde nicht darin, den Geist auszulöschen; die entscheidende Frage sei vielmehr, ob man genügend Unterscheidungsfähigkeit besitze, um geistliche Betrüger aus dem Verkehr zu ziehen.

William Gibson erwähnt in *The Year of Grace*, einem klassischen Werk über die Erweckung in Ulster im Jahr 1859, einen geistlichen Leiter, der in der Erweckung vollmächtig gebraucht wurde und sich einmal mit einem „Propheten" und einem „Schläfer" auseinandersetzen mußte. Die beiden tauchten in einer Hausversammlung auf, und der eine kündigte an, daß der andere in einen Schlaf fallen und erst nach zwei Stunden wieder aufwachen werde. Der Leiter und etliche andere fragten ihn, welchen Sinn diese Übung hätte, verdeutlichten ihm, daß es von schlechten Manieren zeugte, einfach in eine Veranstaltung hineinzuplatzen und die Zügel in die Hand zu nehmen und erinnerten ihn daran, daß eine prophetische Befähigung nicht notwendigerweise ein Beleg des wahren Glaubens wäre und verwiesen diesbezüglich auf Bileam (vgl. 4 Mose 22). So konnte man den

153

„geistlichen" Showman und seinen Freund eine halbe Stunde lang ablenken, und der prophezeite Schlaf blieb aus.

Pastoren, Leiter, Älteste und Kirchenvorstände bemühen sich, in demselben Spannungsfeld zu bestehen. Wie unterscheidet man das, was richtig ist, von dem, was vom Wesentlichen ablenkt, oder schlichtweg falsch ist?

Man erkennt, daß man unbedingt voneinander lernen muß. Etliche wichtige Gemeinden wurden gleichsam zu Brennpunkten, an denen sich Pastoren regelmäßig treffen. So werden zum Beispiel in den englischen Gemeinden Queen's Road Baptist in Wimbledon und Covenant Ministries Leicester wochentags regelmäßig Veranstaltungen für Pastoren und Leiter abgehalten. Im Sunderland Christian Centre treffen sich Leiter aus dem ganzen Nordosten Englands.

Ein Großteil der britischen Ausprägungsform dieser Zeit der Erquickung rührt von dem Kontakt mit oder der Anerkennung für die Vineyard Bewegung her. Das hat zur Folge, daß man immer wieder auf die Betonung der Vineyard-Gemeinden auf praxisbezogene, pastorale Theologie und pastorale Strukturen stößt.

Von Anfang an gaben Gemeinden wie die Toronto Vineyard und die Champaign Vineyard in Chicago in Rundbriefen an ihre Pastoren und Laien in Leitungsfunktion bestimmte Richtlinien aus. Diese fanden große Verbreitung (und wurden in Patrick Dixons ausgezeichnetem Quellenfundus *Signs of Revival* – erschienen im Kingsway Verlag – nachgedruckt); britische Leiter wie Gerald Coates von Pioneer People und Bryn Jones von Covenant Ministries geben ihre eigenen Rundbriefe heraus.

Welche Themen werden in diesen Rundbriefen aufgegriffen? Sie sind wichtige Gradmesser der Integrität dessen, was Gott derzeit tut, und ein wirksames Mittel gegen den Vorwurf, man sei unorthodox und unverantwortlich.

Der weise Pastor muß sich mit etlichen entscheidenden Fragen auseinandersetzen:

- Wie soll sich ein geistlicher Leiter in dieser Zeit verhalten, um seine Integrität zu wahren?
- Was meint Paulus, wenn er sagt, in unseren Veranstaltungen solle es „anständig und in Ordnung" zugehen (1 Kor 14,40)?

Wie sollen wir reagieren, wenn Anbetung und Dienst nicht mehr im herkömmlichen Stil ablaufen?
* Erquickung und Erweckung gehen fast immer mit einer Wiederbelebung der Prophetie einher. Wie können sich Leiter vergewissern, daß diese geprüft und in die Tat umgesetzt, jedoch nicht mißbraucht wird?
* Wir sollten wir für die Menschen beten?
* Welche Formen des geistlichen Dienstes passen in eine öffentliche Veranstaltung? Sollte man einen Befreiungsdienst hinter verschlossenen Türen vornehmen?
* Wie kann ein Leiter die geistliche Erneuerung fördern und erleichtern?

Die Rolle des Leiters in der Erneuerung

Einige Leiter werden das Wirken des Heiligen Geistes als außerordentlich aufreibend empfinden. Selbst wenn sie ein offenes Herz haben, werden sie zwangsläufig den Mittelweg zwischen Diktat und Anarchie finden wollen.

Den Richtlinienpapieren, die in England unter den Vineyard-, Pioneer-, Covenant- sowie den anglikanischen Gemeinden kursieren, kann ein Leiter etliche wichtige Kriterien entnehmen. Die folgenden Punkte sind an diese Rundbriefe angelehnt.

Integrität und Demut
Rick Joyner, der in den Vereinigten Staaten prophetisch aktiv ist, spricht in *Die Engel, die Ernte und das Ende der Welt* von einer Erweckung ohne große Namen und Persönlichkeiten; die Leiter dieser Erweckung „...werden nicht eigennützig handeln und sich selbst erhöhen, sondern die meisten werden...Unbekannte bleiben. Viele dieser Menschen werden in der Menge verschwinden... Diese Menschen haben kein Interesse daran, große Dienste aufzubauen, und werden es nicht auf Ruhm und Reichtum absehen... Diese neue Generation von maßgeblichen Leitern ohne Ruhm und Stellung [wird] einige der größten Ereignisse der Geschichte lenken... Seit Jesus auf der Erde war, hat der Feind niemanden mehr so gefürchtet wie diese selbstlosen Botschafter der Macht Gottes."

Bryn Jones, der Leiter des Gemeindebunds „Covenant Ministries", warnt seine Leiter in einem Rundschreiben: „Hütet euch und versucht nicht, den größtmöglichen persönlichen Gewinn aus einem Wirken des Geistes zu schlagen." Er rät zur Demut und zur Bereitschaft, auch als Leiter für sich beten zu lassen. Er verweist die Leute zurück auf Jesus. „Achtet darauf, daß ihr die eigentliche Quelle des Segens, nämlich Gott selbst, nicht aus den Augen verliert und den Glauben der Leute nicht auf Menschen, Orte oder Methoden umlenkt."

Diese warnenden Worte sind absolut entscheidend. Rodney Howard-Browne wird von Gott gebraucht; Toronto ist ein Ort, an dem Menschen Erneuerung erfahren; das Lachen ist für viele ein Sinnbild der Befreiung. Doch Gott wirkt auch durch andere Menschen, an anderen Orten und mit anderen Mitteln.

Howard-Browne achtet sehr darauf, daß mit ihm kein Personenkult getrieben wird. Im Spätsommer des Jahres 1994 benannte er seine Organisation RHBEA (Rodney Howard-Browne Evangelistic Association) in „Revival Ministries International" um.

Anständig und in Ordnung
Wenn Redner ihren Vortrag unterbrechen müssen, weil so viele Leute lachen, schreien oder brüllen, könnte man zu dem Schluß kommen, daß der Status quo gestört worden sei.

Für einige Leute, die die Veranstaltungen der vergangenen Monate verfolgt haben, nehmen die Fragen kein Ende. Warum sollte der Heilige Geist, indem er einzelne Menschen berührt, sich selbst, der ja auch den Prediger inspiriert hat, unterbrechen?

Für einige bezieht sich die Wendung „anständig und in Ordnung" schlicht und einfach auf die ordentliche Abfolge der verschiedenen Teile eines Gottesdienstes, wobei Manifestationen entweder infolge der Predigt oder in speziellen Segnungszeiten auftreten und nicht unwillkommen sind. Andere sehen weitaus mehr Gehalt in Paulus' Worten; sie stehen dem Schütteln, dem Lachen und den unüblichen Verhaltensweisen mißtrauisch gegenüber.

Ein wohlwollender Gemeindeleiter ist womöglich versucht, die Veranstaltung einfach „laufen zu lassen" und zu sagen, der Heilige Geist werde sie schon leiten. Doch Gerald Coates meldet

Bedenken an: „Die Ältesten von Korinth sagten sich auch: ‚Finger weg!' Und was hatten sie davon? Das Werk des Geistes, das Werk des Fleisches und sogar des Teufels, bunt gemischt. Als Leiter müssen wir darüber Rechenschaft ablegen, was wir in unseren Gemeinden zulassen und fördern. Ignoranz steht bei Gott nicht sehr hoch im Kurs; es ist einerseits eine Zeit der Erquickung und andererseits eine Zeit, in der wir als Leiter der Gemeinde verstehen helfen müssen, was geschieht."

Rick Joyner ist auch vorsichtig angesichts zügelloser Spontanität und spricht von Gemeinden, die behaupteten, „ausschließlich vom Heiligen Geist geleitet zu werden, jedoch in Wirklichkeit viel öfter von unreifen und rebellischen Menschen geleitet wurden".

Wieder andere deuten „anständig und in Ordnung" als verantwortungsbewußte Flexibilität, als die Bereitschaft, zwischen den beiden Gegenpolen der minutiösen Organisation einerseits und der kompletten Spontanität andererseits zu leben.

Mona Johnian, die Autorin von *Du salbst mein Haupt mit Freude*, leitet zusammen mit ihrem Mann Paul das Christian Teaching and Worship Center in Woburn bei Boston; sie ist froh darüber, daß die „vorprogrammierten Gottesdienste" ihrer Gemeinde der Vergangenheit angehören, betrachtet chaotische Zustände jedoch äußerst skeptisch: „Unordnung entsteht, wenn niemand verantwortlich ist, wenn niemand weiß, was zu tun ist und wenn jeder sich selbst überlassen ist. In Korinth drückte sich jede Person individuell aus, ohne dabei auf andere Rücksicht zu nehmen – diesen Zustand wollte Paulus korrigieren. In unseren Gottesdiensten bleibt [mein Mann] Paul immer für jedermann sichtbar. Er und ich helfen den Anwesenden, stets zu verstehen, was gerade geschieht."

Der Apostel Paulus sagt zudem klar und deutlich, daß jede geistliche Ausdrucksform dem Ermessen der jeweiligen Person unterworfen ist. Niemand *muß* irgendetwas zu einer bestimmten Zeit tun. „Die Geister der Propheten sind den Propheten untertan" (1 Kor 14,32). Tatsächlich muß jeder warten, bis er dran ist, damit alle von dem profitieren, was Gott unter ihnen tut.

Einige Pastoren und Prediger sind bereit, ihre Pläne über den Haufen zu werfen, um darauf reagieren zu können, daß der Heilige Geist Menschen berührt. Das ist nicht leicht für Menschen, die von ihrer kulturellen Prägung her der festen Überzeugung sind, daß Gott nur infolge von Predigten wirkt, vor allem von Predigten, die das Werk Jesu am Kreuz behandeln. Jede bedeutsame Erweckung wird Jesus und die Predigt vom Kreuz groß machen, und die daraus resultierende Buße wird sich nachhaltig auswirken. Doch wer die Ereignisse einer Erweckung lediglich anhand dieses „Predigt-Kriteriums" mißt, zwängt sie in ein formalistisches Korsett und stellt gleichzeitig auch genau die Souveränität Gottes in Frage, für die sich viele Verfechter einer Vorrangstellung der Predigt ja vehement aussprechen.

Paulus, oder Saulus, hörte auf der Straße nach Damaskus keine Predigt – er begegnete Gott, der ihn mit einem einzigen Satz zur Rede stellte: „Saul, Saul, warum verfolgst du mich?" Gott hat schon oft mit einem einzigen Satz Erweckungen oder Erneuerungen eingeleitet.

Joseph Jenkins war Pastor einer Methodistengemeinde in New Quay (Wales). Er hatte viel und intensiv gebetet und beim Predigen große Sorgfalt walten lassen, um unter seinen Leuten einen neuen, gottesfürchtigen Lebensstil zu propagieren. Eines Tages forderte er die Teilnehmer eines Jugendtreffens auf, Zeugnis zu geben. Nach einiger Zeit stand die frischbekehrte Florrie Evans mit bebendem Herzen auf und sagte einfach nur: „Ich liebe den Herrn Jesus von ganzem Herzen." Eifor Evans kommentiert diese Begebenheit in *The Welsh Revival of 1904* folgendermaßen: „Die Auswirkungen waren erstaunlich. Angesichts des überwältigenden Gefühls der Gegenwart Gottes wurde die ganze Versammlung einerseits in eine feierliche Stimmung versetzt und war andererseits schlichtweg begeistert."

Die geistlich erneuerten jungen Leute besuchten Nachbargemeinden, um den Segen weiterzugeben, und wurden somit die ersten „Brandstifter" der Erweckung des Jahres 1904.

Die Erweckung in Ulster im Jahr 1859 begann in Connor und breitete sich nach Ahoghill aus, nachdem sich ein junger Mann bei einem Hahnenkampf bekehrt hatte. Sein Bruder hatte ihn dort gefunden und einfach nur zu ihm gesagt: „Ich habe eine Botschaft vom Herrn Jesus für dich." John Weir berichtet in *Heaven Came Down*: „Das traf ihn mitten ins Herz; auch er spürte die Pein einer tiefen Buße; auch er floh bald darauf in die offenen Arme des gekreuzigten Erlösers." Tief bewegt von dieser Bekehrung lud der Ortspfarrer die Leute aus Connor in seine Gemeinde ein, und die Erweckung breitete sich aus. Der durchschnittliche Prediger hat nach wie vor damit zu kämpfen, wenn seine Predigt von etwas anderem als Tränen der Buße oder freudigen und bekräftigenden Rufen unterbrochen wird. Der Verlauf der Gottesdienste in der Airport Vineyard könnte modellhaften Charakter haben. Im allgemeinen scheint man bei Vineyard davon auszugehen, daß Manifestationen in einer Veranstaltung sehr gut von Gott sein können, möglicherweise fleischlich sind und gelegentlich auch vom Teufel stammen. Da man eine Ermahnung nur in extremen Fällen für angebracht hält, geschieht es manchmal, daß man eine „Unterbrechung" zwar anerkennt, aber dennoch weitermacht. Damit halten sie es wohl wie Charles Wesley, der John White zufolge unauffällige „Darbietungen" ignorierte, geräuschvolle jedoch entfernte.

Während meines Besuchs bei der Airport Vineyard Gemeinde im August 1994 gab es gelegentliche Unterbrechungen durch Lachen und einmal auch durch einen „brüllenden Löwen". Es war sehr interessant, wie sich Pastor John Arnott verhielt. Bisweilen wurde sanft und unauffällig gelacht, bisweilen jedoch laut, langanhaltend und ansteckend. Vielleicht war John nicht bereit, ein Urteil über das Lachen fremder Besucher zu fällen. Auf jeden Fall sah er sich nicht gezwungen innezuhalten, sondern bat lediglich darum, daß sein Mikrofon lauter aufgedreht werde! Manchmal sagte er etwas sehr bestimmt, jedoch ohne auf Konfrontationskurs zu gehen, wie z.B.: „Hört nun gut zu!" Der Effekt war der, daß jene, die vom Lachen einfach nur angesteckt worden waren, verstummten, und bisweilen auch jene leiser wurden, die als erste zu lachen begonnen hatten.

Als ein junger Texaner zu brüllen begann, erklärte John, er sei der Meinung, solche Dinge seien ein prophetisches Symbol des Zorns des Löwen von Juda über die Sünde, und der „junge Löwe" sollte doch am Ende die prophetische Botschaft, die Gott ihm aufs Herz gelegt hätte, auf englisch wiedergeben.

Da das Brüllen weiterging, erinnerte er die Versammlung und den Einzelnen daran, daß der Geist des Propheten dem Propheten untertan wäre. Zudem ging das Team der Airport-Gemeinde auf die texanischen Gemeindeleiter zu und riet ihnen, den jungen Mann zwar zu ermutigen, ihm aber auch zu helfen, das, was Gott seiner Meinung nach zu ihm sagte, in einer etwas reiferen Fasson mitzuteilen.

Wer so eine Veranstaltung nur einmal miterlebt und noch dazu vielleicht ein konservativer Christ ist, findet derartige Phänomene womöglich unerträglich. Wenn man sie etliche Male miterlebt hat, kommen einem die Unterbrechungen weniger penetrant vor, und man bekommt allmählich ein Gefühl der Sicherheit, daß die grundsätzliche Richtung solcher Veranstaltungen in Ordnung ist.

Wer jedoch eher perfektionistisch eingestellt ist, dem ist das Durcheinander wohl doch zu groß. Man ist aufgefordert, gewisse Zugeständnisse zu machen: Schließlich müssen die Teilnehmer der Versammlung erst noch lernen, wie sie in angemessener Weise auf den Geist reagieren sollen, und die Leiter müssen zwischen Geistlichem, Fleischlichem und Teuflischem unterscheiden lernen. Wer schon nach einem einzigen Gottesdienst ein Urteil über die Vorgehensweise einer Gemeinde fällt, tut den Verantwortlichen unrecht. 1990 wurde ich einmal in einer Veranstaltung von einem Gastprediger „umgeschubst". Außenstehende Beobachter hätten durchaus annehmen können, dies wäre hier die Regel, was es jedoch definitiv nicht war. Die internationalen Leiter der Gemeinde, der ich angehörte, stellten den Prediger schließlich diesbezüglich zur Rede.

Leiter müssen bereit sein, in den sauren Apfel zu beißen und Leute gegebenenfalls zur Rede zu stellen oder zu tadeln. In einer Veranstaltung der Airport Vineyard Gemeinde, der ich beiwohnte, bat der Leiter einen Teilnehmer, ein „Wort", das er „bekommen" hatte, abzubrechen. Als Vineyard Pastor Marc Dupont einmal im Juli 1994 in Kent sprach, bat er zwei Frauen schlicht und einfach, ruhig zu sein. Er und andere Leiter der Airport Gemeinde bezweifeln, daß man umfangreichere „Befreiungsdienste" (Dämonenaustreibungen) in öffentlichen Veranstaltungen vornehmen solle.

Mark kommentiert: „Wir haben es uns zur Regel gemacht, in Toronto während der Segnungszeiten keinen Befreiungsdienst zu machen. Entweder binden wir den Geist oder holen die Leute raus zur persönlichen Seelsorge."

John Wimber sprach während einer Konferenz im Juni 1994 in der Toronto Airport Vineyard. Er betonte die Notwendigkeit, weiterhin die Bibel zu lehren und mit jenen Seelsorge zu machen, die Seelsorge bräuchten, auch wenn die normale Routine dadurch gestört würde. „Wir brauchen Kontinuität und Regelmäßigkeit. Ich glaube an eine fortschreitende, prozeßhafte Heiligung. Es ist gut zu lernen, wie man betet, in der Bibel liest, von dem, was man hat, weitergibt, am Gemeindeleben teilnimmt und anderen dient."

Wimber dachte auch über die Passage „Alles aber geschehe anständig und in Ordnung" aus 1. Korinther 14,40 nach: „Je nachdem wie man den Text liest, leitet man daraus für sich eine bestimmte Bedeutung ab. Vor dem konservativ-evangelikalen Hintergrund meiner Anfangszeit hätte ich ihn folgendermaßen gelesen: ,Alles aber geschehe *schicklich* und *ordentlich*.' ,Schicklich' und ,ordentlich' hätte geheißen: ,in Übereinstimmung mit unseren Traditionen und der Entwicklung unserer Denomination'.

Er meint, der Herr habe ihn dahingehend herausgefordert, daß man diese Stelle womöglich folgendermaßen lesen sollte: „*Alles aber geschehe* anständig und in Ordnung. Was uns schicklich und ordentlich erscheint, ist für Gott vielleicht überhaupt nicht schicklich und ordentlich". Er fährt fort: „Ich forschte im Alten Testament und stellte fest, daß Gott oft (nach unseren Maßstäben) unordentlich und unschicklich ist. Man brachte mir bei, Gott sei ein Gentleman, der dich nie in eine peinliche Situation bringt. Doch was ist mit dem Propheten, dem Gott auftrug, nackt unter seinen Mitmenschen herumzugehen (vgl. Jes 20)... und all den anderen?" Wimber hätte hier genausogut auf Naaman verweisen können, der sich im Fluß waschen mußte, um geheilt zu werden (vgl. 2 Kön 5) oder auf Hesekiel, der monatelang nur auf der linken Seite liegen durfte (vgl. Hes 4,4f.).

Es wird deutlich, daß die wichtigen Persönlichkeiten dieser aktuellen Zeit der Erquickung fest entschlossen sind, sorgsam darauf zu achten, was fleischlich und dämonisch ist, jedoch in Anbetracht ungewöhnlicher Begebenheiten und Störungen der herkömmlichen Muster und Normen auch gerne Risiken eingehen.

Prophetie
In den Ereignissen, die zu dieser „Zeit der Erquickung" hinführten, spielte die Prophetie eine gewisse Rolle. Wer das Leben von Wesley und Jonathan Edwards betrachtet, stellt fest, daß sie bei Erweckung oft von entscheidender Bedeutung war. Was wir heute als „Geistesgaben" bezeichnen würden, bereitete Edwards einiges Unbehagen, und er war nicht bereit anzuerkennen, daß die Prophetien seiner Zeit „von ihrer Natur her mit den Visionen der Propheten oder Paulus' Entrückung ins Paradies" vergleichbar wären.

Daß die Prophetie in den vergangenen dreißig Jahren als wichtiger Teil der charismatischen Bewegung wieder an Bedeutung zunahm, brachte einige Probleme mit sich: Einige Leute machen sich „Prophetien" zunutze, um unmoralisches Handeln zu rechtfertigen; andere haben falsche „Worte der Erkenntnis", die auf nicht existente und nicht nachweisbare Sünden und dämonische Einflüsse im Leben eines Menschen hinweisen. Andere prophetische Persönlichkeiten wurden schlichtweg mißverstanden oder hatten selbst ein rebellisches Wesen. Sollte das aktuelle Wirken Gottes in zunehmendem Maße prophetische Begabungen freisetzen, werden etliche wohl eher besorgt als begeistert sein.

Dennoch entstand in den vergangenen Jahren in den verschiedenen Strömungen der charismatischen Bewegung eine sehr praxisorientierte Theologie der Prophetie. Ihre Vertreter sind auch Wegbereiter der aktuellen Zeit der Erquickung. Bevor wir untersuchen, wie ihre Ansichten Klarheit und Ausgewogenheit in dieses Thema bringen, sollten wir zunächst definieren, was man unter „Prophetie" bzw. „prophetisch" versteht, da es leichte Bedeutungsunterschiede gibt.

Was man unter „Prophetie" verstehen kann

- Eine hilfreiche Einsicht, ein Wort aus der Bibel oder ein Lied, das in einer christlichen Veranstaltung gesungen wird.

- Eine spezielle Erkenntnis über das Leben eines Menschen. So wie Jesus die Gedanken seiner Gegner oder den sündhaften Lebensstil der Frau am Brunnen kannte, kann der Heilige

Geist auch heute noch sogenannte „Worte der Erkenntnis" geben.

- Die Anwendung des ewigen Wortes Gottes auf die heutige Welt und Kultur zum Zweck der Ermahnung, Ermutigung und Festlegung einer Strategie für die Zukunft. Alttestamentliche Propheten wie Hosea, Micha und Amos, die soziale Ungerechtigkeit auf den Punkt brachten und die Menschen auf Gottes Maßstäbe verwiesen, wären Beispiele hierfür. Auch evangelikale Sozialreformer wie Wilberforce (Abschaffung der Sklaverei) und Shaftesbury (Abschaffung der Kinderarbeit und zahlreiche andere Reformen) könnte man durchaus als prophetische Persönlichkeiten bezeichnen.

- Die vorherige Kenntnis konkreter, zukünftiger Ereignisse. In der Apostelgeschichte lesen wir, wie der Prophet Agabus Hungersnot und Verfolgung voraussagte (vgl. Apg 11,28; 21,10).

- Bisweilen werden auch Träume und Visionen sowie „Bilder" oder Eindrücke in die Kategorie „Prophetie" eingeordnet.

In diesem Bereich ist sehr viel möglich, wie zum Beispiel die subjektive Betonung von Details, die eigentlich zweitrangig sind. Manche Leute behandeln ihre Träume so, als seien sie real. Eine sorgfältige Untersuchung der Geschichten von Morris Cerullo, Roberts Liardon und anderen, in denen eine „Entrückung" in den Himmel geschildert wird, fördert erhebliche Diskrepanzen bei der Beschreibung der Person Jesu zutage, vor allem seiner Haarfarbe.

Angesichts dessen ist Paulus' Ermahnung an die Thessalonicher – „Prüft aber alles, das Gute haltet fest!" (1 Thes 5,21) – eine sichere Grundlage. Für manche Leute ist Hinterfragen und Bezweifeln dasselbe. Wer mit offenem Herzen zweifelt, handelt biblisch. Gott verabscheut jedoch den Unglauben eines verschlossenen Herzens.

Wie packt man nun das Thema „Prophetie" verantwortungsbewußt an? Die Airport Vineyard Gemeinde gibt Statements heraus, die Gemeindemitgliedern und Besuchern zur Verfügung stehen. Diese Veröffentlichungen greifen zentrale Fragen auf, legen einen verantwortungsbewußten Standpunkt dar und spiegeln die Ansichten vieler Christen wider, die sich in puncto Lehre als evangelikal und in puncto Praxis als charismatisch bezeichnen würden.

Prophetie und die Bibel
Rick Joyner, neben Paul Cain und Bill Hamon eine Führungsfigur der Prophetenbewegung, fordert seine Leser in *The World Aflame* auf, heute die Stimme Gottes zu hören. Er macht jedoch deutlich, damit sei nicht gemeint, daß „neue Lehren entwickelt oder dem Kanon der Schrift etwas hinzugefügt werden soll".

Er warnt aber auch: „Viele Leute sind regelrecht süchtig nach prophetischen Worten... Wenn wir geistlich heranreifen, sollten wir immer weniger und nicht mehr Anleitung brauchen. Wenn jemand für jede kleine Entscheidung die Stimme des Herrn hören muß, kann dies ein Zeichen für Unreife, nicht für Reife sein. Propheten sollen keine Gurus sein, und die Schrift ist nicht dazu da, um wie ein Horoskop behandelt zu werden."

Die Broschüre „Was zu tun ist, wenn man prophetische Worte bekommt" der Airport Vineyard Gemeinde ist nicht minder deutlich: „Es besteht jedoch immer noch die Notwendigkeit, alle Prophetien durch den Geist und das Wort zu prüfen, da wir allesamt ‚stückweise weissagen' (1 Kor 13,9), d.h. keine Prophetie und kein Prophet unfehlbar oder hinsichtlich ihrer/seiner Autorität der Bibel gleichzusetzen ist."

Es wird überdies festgestellt, daß „der Geist Gottes stets mit seinen früheren Offenbarungen in der Bibel übereinstimmt", und man fordert alle, die Prophetien empfangen, auf, das Gehörte mit der Schrift zu vergleichen.

Prophetie und Rechenschaftspflicht
Die Erkenntnis, daß die Propheten unserer Zeit nicht unfehlbar sind, kann dazu beitragen, daß die Prophetie nicht in einem unrealistischen Licht dargestellt oder idealisiert wird. Man kann eine Prophetie hören, prüfen und zunächst einmal „zu den Akten legen", wenn sie nicht sofort einen Sinn ergibt, oder sie sofort verwerfen, wenn sie sich als unkorrekt erweist. Das Pastorenteam der Airport Gemeinde ermutigt die Leute, zu Prophetien durchaus auch Fragen zu stellen. Hört sie sich wahr an und bestätigt sie, was Gott schon früher einmal gesagt hat? Ist sie

echt? Umfaßt sie Aussagen über bestimmte Tatsachen, die überprüfbar sind? Diejenigen, die prophetische Worte weitergeben, gehören normalerweise dem Mitarbeiterteam der Gemeinde an. Es heißt in den Statements der Gemeinde: „Sie können sicher sein, daß jene Leute, die hier und da persönliche Worte an einzelne weitergeben, unter der Autorität und Obhut der Pastoren stehen, die für die geistliche Aufsicht innerhalb der Gemeinde verantwortlich sind. Deshalb können Sie getrost sein, daß sie verhältnismäßig reif sind und wir ihnen als liebevolle, fest gegründete Christen und fähige Mitarbeiter vertrauen."

Die Airport Vineyard hat Bedenken gegenüber jeder Art von Prophetie, die nicht nützlich ist. Die Verantwortlichen warnen vor Prophetien mit dem Unterton „Tu's oder es wird dir schlecht gehen" und halten fest, daß Prophetien, die „konkrete Daten, Zeitangaben, Lebenspartner, Beziehungen und Ermahnungen, dies zu tun und jenes zu lassen, beinhalten, den reifsten und erfahrensten Leuten vorbehalten sind" und selbst dann noch die bereits genannten Kriterien gelten, denn auch wenn ein prophetisches Wort im Kern richtig ist, können Zeitangaben und Details falsch sein.

Aus der Überzeugung heraus, daß es die Aufgabe weiser und reifer Christen ist, andere zu korrigieren, raten sie zur Vorsicht gegenüber „korrigierenden, richtenden oder verdammenden Prophetien, da diese in der Regel nicht vom Herrn stammen. Wenden Sie sich an einen der Pastoren, wenn Sie Fragen oder Zweifel haben."

Unreife Propheten werden kurz abgefertigt: „Bisweilen setzen Menschen ihre Begabung ein, um im Leib Christi anerkannt zu werden. Wir als Gemeinde interessieren uns jedoch weitaus mehr für den Charakter eines Menschen als für seine Begabungen. Begabungen müssen auf der Grundlage eines heilen, reifen und integren Charakters ausgeübt werden. Manchmal sind Möchtegernpropheten wie Kletten, umgehen alle Sicherheitsvorkehrungen einer Gemeinde und geben Ihnen dann noch am Parkplatz oder in einem anderen privaten Rahmen ein ‚Wort' weiter. Meiden Sie so etwas wie die Pest."

Offen für Veränderungen
Das ist nicht immer so schwierig, wie es sich anhört. Viele Pastoren bezeugen, daß sie kurz vor dem „Burn-out" standen, bevor sie mit dieser Welle der Erneuerung in Kontakt kamen. Die Vorstellung, daß Gott sich ihrer Gemeinden bemächtigen, Lästerung, Kritiksucht und Herzenshärte ausmerzen und gleichzeitig bei einigen der schwersten Seelsorgefälle auf dem Weg zur geistlichen Reife eine Abkürzung nehmen würde, ist nicht unattraktiv, auch wenn der Preis dafür Veränderung heißt.

Gerald Coates kommentiert dies folgendermaßen: „Wir müssen bereit sein, dem Wirken des Geistes Raum zu geben, auch wenn wir dafür unsere Strukturen, Programme und Zeitpläne ändern müssen. Der Schlüssel liegt darin, daß sich die gesamte Leiterschaft dem Heiligen Geist unterwirft und bereit ist, Gebet zu empfangen."

Teamarbeit
Das klassische Schema der Erneuerung in vielen Gemeinden orientiert sich an einem Modell, das davon ausgeht, daß man eine Gemeinde nicht überfallartig mit Veränderungen konfrontiert. Die Erneuerung beginnt oftmals innerhalb des Leitungsteams, geht danach auf Hauskreise über und findet ihren Weg schließlich in die Hauptversammlung.

Während einige Gemeinden, wie wir in früheren Kapiteln bereits festhielten, von Gott regelrecht „überschwemmt" wurden, streckten sich andere nach dem Segen Gottes aus und hatten die Gelegenheit, schrittweise in eine Zeit der Erquickung hineingeführt zu werden.

Da die Phänomene oftmals kontrovers sind, ist es hilfreich, genau zu wissen, daß all jene, die Treffen leiten oder für andere beten, auch die Vision der Gemeinde teilen, hinter der Leiterschaft stehen und offen für das Wirken des Heiligen Geistes sind.

Wenn eine Gemeinde allmählich einem immer größeren Kreis von Christen dient oder einfach nur die Mitgliederzahl zunimmt, treten andere Aspekte der Teamarbeit in den Vordergrund.

Um die Integrität dessen, was in der Gemeinde geschieht, zu gewährleisten, bitten einige Gemeinden ihre Besucher, ausschließlich das meist durch Schildchen kenntlich gemachte Gebetsteam beten zu lassen. Dadurch verhindert man, daß freischaffende Extremisten oder gar Feinde der Erneuerung für andere Leute beten und schädliche Lehren oder Erkenntnisse verbreiten, vor allem vor dem Hintergrund extremer Lehren über Befreiung von Dämonen oder über einen prophetischen Dienst bar jeglicher Form der Unterordnung.

Um Wachstum und Erkenntnis zu fördern, ermutigen einige Gemeinden Leute, die nicht dem Gebetsteam angehören, sich während der Segnungszeit neben Mitglieder des Teams zu stellen oder gar selbst am Gebet teilzunehmen. Das Teammitglied gewährleistet, daß jederzeit über alles Rechenschaft abgelegt werden kann, und hilft, wenn nötig, mit weisen Ratschlägen weiter.

Ausrichtung auf Christus und die Frucht der Erquickung
Bryn Jones warnt mit Nachdruck davor, eine Person, eine Methode oder einen Ort in den Mittelpunkt zu stellen. David Pytches, der selbst schon Erfahrungen mit Manifestationen wie dem „Löwengebrüll" machte, unterbindet Bestrebungen, „eigenartige und oftmals amüsante Phänomene zu manifestieren".

Die Leiterschaft sollte alle, die Zeugnis geben, ermutigen, sich auf innere Veränderungen zu konzentrieren, die Gott infolge einer Begegnung mit ihm bewirkt hat.

Angesichts dessen, daß einige nur deshalb auf Gebet reagieren, weil in der knisternden Atmosphäre einer Veranstaltung Phänomene wie Lachen oder Umfallen ansteckend wirken, sollte ein Leiter auch einem „Dienst der Manifestationen" einen Riegel vorschieben, bei dem zwar rein körperlich viel geschieht, jedoch nicht viel inneres Engagement gezeigt wird.

Wenn man John Arnott während einer Segnungszeit in der Toronto Vineyard begleitet, erlebt man bei denen, die Gebet empfangen, die Linderung von Nöten unterschiedlichster Art sowie einen vielfältigen Austausch mit Gott. Einige brauchen körperliche Heilung, andere brauchen innere Heilung. Einige müssen Sünden bekennen, andere müssen ihrer Freude Ausdruck verleihen.

In einer Veranstaltung meiner eigenen Heimatgemeinde in Eastbourne berichtete ein Ehepaar um die vierzig, daß sie anfangs Angst gehabt, Gott sie jedoch förmlich „überschwemmt" und sie daraufhin das Gefühl gehabt hätten, eine finstere Wolke der Depression über ihrem Leben habe sich aufgelöst.

Lois Gott, die zum Leitungsteam des Sunderland Christian Centre gehört, kam am 10. September am Ende der Samstagsveranstaltung in den Saal; ihr weißer Blazer war übersät mit Wimperntusche-Flecken. Sie hatte einige Mädchen und Frauen seelsorgerlich betreut. Eine hätte gesagt, sie wollte ihr Doppelleben aufgeben, die anderen, sie müßten mit dem Rauchen aufhören. Sie hatten nicht nur eine Erfahrung gemacht, sondern wurden vielmehr in den ethischen Grundfesten ihrer Existenz erschüttert.

Das steht im krassen Gegensatz zu einer Gemeinde, in der in der Anfangsphase der Veranstaltungen „die Kraft Gottes demonstriert" wurde, als der Leiter die Leute systematisch umschubste. Ob und inwieweit sie nun tatsächlich eine Begegnung mit Gott gehabt haben, bleibt Spekulation.

Wenn man sich auf das Physische konzentriert, lenkt man die Aufmerksamkeit der Leute von Jesus und der von ihm gewünschten Frucht weg; andererseits können wir auch nicht ignorieren, daß einige bei ihrer Begegnung mit Gott starke körperliche Wirkungen erleben. Dies sollten wir jedoch als zweitrangig einstufen; was wirklich zählt, ist die innere Umgestaltung.

Ausgewogenheit
Es ist offenbar durchaus zumutbar, daß Gott gegebenenfalls unsere Pläne durchkreuzt und in einem Gottesdienst auch einmal die Predigt ausfallen läßt. Womöglich unterbricht er uns sogar mehr als einmal. Doch ist es wahrscheinlich, daß wir zehn Wochen lang keine Predigt haben, so wie es angeblich in einer Gemeinde geschehen ist?

Nein, sogar jene, die am leidenschaftlichsten für Freiheit und Offenheit eintreten, halten dies nicht für wahrscheinlich. Martyn Relf, Pastor der Living Stones Gemeinde in Eastbourne, gab, ohne es zu wissen, John Wimbers Meinung wieder, als er die Gemeinde daran erinnerte, daß trotz der Segnungen das alltägliche Gemeindeleben weiterbestehen würde. Wir werden nach wie vor das Wort predigen und all die anderen Dinge tun, die zum Gemeindebau dazugehören.

Bryn Jones kann sich hierfür genauso ereifern: „Wir müssen an unserer Hingabe an Wort *und* Geist festhalten und nicht, wie es Christen von Zeit zu Zeit tun, in die Falle tappen, entweder dem Wort oder dem Geist Raum zu geben."

Nabelschau ist passé
Angesichts der Ichbezogenheit unserer Gesellschaft wäre es für uns ein Leichtes, nur noch der „immerwährenden Begeisterung" nachzujagen, was oft typisch für extreme Gruppierungen und Einzelpersonen ist. Während Gott uns heilen will, bedeutet dieser Heilungsprozeß für viele Christen, daß sie sich nach außen hin öffnen und dafür entscheiden, Gott zu dienen, anstatt nach emotioneller und geistlicher Perfektion zu streben.

Bryn Jones schrieb einmal für das Covenant Ministries Network: „Eine Erquickung dient als Beitrag zur Umsetzung und Erfüllung der Ziele und Absichten Gottes." Gerald Coates ist gleichermaßen „extrovertiert": „Wir möchten, daß sich die Leute letztlich um jene kümmern, die außerhalb der christlichen Gemeinschaft stehen. Sonst macht sich Selbstgefälligkeit breit... und am Ende sind wir ausgetrocknet."

Unterweisen und erklären
Ken Gott, Pastor des Sunderland Christian Centre, reichte mir das Mikrofon und verschwand in der Menge der 400 Anwesenden, um für Männer zu beten, die auf einen Gebetsaufruf reagiert hatten. Als er und die Frauen der Gemeinde beteten, fielen etliche Männer um, einige weinten, anderen wurden offenbar in einen tranceähnlichen Zustand versetzt.

Am Abend zuvor spielten sich ähnliche Szenen ab, als ich zu predigen begann, nachdem etliche Gebet empfangen hatten. Ich mußte gegen den Lärm ankämpfen, doch die ungefähr 200 Leute, die diese Gemeinde zum ersten Mal besuchten, waren neugierig. Ich hielt durch, nicht zuletzt, weil jene, die berührt worden waren, den Punkten, die ich besonders hervorhob, lautstark zugestimmt hatten!

Am Sonntagvormittag tat ich, was ich am Abend zuvor schon hätte tun sollen: Ich erklärte der Gemeinde, was bei einzelnen geschah.

Erklärungen und Deutungen dienen einem doppelten Zweck: Sie rücken die Dinge ins rechte Licht und geben den Leuten eine Verständnishilfe. Indem wir einige Erfahrungen mit der Bibel in Beziehung bringen, verdeutlichen wir, daß wir nicht herrenlos im „Meer der Subjektivität" treiben. Wir signalisieren damit auch, daß der Gottesdienst ungeachtet aller Geschehnisse weitergeht und zwar nicht streng dirigiert wird, aber dennoch einen roten Faden und ein Ziel hat. Eine Erklärung stillt oftmals die Neugier und hilft der ganzen Gemeinde, sich noch einmal auf den roten Faden des Gottesdienstes zu konzentrieren.

Ruhe

In der Erweckungsgeschichte, vor allem in den Erzählungen über jene intensiven Zeiten, in denen es in Neuengland und in Ulster (1859) jeden Abend Gottesdienste gab, liest man oft von Pastoren, die dem „Burn-out" sehr nahe waren, weil sie in den Gottesdiensten mithalfen und zudem jene, die nach ihrer Begegnung mit Gott immer noch physisch geschwächt waren, zu Hause besuchten und dort noch einmal für sie beteten. Wartet auf die Pastoren in unserer Zeit genausoviel Arbeit?

Während einige Gemeinden zu wahren „Erfrischungszentren" wurden und allabendlich Gottesdienste abhalten, haben andere einfach nur ein weiteres Treffen unter der Woche und/oder einen zusätzlichen Sonntagstermin eingeführt.

Sogar in den „Erfrischungszentren" wie dem Sunderland Christian Centre oder der Airport Vineyard Gemeinde nehmen durchschnittlich zehn bis dreißig Prozent der eingeschriebenen Gemeindemitglieder jeden Abend an den Gottesdiensten teil. Die meisten Gemeindemitglieder kommen mehr als einmal pro Woche, doch nur wenige jeden Abend.

Es ist wichtig, daß jedermann erkennt, wie notwendig Ruhe und Ausgeglichenheit sind. Gerald Coates warnt: „Wer immer nur gibt und nie empfängt, ist wahrscheinlich bald erschöpft und ausgebrannt. Nehmen Sie sich Zeit, um zu empfangen, Ruhe zu finden, in der Bibel zu lesen und ganz ‚normale' Dinge zu tun. Gott braucht uns für den Langstreckenlauf, nicht für einen Sprint."

11
Im Wasser waten

Ein Bild, das derzeit sehr häufig herangezogen wird, stammt aus Hesekiel 47: Ein Strom mit lebensspendendem Wasser strömt vom Tempel aus, bewässert das Land und bringt Früchte als Speise und Blätter als Heilmittel hervor. Anfangs watet der Prophet noch in knöcheltiefem Wasser, doch schließlich erreicht er einen Punkt, an dem der Strom so tief ist, daß er darin nur noch hätte schwimmen können.

Es hat den Anschein, als befinde sich die erneuerte Gemeinde auf der ganzen Welt noch im seichten, knöcheltiefen Wasser, ahne jedoch bereits, daß sie schon bald in einem Strom des göttlichen Segens schwimmen werde, der alles, was er berührt, zum Leben erweckt.

Wo wird der Herr uns als nächstes hinführen? Wir hoffen auf eine Erweckung, die die gemeindefernen Menschen und Namenschristen überschwemmen und tiefgreifende Auswirkungen auf die Werte und Normen dieser Nation und vieler anderer haben wird. Die Übergangsphase wird dadurch gekennzeichnet sein, daß eine große Anzahl von Nichtchristen sich zum Glauben an Christus bekehrt. Die historischen Auswirkungen einer solchen Erweckung sind hinreichend dokumentiert.

Jerry Steingarden erinnert seine Hamilton Vineyard Gemeinde in einem speziellen Rundschreiben daran, welchen Effekt die Erweckung damals auf ganz Wales hatte:

„Die Zahl der Verbrechen nahm so stark ab, daß viele Gerichtssäle und Gefängnisse leer waren. Einige Polizisten gründeten Gesangsquartette und sangen in den Erweckungsveranstaltungen, weil sie nur mehr selten zum Einsatz kamen.

Die Pferde in den Kohlengruben waren es gewohnt, ihre Befehle von schreienden und fluchenden Männern entgegenzunehmen. Nachdem sich die überwiegende Mehrheit der Bergarbeiter bekehrt hatte, kannten sich die Pferde nicht mehr aus, weil sie nun human und umgänglich behandelt wurden, und mußten deshalb neu dressiert werden."

Duncan Campbell, der während der Erweckung auf den Hebriden im Jahr 1949 diente, ging eines Tages aus der Veranstaltung und sah, daß 600 Leute vor der Halle standen. Einhundert waren vom nahegelegenen Tanzsaal gekommen, die anderen waren extra aufgestanden, hatten sich angezogen und waren in die Gemeinde gekommen, weil der Heilige Geist sie dazu gedrängt hatte. Gegen vier Uhr morgens mußte er diese Menschenmenge verlassen, weil sich vierhundert Leute auf dem Polizeirevier eingefunden hatten. Unterwegs begegnete er am Wegesrand Menschen, die zu Gott um Gnade schrien. Krupp bemerkt in *The Church Triumphant*, daß geschätzte 75 Prozent der Bekehrten außerhalb eines Gemeindehauses zum Glauben an Jesus kamen!

Ähnliche Szenen spielten sich bei der Erweckung in Ulster im Jahr 1859 ab. John Weir berichtet in *Heaven Came Down* über die Erweckung in Ballymena: „In den Straßen war lautes Schreien, Weinen und Beten zu hören... All jene, die vormals am nachlässigsten, niederträchtigsten und weltlichsten waren, belagerten nun die verschiedenen Gotteshäuser. In einigen Straßen sah man Menschen in vier oder fünf Gruppen in den Häusern und vor offenen Türen und Fenstern beten und preisen."

Ian Paisley erwähnt in *The Fifty-Nine Revival*, die Erwekkung in Ulster habe auch zum Verkauf einer Brauerei und der Schließung einer anderen geführt. Ein Pastor, Reverend Theophilus Campbell, berichtet, daß acht ortsansässige Prostituierte ihr Gewerbe aufgegeben hätten. Reverend J. Baillie vermerkt, ein ehemaliges Bordell werde nun als Bethaus verwendet. Doch daß Trunkenheit, Gewalt und der Konflikt zwischen Katholiken und Protestanten nachließen, war erst der Anfang der Veränderungen.

Diese Berührung Gottes änderte den gesamten moralischen Grundtenor in Wales, Irland und auf den Hebriden. Sollten wir uns weniger wünschen?

Das soziale Gerüst der Länder westlicher Prägung wird zunehmend zerstört. Die Rebellion gegen die Weisheit Gottes kulminiert und setzt Emotionen und Kräfte frei, die Familien und Institutionen zugrunde richten. Die Sexualität verläßt ihren gottgegebenen Rahmen, also die Bündnisbeziehung einer Ehe, und fristet in Form vorehelicher oder außerehelicher sexueller Beziehungen ein korrumpiertes Dasein. Die gute Gabe Gottes wird zum Götzen. Die Frucht dieses Götzendienstes sind Kinder, die keine richtigen Eltern mehr haben, Familien, in denen Untreue die Wahrheit zunichte macht, sowie alle möglichen Kombinationen von Sexualität und Gewalt.

Das sind nur einige Schlagworte zu unserer Gesellschaft, deren Markenzeichen der Götzendienst ist. Manche vergötzen die Macht und suchen sie durch Okkultismus zu erringen. Bei anderen gilt: „Ihr Bauch ist ihr Gott", und materialistische Gelüste und Völlerei werden zum ganz normalen Lebensstil.

In einer Gesellschaft, die im wesentlichen ichbezogen denkt, müssen Reform und Veränderung auf zwei Schienen parallel laufen: zunächst als Frucht einer persönlichen, moralischen Veränderung, aber auch durch prophetische Stellungnahmen in der Gesellschaft gegen wirtschaftliche Ungerechtigkeit, Pornographie, Abtreibung, Rassismus und alles andere, was die Würde der im Bild Gottes geschaffenen, menschlichen Wesen antastet.

Können wir glauben, daß Gott diese Art der Erweckung noch zu unseren Lebzeiten schenkt? Was könnte ihn davon abhalten? Um Hinweise darauf zu bekommen, was den Strom des Geistes zum Versiegen bringen kann, ist es hilfreich, sich die erste Große Erweckung in den USA (um 1740) sowie einige Aspekte der Waliser Erweckung zu betrachten.

Schädliche Konfrontationen
Whitefield und Davenport, die in der ersten Großen Erweckung aktiv waren, hatten ihren Zorn auf den Tadel ihrer Kritiker nicht immer richtig im Griff. Sie denunzierten einige von ihnen ohne Maß und Ziel und sagten ihnen auf ihr Gesicht zu, daß sie als Gemeindeleiter nicht geeignet wären.

Wenn die Gemeinde mit dem Strom mitschwimmt, gibt es immer welche, deren Aktivitäten eher hinderlich als förderlich sind. Die Rettungsschwimmer am Ufer werden in solchen Fällen rigorose Anweisen geben, wie man sich im Wasser richtig zu verhalten habe. Doch wer vorsichtig schwimmt, empfindet das unangemessene Verhalten seiner Mitschwimmer oft nicht einfach nur als ärgerlich: Übertreibung, unter bestimmten Kriterien ausgewähltes „Beweismaterial", Intoleranz, als Wahrheit verkleidete Irrlehre, vorschnelle Verurteilungen und „assoziative Schuldbeweise" veranlassen so manchen Christen, seinen gesunden Skeptizismus im Stile der Beröer fallenzulassen und sich dem Lager der erklärten Gegner anzuschließen.

Wie sollte ein Gläubiger, der in der Erneuerung steht, reagieren? Schließlich kann die Traurigkeit über die Zerstörungskraft eines vorschnellen Urteils oder einer gedankenlosen Ablehnung sehr schnell in Zorn und Beschimpfungen umschlagen. Jonathan Edwards warnte alle Freunde der Erweckung vor „heiligem Eifer" und einem Richtgeist gegenüber jenen, die ihren erweckungsfreundlichen Standpunkt nicht teilen.

Gerald Coates rät in einem Brief an den Gemeindebund „Pioneer", sich vor einer „reaktionären, zynischen, abweisenden oder überheblichen Haltung zu hüten. Bleiben Sie ruhig, logisch und vernünftig. Lernen Sie es, anderer Meinung zu sein, ohne gleich unsympathisch zu werden." Wenn wir uns den Vorwurf, wir hätten ja gar nicht die Frucht einer echten, geistgewirkten Erneuerung, nicht anhören wollen, sollten wir uns diese Worte zu Herzen nehmen.

Doch wenn wir diese Mahnung von uns weisen, wird Gott seine segnende Hand von uns nehmen, da er Sektierertum nicht segnet.

Die Anfälligkeit für „Große Persönlichkeiten"
Jonathan Edwards wurde von anderen Geistlichen scharf kritisiert, weil er es zuließ, daß Laien sich energisch in den Dienst einbrachten. Es bestand kaum mehr die Möglichkeit, daß die Menschen aus eigenen Fehlern lernen konnten, und die Erweckung versiegte.

Während Gott nach wie vor engagierte Einzelpersonen gebrauchte, um seine Ziele voranzutreiben, legen die Erfahrungen von Evan Roberts in der Waliser Erweckung – wo die Begeisterung nachließ, nachdem er sich 1907 aus Wales zurückzog – doch nahe, daß Gott, wie in der weltweiten Erweckung zwischen 1857 und 1859, die gesamte Gemeinde gebrauchen möchte. Jesus holte sich nicht nur den Petrus, um die jüdische Nation zu evangelisieren. Er hatte zwölf Apostel und eine Gruppe von zweiundsiebzig Leuten, die er ebenfalls aussandte. Falls man die

Anzahl derer, denen er nach seiner Auferstehung erschien, als Richtwert sehen möchte, könnte sein „engerer Mitarbeiterkreis" 500 Leute gezählt haben.

Ungeachtet der verschiedenen Schattierungen evangelikalen und charismatischen Lebens, in denen diese Zeit der Erquickung heranwuchs, ist die starke Betonung der Vineyard-Bewegung auf die Ausbildung der Laien sehr wichtig. Sie unterstreichen, daß Gott das Herz ansehe und bei seinen Dienern zunehmende Heiligung sehen wolle. Doch auch wenn diese Heiligung noch im Wachsen begriffen sei, gebrauche Gott diese Leute bereits, um andere zu segnen und Wunder zu wirken. Im Gegensatz dazu scheint die Philosophie, die einem Teil der pfingstlerisch-charismatischen Literatur zu entnehmen ist, zu vermitteln, daß große, wundertätige Männer und Frauen Gottes eine besondere Spezies seien, die außerordentlich fromm, heilig und hingegeben und mit dem Wort Gottes förmlich getränkt sind. Nicht daß irgendetwas daran auszusetzen wäre – wir alle sollten nach diesen Dingen streben –, doch eine wirklich effektive Gemeinde braucht nicht ein paar Superprediger, die große Menschenmassen anziehen. Sie braucht vielmehr vollmächtige Leute, die zahllose neue Gemeinden gründen.

Nun hat die Vineyard-Bewegung dieses Prinzip nicht für sich gepachtet, aber es ist wichtig, daß eine ihrer Gemeinden modellhaft für die Erneuerung steht. So bekommt die Vorstellung Auftrieb, daß Gott die Christen ganz allgemein gebrauchen will und nicht nur ein paar außergewöhnliche Persönlichkeiten.

Geistliche Anarchie
Ein Seiltänzer bringt vielleicht ideale Voraussetzungen mit, um in einer Erweckung und Erneuerung tätig zu werden. Ein Leiter einer großen Missionsgesellschaft – der keine größeren Entscheidungen ohne ein „Wort vom Herrn" trifft – erzählte mir einmal von seinem Versuch, innerhalb der Gesellschaft den Mittelweg zwischen geistlicher Offenbarung und biblischen Prinzipien zu finden (wobei letztere keiner speziellen Offenbarung Gottes bedürfen).

Doch anders als beim Seiltänzer im Zirkus, gibt es im geistlichen Leben kein Sicherheitsnetz. Wer die Balance nicht halten kann, stürzt nach unten.

Unkontrollierte, spontane Gottesdienste können den Blick auf das geistliche Ziel verstellen und zu einem orientierungslosen Haschen nach „immerwährender Begeisterung" verkommen – der nächste große geistliche Durchbruch wartet schon!
George Jeffreys, ein Pionier der Elim-Pfingstbewegung, ermutigte die Christen 1933, nicht bei den Manifestationen stehenzubleiben, sondern auf dauerhafte Früchte zu schauen. Er schrieb:

> „Erweckung ist ausgebrochen – der Geist fällt, die wunderbaren Gaben sind offenbar und alles ist in Bewegung. Dann nimmt man, sehr zur Bestürzung weiser Häupter, Abstand von der angemessenen Lenkung und Leitung und läßt zu, daß die Kraft und die Gaben unkontrolliert wirken. Das neutestamentliche Vorbild für das Gleichgewicht in der Gemeinde wird auf den Kopf gestellt, und es dauert nicht lange, bis sich unangemessener Emotionalismus, Hand in Hand mit exzessiven übernatürlichen Mächten, breitmacht, was zur Folge hat, daß die Gemeinde im Lauf der Zeit in Stücke gespalten wird... Die Echtheit der Dynamik kann nicht in Frage gestellt werden, weil sie an sich in Ordnung war. Die Schwierigkeiten rührten daher, daß die Notwendigkeit einer Lenkung und Leitung, wie sie in der Schrift so deutlich geoffenbart wird, nicht anerkannt wurde. Die Verantwortlichen erkannten zu spät, daß eine bibeltreue Leitung nicht wirklich Knechtschaft und unkontrollierte Kraft nicht wirklich Freiheit ist."

Das Gefährlichste an der geistlichen Anarchie ist die Möglichkeit, daß unter den Beteiligten der Erneuerung ein sektiererischer Geist aufsteht, der sie dazu veranlaßt, all jene zu verurteilen, die ihnen widerstehen oder bei denen sich keine ähnlichen Erfahrungen und Vorgehensweisen finden. Demut, Einheit und jene Art von prinzipieller Toleranz, die nicht ständig auf Unterschieden herumhackt, sondern vielmehr die Bereiche hervorhebt, in denen man übereinstimmt, sind von entscheidender Bedeutung, wenn der Strom Gottes unsere Gemeinden und unsere Gesellschaft überfluten soll.

„Liebe so weit wie das Meer"
Wenn wir die richtige Gesinnung haben und den Geist Gottes weder behindern noch auslöschen, könnte sich durchaus der Himmel öffnen und Herrlichkeit unsere Seele erfüllen.
Die Erweckung in Ulster im Jahr 1859 ist vielleicht das hilfreichste Vorbild, das wir haben. Untersucht man die Erfahrungen jenes Jahres sowie die aktuelle Zeit der Erquickung anhand der fünf, vom angesehenen, evangelikalen Theologen J. I. Packer dargelegten Kennzeichen einer Erweckung, ergibt sich ein positives Bild.

Das Bewußtsein der Gegenwart Gottes
Die Gegenwart Gottes, die derzeit so viele Christen bezeugen, kann sowohl objektiv als auch subjektiv wahrgenommen werden. Kranke werden geheilt, kaputte Beziehungen wiederhergestellt; daß Christen Gott, Jesus und den Heiligen Geist ganz neu verstehen, findet man sowohl in der Schrift als auch im eigenen, subjektiven Erleben in Form von Träumen und Visionen.

Manche spüren die Gegenwart Gottes ganz real auf sich wie eine „warme Decke" oder eine Schwere.

Im Lauf dieses Buchs haben Sie viele Zeugnisse von Menschen gelesen, deren Leben durch eine neue Begegnung mit dem Heiligen Geist grundlegend verändert wurde. Ein wenig von dem, was geheimnisvoll und nicht greifbar ist und jenseits unserer Vorstellungskraft liegt, wird sichtbar. Angespornt durch dieses Schlaglicht der Kraft Gottes wollen wir Gott um das bitten, was Tom Shaw folgendermaßen bezeichnete: eine „Gebetslast, die nicht leichter wurde, bis Gott den Himmel aufriß und Berge aus Sünde und Bosheit vor seiner Gegenwart dahinschmolzen" (vgl. *Heaven Came Down: The 1859 Revival*).

Wenn wir unserer Bibel glauben, müssen wir auch glauben, daß es noch einmal geschehen kann – daß beharrliches Gebet aus den Herzen jener Leute strömen wird, die eine Leidenschaft für Jesus haben. Sie werden danach hungern, ihn immer besser kennenzulernen, durch Gebet die Freundschaft mit ihm zu pflegen und in jederlei Hinsicht wie er zu sein.

Ihr Herz, Verstand und Körper werden ein einheitliches Ganzes bilden: Ihr Herz wird in Gott verliebt sein; ihr Verstand wird sich nach seiner Weisheit ausstrecken, und sie werden in jedem Aspekt ihres Lebens – Beruf, Familie, Kreativität, Gemeinde und alles was dazwischen liegt – aktiv in seinem Dienst stehen.

Gott ist überall, doch manchmal tritt er mehr in Erscheinung und sind seine Taten offensichtlicher, vor allem, wenn Sie seinem Heiligen Geist gestatten, durch Sie zu wirken. Das sind die Gründe, weshalb Gott sein erschöpftes, kampfesmüdes und von Sünden gepeinigtes Volk erfrischt: damit seine Gegenwart offensichtlicher wird; damit sich ein Meer der Liebe über unsere schmerzverzerrte, aufsässige und verwirrte Gesellschaft ergießen kann.

Das Wort „essen"
Packer spricht davon, daß eine Erweckung die Aufnahmebereitschaft für das Wort Gottes steigere. Leidenschaftliche Freude überkam mich, als ich dies las. Nach meiner Rückkehr aus Toronto bereitete ich eine Predigt mit dem Titel „Stellt euch vor, was eine Generation mit sanftem Herzen tun könnte" vor und sprang buchstäblich auf, als ich las: „Ich laufe auf dem Weg deiner Gebote, denn mein Herz ist frei" (Ps 119,32; wörtl.a.d.Engl.). Wenn ich frei bin von den Ketten und der Zerstörungskraft der Sünde, kann ich die Abgrenzungen des Wegs göttlicher Weisheit gerne akzeptieren.

Je mehr wir den Menschen helfen, die Weisheit Gottes zu begreifen, desto größer wird ihre Aufnahmebereitschaft für das Wort Gottes. In der Schrift sagt Gott zu uns: „Wenn dein Herz weise ist, freut sich auch mein Herz" (Spr 23,15). Gesetzlichkeit sowie die Predigt der Gerechtigkeit Gottes zu Ungunsten seiner Gnade wirken zerstörerisch. Doch Worte, Verse und Passagen können auf einmal eine ganz neue, lebendige Bedeutung annehmen, wenn man sie liest oder auslegt. Gemeinden, die vom Geist berührt werden und die Schrift vernachlässigen, sind gefährdet. In den meisten Gottesdiensten des Sunderland Christian Centre gibt es eine Predigt; am Donnerstag abend hat man noch dazu spezielle Bibelarbeiten anberaumt, die zur Zeit, als dieses Buch entstand, mehr als 500 Menschen besuchten.

Prediger mit einer Leidenschaft für Jesus und einer Liebe zu seiner Weisheit können Gemeinden mit der Notwendigkeit der

Vergebung konfrontieren und diese Weisheit in die Herzen und Gedanken der Menschen legen.
Die Bibel ist die Geschichte von der Erlösung und steckt voll praxisbezogener Weisheit. Sie ist eine gehaltvolle Nahrung, wenn wir sie „essen". Wenn wir sie in unseren Herzen verbergen, damit sie sich zwangsläufig, ja geradezu instinktiv in unserem Denken und unseren Worten niederschlagen kann, bekommt der Heilige Geist die Möglichkeit, zu uns und durch uns zu sprechen. Wenn man derzeit aufgefordert wird, über die Worte der Bibel nachzusinnen, ist dies schon ein Vorbote dafür. Die Gemeinde in Ulster, die 1859 neu belebt wurde, hatte ein Fundament, wie wir gleich sehen werden. Unter anderem gebraucht Gott diesen Hunger nach Weisheit und dieses Eintauchen in die Schrift, um seine Gemeinde darauf vorzubereiten, die gemeindefernen Menschen und Namenschristen zu Jüngern zu machen, die sich in den kommenden Jahren dort scharen werden, wo sie seinen Namen hören.

Sensibilisiert für alles Sündhafte
Keri Jones, eine führende Persönlichkeit innerhalb des Covenant Ministries Gemeindebunds, schrieb in der *Covenant* Ausgabe vom Sommer 1994: „Der Herr unterstreicht ganz neu, daß wir seinem Wort gehorchen müssen. Durch den Gehorsam stellen wir fest, daß seine Wege angenehm und seine Pfade friedvoll sind."

Gerald Coates sagte gegenüber dem *Daily Telegraph*: „Noch nie zuvor gab es bei uns derart viele Sündenbekenntnisse, Entschuldigungsbriefe und Wiedergutmachungen."

Wer durch den Heiligen Geist ganz neu feinfühlig für Gott und empfänglich für seine Weisheit gemacht wird, fühlt sich zunehmend unbehaglich bei dem Gedanken, daß Sünde in seinem Leben ist; er kennt die Zerstörungswut der Sünde, weiß, wie oft sie Vertrauen hintergeht, Bitterkeit erzeugt und emotionelle sowie physische Gewalt freisetzt. Wenn unsere Beziehung zum „Gesetzgeber" gut ist, spiegeln sich seine ethischen Werte in unseren anderen Beziehungen wider. Dann empfinden wir seine Gebote nicht als willkürlich, sondern als Hilfe für einen positiven Lebensstil. Die Menschen werden sich entscheiden:

Entweder beten sie den Vater der Weisheit an oder sie vergötzen ihre eigenen Begierden.

Ein Lied von Kevin Prosch, dessen Lieder sehr oft in der Toronto Vineyard Gemeinde gesungen werden, brachte mich zum Weinen, als ich es das erste Mal hörte. Darin heißt es: „Brich' unser Herz mit dem, was dein Herz bricht... Hilf' uns zu weinen, wie Jesus weinte, einen Tränenstrom für die Gebrochenen und Verlorenen... wann hat man schon von einer Armee Gottes gehört, die die Erde unter Tränen, in Trauer und Zerbrochenheit eroberte?" (aus „Break our hearts"; Mercy Publishing; wörtl.a.d.Engl.)

Vielleicht haben Sie auch schon gehört, wie jemand von einer „lachenden Erweckung" sprach. Es stimmt: Viele, die lachen, empfangen mit Freuden, was sie jahrelang unter Tränen säten. Doch letztendlich ist es eine „weinende" Erweckung; keine traurige Erweckung, denn Befreiung ist etwas Freudiges, aber eine weinende Erweckung, weil nur ein verzweifeltes Volk, das die Sünde satt hat, auch beharrlich und leidenschaftlich genug ist, um darauf zu warten, daß Gott die für eine erweckliche Evangelisation notwendige Kraft schenkt.

So war es auch im Jahr 1859. Es war erstaunlich, wie rigoros sich die Leute in Ulster von der Sünde abkehrten. Wie bereits erwähnt, ging die Gewalt zwischen Katholiken und Protestanten zurück; Bordelle wurden geschlossen; man sah so gut wie keine Betrunkenen mehr; Familien wurden wiederhergestellt, Menschen versöhnten sich.

Das muß auch mit uns geschehen. Eine Frau bahnte sich vor kurzem in einer großen Versammlung einen Weg nach vorne, stolperte und fiel direkt einer Person in die Arme, mit der sie seit mehr als fünf Jahren einen Konflikt hatte. Sie weinten zusammen, ihre Freundschaft wurde wiederhergestellt, und heute dienen sie gemeinsam in ihrer Ortsgemeinde.

Möge der Herr uns helfen, die Sünde zu hassen, nicht aus falschem Stolz oder dem Wunsch nach einem guten Leumund heraus, sondern weil in unseren Herzen die Liebe des Vaters überströmt und wir es nicht länger ertragen können, wie Menschen, die im Bilde Gottes geschaffen sind, in ihrer Würde verletzt, durch Lügen, gebrochene Versprechen und Rebellion zugrunde gerichtet werden.

Ein Herz für unser Lebensumfeld
Die Wegbereiter der Erweckung in Ulster im Jahr 1859 waren keine bekannten Prediger, sondern ortsansässige geistliche Leiter. Ihnen ging es nicht darum, mit einem evangelistischen Einsatz kurzfristige Veränderung zu bewirken, sondern auf lange Sicht die geistliche Gesundung ihrer Orte und Städte zu erleben.

Evangelikale haben, ausgelöst durch ihre eigenen internen Flügelkämpfe, in den vergangenen vierzig Jahren oft versucht, die einzigen, wahren, heiligen, reinen, lehrmäßig korrekten Zeugen in ihrer Stadt zu sein. Ein vorgespiegeltes, in Wirklichkeit durch Mitgliederwanderungen innerhalb der Splittergruppen hervorgerufenes Gemeindewachstum ließ sie an ihrer Überzeugung festhalten. Doch diese Zeit geht dem Ende zu.

Seit eine Gemeindebauphilosophie aufgekommen ist, die eine Gemeinde pro Ort oder Stadtteil anstrebt, beginnt das Elitedenken von der „einen, wahren Gemeinde" zu bröckeln. Terry Virgo, der Leiter des New Frontiers Gemeindebunds, sagte 1994 auf der Bibelwoche in Stoneleigh zu seinen Gemeinden: „Gottes Strategie zur Gründung von Gemeinden ist für uns oberste Priorität. Wenn wir uns versammeln, um ihn anzubeten und uns vom Heiligen Geist unterweisen und zurüsten zu lassen, erleben wir auch, wie ganz neu der Auftrag an uns ergeht, diese große Aufgabe zu erfüllen."

In einer Stadt wie Eastbourne, wo ich wohne, konzentrieren viele evangelikale Gemeinden jeglicher Couleur ihre evangelistischen Bestrebungen auf ihre unmittelbare Nachbarschaft. Die Leute suchen sich zwar immer noch die Gemeinden nach ihren persönlichen Vorlieben aus, doch die evangelistischen Anstrengungen zielen auf den Bau langfristiger Freundschaften innerhalb des Orts oder Stadtteils ab. So entsteht eher die Philosophie, daß ein „großes Volk" die Arbeit tut und nicht ausschließlich ein „großer Mann Gottes" wie zum Beispiel ein Evangelist. Evangelisation ist die Aufgabe der ganzen Gemeinde und fest im Alltag verwurzelt, nicht nur in religiösen Glaubensbekenntnissen.

Hinsichtlich der Erweckung in Ballymena (Ulster) im Jahre 1859 hielten wir bereits fest, daß sich viele markante Szenen der Erweckung in Privathäusern abspielten. Sandy Millar, Vikar der

Holy Trinity Brompton, ist der festen Überzeugung, daß dies erneut so sein wird. Er stellt den Dienst des Pastors oder des Hauskreises heraus; seiner Meinung nach ist dies der Rahmen, in dem das christliche Leben „durch die Pflege und Bekräftigung von Beziehungen und die aktive Reaktion auf das Wort Gottes in die Tat umgesetzt wird". Er schreibt in *HTB In Focus*: „Dort sieht man die Auswirkungen des Dienstes, und durch den dienenden Hauskreis wird die Welt erreicht werden."

Am 14. August teilt er seinen Lesern mit: „Wo man wieder ganz neu die Sicht bekommt, daß Gemeindewachstum über Hauskreise läuft, wachsen die Gemeinden auch schneller... Sie richten ihre Aufmerksamkeit auf das Heim als den Ort, wohin man Nachbarn einladen kann, Mutter-Kind-, Frauen- und Ehepaartreffen sowie alle anderen Aktivitäten abhalten kann, die vom Geist Gottes inspiriert werden, um die Familie an diesem Ort zum Leib Christi zu machen."

Sandy hält fest, daß Paulus in etlichen seiner Briefe Priscilla und Aquila, Archippus und Nympha erwähnte und die Gemeinden grüßte, die sich bei ihnen zu Hause trafen. Er verweist darauf, daß Familien für Teile der Mauer verantwortlich waren, als Nehemia am Wiederaufbau Jerusalems arbeitete, und kommt zu dem Schluß, daß wir „neu über die vielfältigen Möglichkeiten nachdenken müssen, wie wir unser Heim in den Dienst des Reiches Gottes stellen können". Mit alledem bekräftigt er die Funktion der Laien. „Wenn die Absichten Gottes in diesen Tagen umgesetzt werden, wird das darauf zurückzuführen sein, daß die Laien begriffen haben, wie wichtig es ist, daß sie das Heft in die Hand nehmen und vorwärtsgehen. Die Zukunft liegt in ihren Händen. Die geistlichen „Profis" sollen ermutigen und leiten, doch die Gemeinden müssen die Aufgabe anpacken."

Der Geist fließt, wo er will, aber oftmals möchte er durch uns fließen. Eine Gemeinde mit „Inseldasein", die nicht in ihr unmittelbares Umfeld eingebettet ist und deren Mitglieder keinen Kontakt mit gemeindefernen Leuten haben, wird auch nicht über die natürlichen Möglichkeiten der Einflußnahme verfügen, die die Erweckung in den eingeschworenen Gemeinschaften, Gemeinden und Dörfern in ländlichen Gegenden Ulsters und den Tälern von Wales weiterverbreiten. In unseren einsamen, städtischen Wohngebieten werden wir nur durch aktives christliches

Engagement für unser soziales Umfeld ein lebendiges Beispiel für die Wirksamkeit des Heiligen Geistes sein können.

Wenn wir nun so, wie Sandy Millar aufzeigt, die Initiative der Laien ernst nehmen, könnte es bei uns noch eine weiter Übereinstimmung mit der Erweckung in Ulster aus dem Jahre 1859 geben: Reverend John Moore, ein Geistlicher aus Connor, machte aus seinen zwei großen Sonntagsschulklassen dreizehn kleine. Er „wandte viel Arbeit auf", um Lehrer auszubilden. Vier junge Männer aus der Pfarrei trafen sich regelmäßig zum Gebet, und der Pfarrer erzählte seiner Gemeinde, was „der Herr für seinen Weinberg in Amerika tut".

Auf vielen Erweckungsveranstaltungen, die nachhaltige Auswirkungen hatten, sprachen Laien. Am Montag, den 14. März 1859, bleib eine Menge von 3000 Menschen noch im und vor dem Saal in Ahoghill, nachdem der offizielle Gottesdienst abgeschlossen worden war. John Weir berichtet in *Heaven Came Down*: „Ein Frischbekehrter sprach zur Menge, und unter der starken Wirkung seiner Appelle fielen viele Menschen auf die vom kalten Regen aufgeweichten Straßen und schrien und beteten ernstlich zu Gott." Weir hält fest, daß fast in jedem der ungefähr 700 Haushalte in dieser Gegend jemand gebetet und „auf den Heiligen Geist" gewartet hatte.

Schon allein angesichts des Umfangs der Gebetsveranstaltungen und Hauskreise mußten die Geistlichen 1859 einen Teil der Arbeit auf Laien übertragen. Im glühend heißen geistlichen Klima der Erweckung in Ballymena im Juni 1859 „gaben [etliche junge Männer] in der ersten Woche fast ihre ganze Zeit, Tag und Nacht, hin, um bei der religiösen Unterweisung sowie der Tröstung der armen, niedergeschlagenen Leidenden zu dienen".

Gott ist dabei, uns auf solche Zeiten vorzubereiten, so wie er damals jene in geduldiger Arbeit ausbildete, die die Ernte des Jahres 1859 einbringen sollten. Hauskreise, Gemeindebau und die Priesterschaft aller Gläubigen gehören zu einem biblischen und evangelistischen Erbe, das wir neu für uns in Anspruch nehmen – Gottes Vorsorge für die Zeit, in der das Rinnsal zu einem Strom und schließlich zu einer wahren Flut anwächst.

Fruchtbares Zeugnis
Wir hielten bereits fest, daß Gebet ein enorm wichtiger Wegbereiter einer Erweckung ist. Duncan Campbell, jener Prediger, der bei der Erweckung auf den Hebriden im Jahr 1949 eine wichtige Rolle spielte, hatte rigorose Ansichten zur Wichtigkeit des Gebets. Etliche Männer und zwei ältere Damen schlossen feierlich einen Bund, daß sie beten und nicht eher rasten oder aufhören würden, bis Gott „,Jerusalem' auf der Insel [Lewis] zu einem Lobpreis gemacht hätte..." Die beiden Schwestern beteten drei Nächte pro Woche, die Männer übernahmen die restlichen Nächte. „Sie klammerten sich flehend an eine Verheißung: ‚Denn ich werde Wasser gießen auf das durstige und Bäche auf das trockene Land' (Jes 44,3)."

Ihre Gebete, wie auch die Gebete einer anderen Gruppe von Dorfbewohnern wurden erhört: Angesichts der großen Gleichgültigkeit seitens der Bevölkerung trafen sich jene jeden Abend zum Gebet in einem Bauernhaus. Duncan Campbell berichtet in *The Price and Power of Revival*, dies sei keine leichte Zeit gewesen. Um Mitternacht bat er einen jungen Mann zu beten. Der Bursche rief: „Herr, du hast eine Verheißung gegeben. Wirst du sie erfüllen?... Ich sage dir jetzt, daß ich durstig bin, o ja, mich dürstet nach einer Manifestation deiner rechten Hand. Herr, bevor ich mich wieder setze, möchte ich dir sagen, daß deine Ehre auf dem Spiel steht."

Das Haus wurde erschüttert, die Teller klapperten. Ein Ältester sagte zu Campbell: „Herr Campbell, ein Erdbeben." Campbell ging aus dem Haus und sah, daß Männer und Frauen in die Kirche gekommen waren; einigen stand ihre Seelenpein auf dem Gesicht geschrieben.

In den neunziger Jahren unternimmt der Leib Christi noch nie dagewesene Gebetsanstrengungen und – aktivitäten. Beim weltweiten „Marsch für Jesus" am 25. Juni 1994 machten sich mindestens zwölf Millionen Menschen im Gebet eins. An die dreißig Millionen Menschen beteten im Oktober 1993 für geistliche Durchbrüche im sogenannten „10/40-Fenster", der am wenigsten evangelisierten Gegend der Welt und Heimat der meisten Buddhisten, Muslime und Hindus.

Parallel zu diesen weltweiten Aktivitäten erleben wir bemerkenswertes geistliches, orts- und stadtbezogenes Wachstum:

Infolge einer aggressiven Gebets- und Evangelisationsstrategie argentinischer Pfingstgemeinden erlebte der Leib Christi in der Stadt Resistancia zunächst ein Wachstum um 102 Prozent und in den darauffolgenden beiden Jahren um weitere 400 Prozent; die Zahl der Gemeinden stieg von 70 auf ungefähr 200. Wesentlicher Teil der Strategie waren 600 private Gebetszellen, eine pro hundert Haushalte.

Der Leib Christi in Großbritannien unternimmt derzeit mehrere Gebetsinitiativen; mit PFEH – „Prayer for Every Home" – möchte man sichergehen, daß für jeden Haushalt im ganzen Land gebetet wird. Vielleicht sollte man „A Light in Every Street", eine früher von der Evangelical Alliance propagierte und mittlerweile eingeschlafene Initiative, wieder zu neuem Leben erwecken.

Nicht nur Gebet setzt den Segen Gottes frei, sondern auch Einheit. Überall auf der Welt treffen sich Pastoren zum gemeinsamen Gebet. Danach besuchen sie einander in den Gemeinden und bitten Gott, er möge der Gemeinde des jeweils anderen Pastors Erfolg schenken.

Ein Charakteristikum der Erweckung im Jahr 1859 waren gemeinsame Gebetsveranstaltungen; eine im Botanischen Garten von Belfast war so groß, daß spontan parallele Treffen für jene Leute entstanden, die so weit vom Hauptredner entfernt waren, daß sie ihn nicht mehr hören konnten. Es kommt eine Zeit, in der britische Christen in öffentliche Parks und Stadien strömen und gemeinsam anbeten und beten werden. Der Geist Gottes wird auf große Open-air-Veranstaltungen fallen, und Ungläubige werden sich bekehren. Das Gebet eines vereinten Leibs Christi wird erheblich zur Freisetzung einer Ausgießung der Herrlichkeit Gottes beitragen. Pastoren werden einander in den Gemeinden besuchen und Gott bitten, die jeweils andere Gemeinde zu segnen. Christen werden sich in den Mittagspausen in Kirchen und Gemeinden in Geschäftsvierteln und Industriegebieten versammeln und Gott um die Ausgießung des „Spätregens" bitten.

Ein vom Heiligen Geist entfachtes Erbarmen für die Verlorenen und Widerspenstigen wird die Basis eines überall im Land gegenwärtigen Fürbittgebets sein. Leute, die sich früher kaum zum Beten aufraffen konnten, werden nächtelang beten. Die

Menschen werden es zulassen, daß ihre Denkmuster verändert werden und in ihnen nicht mehr der Eifer für die Befriedigung der eigenen Wünsche sondern eine neue Leidenschaft für Jesus regiert – auf diese Weise wird der Fluch des ichbezogenen Christentums gebrochen werden.

Eine Gemeinde, die sich verzweifelt nach Erweckung sehnt und zu Gott schreit, wird eine Welt vorfinden, die heute mehr als jemals zuvor in diesem Jahrhundert zum Zuhören bereit ist.

Die Weltanschauung der Aufklärung, die das rationale Denken wie einen Götzen auf ein Podest gehoben und eine prinzipiell optimistische Sicht des menschlichen Wesens hatte, wurde gewogen und für zu leicht befunden. Sie zieht eine Unmenge von Katastrophen nach sich: Atomwaffen, Umweltverschmutzung, Massenmord durch kommunistische und faschistische Regimes, entsetzliche Schlächtereien im ehemaligen Jugoslawien, sadistische Gewalt, die von der Filmindustrie verherrlicht wird, nicht bei rückständigen Völkern, sondern in unserer westlichen Zivilisation!

Ein Volk, das seinen Glauben an globale Problemlösungen verloren hat, wendet sich nach innen und befaßt sich mit Formen des Volksglaubens wie z.b. Horoskopen und Alternativmedizin, und die Spiritisten, wie z.B Doris Stokes in Großbritannien, sind wieder auf dem Vormarsch.

Kinder, die unter dem permanenten Beschuß von Fernsehsendungen mit okkulten und östlich-mystischen Inhalten aufwachsen, absorbieren schon sehr früh eine übernatürliche Weltsicht, die im Widerspruch zu der materialistischen steht, die die westliche Kultur lange Zeit geprägt hatte. Im Teenageralter befassen sich dann viele aufgrund ihres Interesses für Musik und die geistlichen Inhalte okkult beeinflußter „Heavy-Rock"- und einiger heidnisch beeinflußter „Dance-", „House-" und „Rave-Gruppen" mit expliziter Spiritualität. Unsere „Computerspiel-Kultur" nährt dieses geistliche Feuer noch weiter, vor allem durch Abenteuerspiele, in denen man bestimmte Rollen übernimmt. Aus diesem Grund ist unsere Gesellschaft heute viel empfänglicher für und weniger skeptisch gegenüber dem Übernatürlichen als je zuvor.

Zudem scheut sie sich nicht mehr, die Verletzbarkeit der Person der Intimsphäre zu entreißen. In einigen Fernsehshows, die zur besten Sendezeit ausgestrahlt werden, bekommt man die unterschiedlichsten „Bekenntnisse" zu hören und wird Zeuge öffentlicher Bloßstellungen, wodurch unterm Strich auch wieder humanistische Anschauungen und Ideale propagiert werden. Neben diesen Dingen, die „aus dem Bauch heraus" geschehen, erleben wir immer öfter humanistische bzw. mystische Evangelisten. All diese Faktoren zusammen ergeben ein geistliches Klima, in dem übernatürliche Dinge, persönliche Erfahrungen und öffentliche Statements und Erklärungen offenbar zur Norm geworden sind. Was meinen wir mit „humanistischen Evangelisten"? Da immer mehr europäische Haushalte Kabel- oder Satellitenfernsehen empfangen, bekommt das „Info-mercial" (Werbe- und Informationssendung in einem) zunehmend Auftrieb – eine Mischung aus persönlichen Zeugnissen, Predigt und einer Aufforderung, eine Entscheidung zu treffen. Diese Sendungen werden jedoch nicht von Christen produziert, sondern von Leuten, die Schlankmacher, Bewußtseinserweiterungsseminare und diverse andere „geistliche" Produkte vermarkten wollen. Sie alle versprechen ihre Form des Heils.

All das – Volksglaube, öffentliche Bekenntnisse sowie verzerrte und entstellte Formen des Glaubens – ist sowohl eine Chance als auch eine Herausforderung. Wir als Leib Christi können nicht schweigen, wenn uns die humanistischen Evangelisten unseren prophetischen Donner rauben, indem sie die Abartigkeiten und Sünden der Gesellschaft brandmarken. Ihre Lösungen, die die Menschen an Götzen verweisen und an die „Kraft des Inneren" oder dergleichen appellieren, führen hilfsbedürftige Menschen in die Irre und machen sie noch ichbezogener als sie schon sind.

Wie kann nun der Leib Christi diesen geistlichen Hunger stillen?

Ein „lebendiges Zeugnis" zu sein – das wird die angemessene Reaktion sein! Zu diesem Zweck werden viele von uns begreifen müssen, daß die Evangelisation von ihrem Wesen her etwas durch und durch Unreligiöses ist. Viele von uns werden schlicht und einfach durch ihre Taten evangelisieren – durch ihre Einstellung zur Arbeit, ihre Beziehungen zu Nachbarn und gemeindefernen Freunden, ihr soziales Engagement, ihre Anteilnahme an Aktivitäten in ihren Dörfern, Gemeinden und Städten. Wenn die Taten gesprochen haben, können auch die kühnen (aber höflichen) Worte folgen.

Viele von uns brauchen auch ein ganz neues Verständnis dessen, was „Bekehrung" eigentlich ist. Die meisten Leute durchlaufen nämlich einen Prozeß, der sie an den Punkt bringt, an dem sie Gott bitten, ihnen ihre Rebellion zu vergeben und in ihrem Leben zu herrschen. Spektakuläre Bekehrungen sind die Ausnahme, nicht die Regel. Wie Paulus auf dem Areopag müssen auch wir uns dafür einsetzen, daß Menschen, die kaum oder gar keine Vorstellung von Gott haben, mehr und mehr verstehen, worum es geht. Paulus sprach damals über griechische Dichter und die Anbetung eines unbekannten Gottes, d.h. er bezog sich auf das kulturelle Umfeld seiner Zeit.

Eine weitere Lektion können wir von Petrus lernen (Apg 2). Weil er wußte, daß seinen Zuhörern Gott und die Erwartung eines Messias' nicht völlig unbekannt waren, kam er sofort auf den Punkt. Er verkündete die Wahrheit – direkt und zur rechten Zeit. Gemeinsam mit den anderen Jüngern verkündete er diese Wahrheit in der „Muttersprache" seiner Zuhörer. Von ihrem kulturellen Hintergrund her dürften die meisten von ihnen Hebräisch oder Aramäisch verstanden haben, aber sie hörten das Evangelium in ihrer Umgangssprache, die dort gesprochen wird, wo sie sich niedergelassen hatten.

Auch wir müssen die Muttersprache unserer Kultur sprechen und die zeitlose, unveränderliche Wahrheit in Predigten, Musikstilen, Metaphern und Bildern vermitteln, die der Vielfalt unserer Kultur gerecht werden.

Der erweckte Leib Christi wird vielfältig, vielgestaltig und bunt sein. Einige werden still und nachdenklich sein, andere werden ihrer Anbetung mit Musik von der Straße überschwenglich Ausdruck verleihen.

Soziale Auswirkungen
Clive Calver, Generaldirektor der Evangelical Alliance, sprach im Juli 1994 auf der Gemeindefreizeit der Holy Trinity Brompton und meinte: „Ich glaube, daß Gott mit uns anfängt. Aber wir wollen doch nicht, daß er mit uns auch wieder aufhört, oder? Mir gefällt das Lachen, aber ich möchte, daß auch unsere Welt lacht."

Clive bezieht sich hier nicht einfach nur auf die Möglichkeit, daß einige Nichtchristen das Heil finden, sondern auf die Möglichkeit, die Gesellschaft durch christliches Zeugnis und christliche Institutionen umzuwandeln und zu verändern.
Brian Edwards schreibt in *Revival* über Erweckungen in England im 18. und 19. Jahrhundert und kommt zu folgendem Schluß: „Die Erweckung verlieh der Nation ein soziales Gewissen und brachte jene Männer und Frauen hervor, die für die Abschaffung der Sklaverei auf die Straße gingen, Frauen und Kinder aus den Kohlengruben und kleine Jungs aus den Kaminen holten: Die Erweckung steigerte auch das Mitgefühl für Gefangene und Geistigbehinderte sowie die Anteilnahme an den Lebensbedingungen der Armen und führte zudem zu einer Reduzierung der Arbeitszeit."

Die evangelikale Christenheit in Großbritannien verfügt bereits über etliche Einrichtungen mit einer weitreichenden sozialen Vision: Care Trust, Tear Fund, eine karitative Einrichtung, sowie Christmas Cracker, ein Jugendprojekt, das innerhalb von fünf Jahren mehr als drei Millionen Pfund für die Dritte Welt aufgebracht hat.

Die Shaftesbury Society übernimmt Wohlfahrtsdienste, vor allem Behindertenfürsorge. Das Jubilee Centre startet verschiedene politische Initiativen, die die Regierung ermutigen sollen, an der stabilen Familie als Kern der Sozialpolitik festzuhalten. Die Jubilee Campaign, die aus *Buzz* – dem evangelikalen Magazin der siebziger und achtziger Jahre – hervorgegangen ist, ist eine der führenden Initiativen für Menschenrechte und Religionsfreiheit auf der Welt und wird von mehr als achtzig Parlamentsabgeordneten unterstützt.

In Orten und Städten engagieren sich viele Gemeinden in lokalen und regionalen Aktivitäten. Das PECAN-Projekt brachte in South East London etliche Gemeinden zusammen, um gemeinsam sogenannte „Job Clubs" zu organisieren. Diese „Clubs" verleihen den Teilnehmern praktische und kommunikative Fähigkeiten, die ihnen den Wiedereinstieg ins Berufsleben erleichtern. Ein Bericht in der Zeitung *The Independent* unterstrich, daß die „Clubs" mit Abstand bessere Ergebnisse erzielen als vergleichbare Bundes- oder Landesprojekte.

Was soziales Engagement betrifft, sind die eben erwähnten Beispiele nur die Spitze des Eisbergs. Jesu Gleichnis von den Schafen und den Böcken in Matthäus 25, das uns auffordert, die Armen zu speisen und die Nackten zu kleiden, schlägt in dieselbe Kerbe wie die Warnungen Amos', Hoseas und Michas, die Armen nicht für ein Paar Schuhe zu verkaufen, und soll uns daran erinnern, daß ein erweckter Leib Christi auch nach Gerechtigkeit trachten wird.

Das Gerüst steht bereits. Ein erweckter Leib Christi sollte Ressourcen und Menschen freisetzen, um eine christliche Vision von Gerechtigkeit und sozialer Barmherzigkeit zu verkünden.

Clive Calvers Worte an die Teilnehmer von Focus '94 fassen diesen Augenblick der Geschichte, an dem wir offenbar an einem Wendepunkt angelangt sind, wohl am besten zusammen:

> „Das ist nur ein Anfang, und wenn Gott Menschen hat, die ihm voll und ganz hingegeben sind, möchte er uns herausholen, damit wir einen Unterschied machen.
>
> Es ist ein Ruf zur Buße. Es ist ein Ruf zur Nachfolge Christi. Es ist ein Ruf, uns restlos hinzugeben. Wenn wir das tun, werden wir nicht länger auf Gott warten, sondern feststellen, daß er auf uns wartet. Und wenn er uns gefunden hat, wird er uns, wie ich meine, gebrauchen, um diese Nation zu verändern, und zwar so, wie wir es seit Wesley und Whitefield nicht mehr erlebt haben."

✸ ✸ ✸

„Und ihr, Söhne Zions, jubelt und freut euch im Herrn, eurem Gott! Denn er gibt euch den Frühregen nach dem Maß der Gerechtigkeit, und er läßt euch Regen herabkommen: Frühregen und Spätregen wie früher. Und die Tennen werden voll Getreide sein und die Kelterkufen überfließen von Most und Öl. Und ich werde euch die Jahre erstatten, die die Heuschrecke, der Abfresser und der Vertilger und der Nager gefressen haben... Und ihr werdet... den Namen des Herrn, eures Gottes, loben, der Wunderbares an euch getan hat." (Joel 2,23-26)

Quellenangaben

Campbell, Duncan. *The Price and Power of Revival*, Faith Mission, Edinburgh.

Chevreau, Guy. *Der Toronto Segen*, Projektion J, Wiesbaden, 1995.

Deere, Jack. *Überrascht von der Kraft des Heiligen Geistes*, Projektion J, Wiesbaden, 1995.

Dixon, Patrick. *Signs of Revival*, Kingsway, Eastbourne, 1994.

Edwards, Brian. *Revival*, Evangelical Press.

Edwards, Jonathan. *Distinguishing Marks of a Work of the Spirit of God, Account of the Revival of Religion in Northampton 1740-1742*, neu veröffentlicht in *On Revival*, Banner of Truth, Edinburgh, 1984, 1987, 1991.

Egerton, Gilbert. *Flame of God*, Ambassador, Belfast, 1987.

Evans, Eifor. *The Welsh Revival of 1904*, Evangelical Press of Wales, 1969.

Evans, Eifor. *Daniel Rowland*, Banner of Truth, Edinburgh, 1985.

Finney, Charles. *Reflections on Revival*.

Gibson, William. *The Year of Grace*, Ambassador, Belfast, 1860, 1989.

Howard-Browne, Rodney. *The Touch of God*, Revival Ministries International, Louisville, 1992.

Howard-Browne, Rodney. *The Coming Revival*, Revival Ministries International, Louisville, 1990.

Jackson, Bill. *What in the World is Happening to Us?*, Vineyard.

Johnian, Mona. *Du salbst mein Haupt mit Freude*, Verlag Gottfried Bernard, Solingen, 1995.

Joyner, Rick. *Die Engel, die Ernte und das Ende der Welt*, Projektion J, Wiesbaden, 1993.

Joyner, Rick. *The World Aflame*, Morning Star, Charlotte, 1993.

Paisley, Ian R.K. *The Fifty-Nine Revival*, Free Presbyterian Church of Ulster, Belfast, 1959.

Roberts, E.. *Revival and Its Fruit.*

Weir, John. *Heaven Came Down*, Ambassador, Belfast, 1860, 1987.

White, John. *When the Spirit Comes with Power*, Hodder & Stoughton, London, 1988, 1989, 1992.

Williams, William. *The Experience Meeting.*

Zusätzliche Literatur

Bickle, Mike. *Leidenschaft für Jesus*, Projektion J, Wiesbaden.

Carson, John T.. *God's River in Spate*, Presbyterian Church in Ireland, Belfast, 1958.

Jones, Brynmor Pierce. *The King's Champions*, Christian Literature Press, Cwmbran, 1968, 1986.

Packer, J. I. *God in Our Midst*, Word Books UK, 1987.

Sprange, Harry. *Children in Revival – Kingdom Kids*, Christian Focus Publications, Fearn, 1994.

Whittaker, Colin. *Great Revivals*, Marshall Pickering, London, 1984, 1990.